너희들의 유토피아

너희들의 유토피아

김영종 지음

사□계절

차례

간디스토마
아기 코만도
이야기

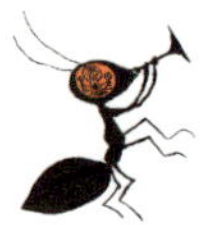

자연 다큐멘터리 「파브르 곤

충기」를 보면, 양의 간으로 들어가기 위해 개미의 뇌를 장악한 간디
스토마 기생충 이야기가 나온다. 그 영상물을 본 지 벌써 5년쯤 지났
지만, 현대인의 처지가 바로 저거라고 생각하며 소름끼쳤던 기억이
아직도 생생하다.

간디스토마 기생충이 개미의 뇌를 장악해 무슨 짓을 하는지만

간단히 소개한다. 개미 배 속으로 들어간 여러 마리 유충 가운데 아기 코만도 한 마리가 개미의 뇌로 들어가 뇌의 통제권을 잡는다. 턱을 여닫는 신경 근처에 자리 잡고 앉은 아기 코만도는 개미들을 매일 저녁 밖으로 나오게 할 뿐 아니라 식물의 꼭대기까지 기어오르게 한다. 이 명령에 따라 개미들은 양이 풀을 뜯으면서 자신들을 삼키러 와주기를 기다리며 양턱으로 꽃이나 잎의 줄기에서 떨어지지 않도록 꽉 붙들고 있다. 아무도 삼키러 와주지 않는다 해도 이렇게 턱을 꼭 다물고 몸을 떨면서 해가 다시 뜰 때까지 꼼짝 않고 기다리고 있을 것이다. 이때 간디스토마 유충이 개미의 뇌와 턱을 동시에 놔주면 개미는 정상으로 돌아가 이렇게 말할 것이다.

"아니, 내가 지금 어디에 와 있는 거야? 아, 그리고 뭘 하고 있는 거지?"

풀에서 내려온 이들 개미는 간디스토마 유충이 들어 있지 않은 정상적인 개미들과 어울리며 논다. 그러나 이것도 자기 뇌의 통제권을 빼앗기기 직전까지 잠시뿐이다. 더더욱 이상한 점은 꼭 신들린 듯한 이 개미들이 아무 풀에나 가서 매달리는 게 아니라는 것이다. 이들은 양이 좋아하는 풀, 즉 목동주머니라 불리는 냉이와 개자리풀 같은 곳에 매달린다.

나는 이 장면을 보면서 우리의 모습이 떠올랐다. 간디스토마 유충은 개미의 뇌를 놔주기라도 하지만 현대문명의 유충은 결코 그런 자비조차 베풀지 않기 때문에, 현대인은 이 개미보다 더 비참하다고 할 수 있다. 이 글은 현대문명 속에서 무엇이 이 코만도 유충인지 정체를 파헤치고, 어떻게 그것을 벗어날 수 있는지 탐색하기 위해 썼다.

현재, 아기 코만도는 당신의 뇌에서 선악의 판단까지 관장하고 있다. 당신은 누군가를 사람 '됨됨이'로 판단한다고 생각하지만, 실제로는 이익을 주는 사람을 좋은 사람으로, 손해를 입히는 사람을 나쁜 사람으로 대하고 있다. 됨됨이는 이해관계 이후에야 성립한다. 이 예는 빙산의 일각에 불과하다. 아기 코만도가 당신을 조종하는 곳은 당신의 뇌가 인식하지 못하는 바로 이 빙산이다.

그런데 이 빙산은 당신의 욕망이 아기 코만도의 훌륭한 먹잇감이기 때문에 생겨난 것이다. 당신의 가장 큰 욕망은 '경쟁에서 이기는 것'이 아니라 '인정받기 위해서 경쟁하는 것'이다. 만약 전자라면 아기 코만도를 문제 삼을 까닭이 없다. 그렇게 명확한 욕망은 아기 코만도의 먹잇감이 될 수 없다. 지금까지 우리가 해왔던 것처럼 제도를 고치고 개인의 인성을 좋게 하면 된다.

문제는 후자라는 데 있다. 대부분의 사람들은 '경쟁이 먼저냐 인정이 먼저냐'를 따지는 건 '닭이 먼저냐 달걀이 먼저냐'와 같은 비생산적인 논의라고 말할 것이다. 그러나 이 문제는 결정적으로 중요

아기 코만도가 당신을 조종하는 곳은 당신의 뇌가 인식하지
못하는 바로 이 빙산이다.

하다. 인정이 먼저이기 때문에 현대문명이라는 괴물이 탄생한 것이며 당신의 뇌 속에서 아기 코만도의 조종이 성공을 거두고 있는 것이다. 때문에 현대인은 제정신을 가질 수 없고 올바른 길로 나아갈 수 없다.

이 책은 왜 인정이 먼저인지, 그리고 왜 그게 이렇게 어마어마한 문제를 일으키는지를 이야기한다. 인정의 욕구 속에서 이데올로기 조작이 가능하고, 종이 쪼가리에 불과한 돈이 황금인 양 마술을 일으키며, 당신의 정당한 경쟁이 진보에 기여하는 것으로 착각하게 만든다. 실제로 진보의 개념 자체는 우리가 알고 있는 것과는 달리 자본주의가 인정의 욕구를 통해 조작해낸 속임수에 불과한데도 말이다.

아기 코만도는 바로 이 '인정의 체계'를 만들어서 당신의 뇌를 조종하고 있다. 당신이 아기 코만도의 조종에서 벗어나려면, 빙산의 일각조차 인식하지 못하는 당신의 인식범위를 훨씬 넘어선 이 '인정의 체계'를 인정하지 않는 자그마한 시작의 발걸음을 내디뎌야 한다. 여기서 당신은 아웃사이더가 되는 게 두렵겠지만, 용기를 내어 극복하지 않으면 안 된다.

이렇게 시작하면 삶에 새로운 활력이 생긴다. 하고 싶은 일을 할 수 있고 경쟁에서 초연할 수 있다. 누가 잘나간다고 부러워하지 않아도 되기 때문에 당신은 늘 자신감에 가득 차 있다. 현재의 시간이 갈

수록 확장되고 깊어지는 것을 느끼면서 당신은 '기쁨의 철학'을 지니게 될 것이다. 그런 당신은 세상의 명성과 유행을 쉽게 인정하지 않을 것이다. 당신에게서 '인정의 체계'를 운용하기 어려워진 아기 코만도 유충은 점점 무력해질 것이다. 시작에 성공한 당신은 이제 '기쁨의 철학'을 주위 사람들과 함께 나누는 일에 나서야 한다.

1
부

북아메리카 원주민의 축제를 본 소감

– 예비체이Yei Bi Chai와 파우와우powwow

『몽골리안 일만년의 지혜』는 아시아에 살던 몽골리언들이 베링해협을 건너 기나긴 이동 끝에 신대륙에 정착한 이야기다. 그토록 오래된 이야기가 바로 엊그제 일처럼 느껴져 스스로도 놀라웠다. 구전 기록이라서 육성을 듣는 듯 생생한 느낌도 한몫했겠지만, 내 개인적인 이유도 있는 것 같다. 십수 년 동안 실크로드를 다니면서 북아시아의 애니미즘 문화에 깊이 매료된

뒤로 아메리카 원주민의 문화에까지 관심이 확장돼 자연스레 '몽골리언 애니미즘 벨트'가 마음속에 자리 잡았기 때문이 아닌가 싶다.

이 벨트는 '알타이-몽골 초원-시베리아-알래스카-북아메리카-남아메리카'로 이어지는 거대한 인종의 띠이자 비슷비슷한 애니미즘을 꽃피운 문화의 띠다. 한국인이 몽골리언이라는 사실 외에도 우리의 민속이 모두 애니미즘에 속하므로, 이러한 원주민의 문화가 당연히 남다르게 느껴지지 않을 수 없다.

애니미즘은 다 알다시피 정령과 같은 초자연적인 힘이 만물에 깃들어 있다고 믿는 원시신앙이다. 사실 용어의 개념 따위는 그리 중요하지 않다. 애니미즘이라는 용이도 알고 보면 '미개한 야만인종'의 삶을 보고 19세기 서양인의 머리에 떠오른 하나의 학술적 아이디어에 불과한 것이다. 기독교를 정점으로 하는 종교사상의 서열화를 만들어낸 눈으로 볼 때, 애니미즘은 진화 계단의 말단에 위치한 가장 유치하고 미신으로 가득한 종교다.

여기는 서양인의 종교사상을 비판하는 자리가 아니므로 원주민의 애니미즘이 얼마나 위대한지를 보여주는 한 백인의 훌륭한 기록물을 소개하는 것으로 만족해야 할 것 같다. 『시턴 동물기』로 유명한 시턴이 기독교 문명을 자랑하는 미국의 백인들에게 마치 고해성사 하듯 『인디언의 복음』을 편찬해 전했는데, 그의 육성을 직접 들어보자.

우리의 제도는 무너졌다—우리 문명은 실패작이다. 논리적으로 결론을 어떻게 내리든지 그 문명은 한 사람의 백만장자와 백만 명의 거지를 만든다. 그 문명의 재앙 아래 완전한 만족은 없다.

우리는 이제 이 세상이 여태 보아온 것 중에 가장 영웅적이고 가장 신체적으로 완벽하며 가장 영적인 문명을 지닌 사람들을 대표하여 말한다.

우리는 백인들에게 인디언의 메시지, 즉 인간됨의 교리를 내어놓는다. 우리는 그들의 문명이 우리 자신의 문명보다 낫다는 것을 주장하며, 늦기는 했지만 회개와 한탄, 원상복귀, 그리고 그들이 옳았다는 것을 인정함으로써 니느웨 사람들이 마지막으로 그랬던 것처럼 하느님의 보복과 완전한 멸망에서 벗어나기를 바란다. 그리하여 우리가 더욱더 숭고하고 나은 철학을 가지고 새롭게 시작해볼 기회를 갖게 되기를 바란다.[1]

서구 기독교문명이 내세운 '빛과 진리의 이름' 아래 최소한 1억 명 이상의 아메리카 원주민이 학살당했다. 시턴이 고백했듯이 애니미즘에 바탕을 둔 가장 영적인 문명을 아주 깨끗하게 청소한 천인공

---

1. E.T. 시턴 편찬, 『인디언의 복음』, 김원중 옮김, 두레, 2000, 236~237쪽.

노할 범죄가 저질러졌음에도 현대인은 그 죄과를 아무도 묻지 않고 있다. 대신 우리 머릿속에는 나치나 공산주의의 죄과 따위만 가득하다. 왜 이런 일이 벌어진 걸까? 여기에는 베일에 감추어진 현대문명의 음모가 도사리고 있기 때문이다.[2] 베일을 걷어내고 음모를 밝히는 일은 현대인이 무엇보다도 인간의 양심을 되찾는 일이다.

현대문명의 세례를 받은 나 또한 학살의 공모자임을 자인하지 않을 수 없다. 그러나 식민지를 경험한 나라의 국민으로서 학살의 피해자라는 것도 엄연한 사실이다. 후자는 내가 애니미즘을 다시 보게 만들고, 애니미즘을 지식으로서가 아니라 삶으로서 체화하기를 끈질기게 촉구한다. 애니미즘은 세국수의가 전 지구촌에서 강탈한, 헤아릴 수 없이 오랜 세월 동안 인류 대다수가 살아온 실제 삶인 것이다.

애니미즘을 글로써가 아닌 삶에서 만나고자 하는 욕망으로 가득하던 나에게 북아메리카 원주민의 축제를 볼 기회가 왔다. 지인[3]의 안내로 나바호 원주민의 예비체이Yei Bi Chai와 평원 원주민의 파우와우powwow를 참관하게 된 것이다.

예비체이는 예Yei라는 신을 맞이하는 나바호족의 가을축제다. 뉴멕시코 주의 십록Ship Rock에서 열렸는데, 이웃한 유타 주와 애리

---

2. 베일에 가려진 현대문명의 음모에 대해서는 2부의 「진보는 퇴보의 다른 이름」에서 구체적으로 살폈다.
3. 2007년 『원은 부서지지 않는다』(아지북스)를 출간한 손승현.

조나 주에서도 많은 사람들이 몰려들었다. 축제 기간이 추수감사절과 겹친 덕분에, 팡파르를 울리는 거리행진과 이 기회에 한몫 보려는 놀이기구들로 거리는 억지로 들뜬 것처럼 보였다. 밤이 되자 많은 원주민들이 예비체이에 참여했다.

예비체이는 긴 겨울의 문턱에서 하늘의 '예'가 새봄에 다시 살아나기 위해 땅속으로 들어가는 것을 맞이하는 제의다. '예'의 죽음은 사멸이 아니라 지하세계에서 이어지는 새로운 삶이다. 마치 눈부신 해가 새벽에 다시 태어나기 위해 땅속으로 들어가는 것과 같은, 재생을 위한 과정이다.

원주민들은 그들만의 독특한 열기로 밤의 시간을 덥혔다. 수많은 원주민들이 제의 장소를 빙 둘러싼 가운데, 타오르는 화톳불 주위로 노인들과 아녀자들이 앉아 있다. 낮에 본 거리의 겉도는 활기와는 딴판으로, '예'의 죽음을 재생을 위한 잉태로 받아들이는 신성한 열기에 휩싸여 있다. 배 속의 생명을 나이로 치지 않는 서양인들 눈에는 이해하기 힘든 제의일 거라는 생각이 든다.[4]

달빛 아래 하얀 천막에서 제의 노래와 북소리가 밤하늘을 찢으며 끊임없이 울려나온다. 이 천막이 '호간'이라는 가장 신성한 장소

---

4. 우리는 어머니 배 속에 있는 동안까지 생명으로 쳐서 태어나자마자 한 살을 먹지만, 서양에서는 어머니 배에서 나온 때부터 일 년이 지나야 한 살을 먹는다.

예비체이는 긴 겨울의 문턱에서 하늘의 '예'가 새봄에
다시 살아나기 위해 땅속으로 들어가는 것을 맞이하는 제의다.

다. 나는 조심스럽게 안으로 들어갔다. 메디신(샤먼)들이 커다란 북을 둘러싸고 앉아 맹렬히 두드리며 돌아가면서 노래를 부르고 있다. 북소리와 노랫소리는 절대 끊어져서는 안 된다고 한다. 나는 구석에 조용히 앉아 생명의 뱀이 스멀스멀 몸 안팎으로 기어다니는 듯한 느낌을 받았다.

한참을 그 느낌에 빠져 있다가 살며시 밖으로 나와 사람들 틈에 섞여서 제의가 진행되는 모습을 구경했다. 한 조는 열두 명의 연행자演行者로 이루어졌는데, 인솔자가 호간 안으로 들어가서 뭔가를 받아오면서 제의가 시작된다. 이들은 모두 의례의 가면을 쓰고 부족 전통의 복장을 입고 있다. 인솔자를 뒤따라 짝을 지은 남녀가 주술 노래를 부르면서 박 같은 악기를 짤짤 흔들며 가고, 맨 뒤에서는 어릿광대가 관중을 웃기며 따라간다. 지신밟기를 연상시키는 춤동작이다. 연행자들이 무대 끝에 이르면 두 줄로 다시 갈라졌다가 시작점으로 돌아와 합해지기를 열두 번쯤 반복한 것 같다(계절의 순환을 나타내는 게 아닌가 싶다).

저 멀리에는 연행조들이 걸어 나오고 들어가는 곳이 있었다. 호기심을 참지 못한 내가 자리에서 일어나 그쪽으로 가는 도중 하마터면 제의 공간을 가로지를 뻔했다. 갑자기 누가 신호를 보내와 얼른 눈치채고 멀찌감치 물러났다. 금기야말로 의식을 성화聖化한다는 사실을 새삼 실감했다. 그곳에 가서 보니 시작하는 조든 끝난 조든 모두 불로 정화하는 의식을 치르고 있다. 어느새 먼동이 터온다.

나는 예비체이를 내리 사흘 동안 계속 보았다. 물론 자기 땅을 빼앗기기 전과 같은 제의는 아니지만, 그래도 관람용으로 전락한 것은 아니라는 사실이 확실히 느껴졌다. 비록 원주민 전사들과 함께 신들도 사라졌으나, 제의의 명맥을 유지하려는 후손들의 열망만큼은 고스란히 전해졌다. 틈을 내어 원주민의 유적지를 여기저기 둘러보면서 그랜드캐니언 같은 어마어마한 계곡에서 제의적 축제를 치른 이들의 삶이 얼마나 풍요롭고 활기찼을까를 충분히 상상할 수 있었다.

며칠 후에는 파우와우를 참관하기 위해 길을 떠나 연이틀 동안 관람하였다. 원래 파우와우는 평원 부족들이 초원에서 만나 어울려 놀고 음식을 나누고 장을 세워 물건을 교환하는 전통적인 회합의 축제다.

내가 갔던 그날은 사우스다코타 주에 있는 래피드시티의 시민회관에서 파우와우가 열렸다. 체육관에서는 부족별 춤 경연대회를 개최하고, 옆 홀에서는 토속적인 물건들을 판매하고, 복도에서는 먹을거리를 팔았다. 우리나라 곳곳에서 자주 볼 수 있는 민속행사와 매우 비슷한 풍경이다. 나는 미리 준비해간 접이식 의자를 스탠드 바로 아래 놓고 무대와 가장 근접한 자리에서 지인과 함께 관람했다.

개회식 때는 군복을 입은 각 부족의 기수들이 성조기를 호위하며 저마다 독특한 부족 깃발을 들고 선두로 입장했다. 줄의 맨 끝에는 소년소녀들이 군복을 입고 뒤따랐다. 이어서 화려한 깃털로 장식한 참가 부족의 무용수들이 끝없이 들어왔다. 원형으로 된 체육관의 스탠드 맨 앞자리에는 부족별로 큰북을 둘러싸고 북재비 10여 명이 앉아 있었다. 춤 경연대회에서는 한 번에 몇 팀이 나와서 춤을 추고, 심사위원들이 심사를 했다. 열심히 북 치고 노래하고 춤을 추었지만, 왠지 예비체이와는 딴판으로 신성한 열기라곤 찾아볼 수 없었다. 관람석에도 자기편을 응원하는 냉랭한 구경꾼들만 자리하고 있었다.

나는 여기서도 금기를 어길 뻔했다. 한 무용수가 춤을 추다가 내 발 앞에 깃털을 떨어뜨렸는데, 내가 그것을 막 주우려는 순간 심사위원 한 사람이 잽싸게 모자를 던져 깃털을 덮었다. 호루라기 소리가 울리고, 한순간 모든 동작이 정지됐다. 지인이 옆에서 귓속말로 일러주기를, 만약 깃털에 손을 대면 그 부족의 구성원이 되어야 한다고 했다. 본의 아니게 원주민이 될 뻔했다. 진행요원 몇 명이 와서 살펴보고 아무 문제가 없다고 알리자, 그제야 대회가 다시 이어졌다.

내가 진정으로 보고 싶은 춤은 저 유명한 망령의 춤Ghost Dance이었다. 물론 이런 박제된 춤판에서는 꿈도 꿀 수 없는 일이지만, 그 춤에 깃든 영혼의 잔향이라도 맡고 싶었던 것이다. 여기서 잠시 망령의 춤을 소개하겠다.

나바호 원주민의 담요에 수놓인 그림.
신의 선물인 신성한 옥수수와 함께 있는 성스러운 사람들을 표현했다.

북아메리카 원주민의 영웅들이 모두 죽고 백인의 학살이 막바지에 이르렀을 때, 이제 더는 백인과 싸울 남자도, 몸에 걸칠 천 조각도, 입에 풀칠할 초근목피나 사냥감도, 추위를 피할 천막도, 병자를 돌보고 아사자를 파묻을 몸 성한 사람도 하나 없는 그야말로 막다른 때에 구세주로 나타난 것이 바로 망령의 춤이다.

'망령의 춤교敎'를 창시한 워보카의 말에 귀를 기울여보자.

인디언은 모두 춤춰야 한다. 언제 어디서나 계속 춤을 춰야 한다. 내년에 봄이 오면 위대한 정령이 오시리라. 온갖 짐승들을 데리고 오시리라. 들짐승은 어디서나 가득 뛰놀고 죽은 인디언은 모두 다시 살아나 젊은 사람같이 튼튼해지리라. 늙은 사람은 젊어지고 눈먼 사람은 눈을 뜨며 좋은 시절을 맞이하리라. 위대한 정령이 이 길로 오실 때 인디언은 백인들한테서 벗어나 높이 산으로 오르리. 백인은 인디언을 해칠 수 없구나. 인디언이 높은 곳에 오르고 나면 큰 홍수가 지리라. 모든 백인들은 물에 빠져 죽는구나. 물은 흘러가고 지상엔 인디언과 짐승들만이 남으리니. 마술사는 계속해 춤추라고 신탁을 내리며 화창한 날이 열리리라. 춤추지 않고 내 말을 믿지 않는 인디언들에게 화 있을진저. 점점 왜소해져서 한 자 크기로 줄어들리라. 왜소한 자들이여. 나무로 변해 불에 탈지니라.[5]

영험한 '망령의 춤 셔츠'를 입으면 총알이 피해간다고 믿는 원주민들은 저항과 복수 대신 백인의 총구 앞에서 춤을 추었다. 같은 19세기 말, 부적을 가지고 있으면 총알이 피해간다는 믿음을 품었던 동학농민군과 오버랩 되면서, 체육관에서 경연대회를 벌이고 있는 망령의 춤이 너무나 비참하게 느껴졌다.

망령의 춤은 어떤 특별한 스텝과 동작이 있는 건 아니다. 늘 추어오던 전통적인 부족의 춤, 거기에 메시아 워보카가 말하는 예언이 춤의 영혼으로 자리 잡으면 곧 망령의 춤이 된다.

원주민의 축제를 보고서 느낀 것도 많고 할 말도 많지만, 나는 이것에 초점을 맞추고 싶다. '제의의 축제가 심사의 대상이 되어서는 결코 안 된다'는 것! 만약 저 신성한 예비체이가 경연대회가 됐더라면 신과의 관련은 끊어지고 인간의 평가를 기다리는 예능으로 전락하고 말았을 것이다.

원주민의 두 축제를 보고 나니, 올림픽이든 국제 콩쿠르든 신춘문예든 모두 신이 준 재능을 인간의 평가 아래 두기 위한 장치라는 생각이 더욱 분명해졌다. 사실 입시제도나 자격제도 또한 마찬가지 아닌가.

모든 게 다 그러하겠지만 특히 예술은, 기원을 거슬러 올라가면,

---

5. 디 브라운, 『나를 운디드니에 묻어주오』, 최준석 옮김, 나무심는사람, 2002, 650~651쪽.

선더버드thunderbird가 그려진 망령의 춤 셔츠.
선더버드는 북아메리카 원주민이 우레를 일으킨다고 믿었던 거대한 새다.

신을 가장 감동시키는 봉헌물이었다. 이때의 재능은 오로지 신의 기쁨을 통해서만 평가가 돌아오는 종속변수다. 이 함수 속에서 인간은 진정으로 겸손할 수 있었으며, 자연의 지배자가 아니라 자연의 일원으로서 활기와 기쁨에 넘치는 삶을 구현할 수 있었다. 현대에 들어와 신들은 황혼을 지나 이미 죽음을 맞이한 지 오래다. 현대인은 죽은 신이 종속변수가 된 함수 속에서 살고 있다. 죽은 신을 살아 있는 것처럼 위장해 신이 내린 재능이라는 둥 호들갑을 떨 뿐이다.

　주변을 한번 둘러보자. 훌륭한 재능들이 신의 기쁨이 아니라 '재능 소유자의 만족'을 위해 사용되고 있다. 이런 상황에서 재능은 뽐내기 위한 무기 이상의 것이 아니다. 나는 체육관에서 추는 북아메리카 원주민의 춤이 얼마나 꼴사나운지를 두 눈으로 똑똑히 보았다. 인간이 평가하는 재능이라는 게 무엇인지를 날것으로 꾸밈없이 보여준 현장이었다. 현대는 이 날것에 지적인 포장을 가미해 상품 아닌 상품으로 만든다. 버젓이 상품화해놓고서는 '비상품의 신성한 것'이라고 세뇌한다는 말이다. 재능이란 원래 신성한 것이었기 때문에, 사람들은 무방비 상태에서 원래 개념을 좇아 자기도 모르는 사이 최고급 장사꾼들의 날조에 속아 넘어갈 수밖에 없다.

　이러한 날조가 백주에 버젓이 주인 행세하는 오늘날, 재능의 평가에 근거해 있는 현대예술은 수와 양과 척도의 예술인 서양의 '고전

예술'(클래식)로 언제나 되돌아갈 수밖에 없다. 상품화를 위해 재능은 평가돼야 하며, 재능의 평가는 비교측정이기 때문이다. 낭만주의나 초현실주의 같은 새로운 사조가 등장해 반발해도, 그것 또한 본질을 추구하는 인식의 산물인 한은 '고전예술' 계통과 쌍생아일 뿐이다.[6]

인간을 위한 인간의 재능은 신의 기쁨이 아니라 본질의 체현을 목표로 한다. 본질은 개별 사물의 신성을 훔치고 다양성을 죽이며 획일화한다. 본질은 비교측정을 본성으로 하는 이성을 요청하지만, 실은 이성을 위해 존재하는 허구적인 개념일 뿐이다. 본질은 인간의 욕망이 만들어낸 허상이며, 실재하지 않는다. (본질의 문제는 2부에서 자세히 다루겠다.) 이 허상이 '빛과 진리'라는 미명 아래 전체 아메리카 원주민을 도륙한 것이다.[7]

예비체이와 파우와우의 극명한 대조를 보면서 현대사회에서는 재능이 왜 그토록 경쟁적이어야 하는지를 확실히 느꼈다. 김연아 선수가 삼성의 제품을 광고하고 있는 브라운관 저편에 본질을 장악하고 있는 자의 정체가 또렷이 보였다.

---

6. 이 책 1부 「성기 관망파의 예술」 78쪽 참조.
7. 어느 방송에서 방영한 역사 다큐멘터리에 이런 내용이 나온다. 아메리카 원주민을 대대적으로 살육한 현장 위에 백인들이 이를 영원히 기념하고자 성당을 세웠는데, 성당 머리에 '빛과 진리'라고 써놓았다고.

산조정신과 애니미즘 미학

1

산조散調는 형성의 미학이다.

문자 그대로 흩어져 있는〔散〕소리를 한데 모아 어울리게〔調〕만든 음악으로, 19세기 말 전남 영암 사람 김창조가 산조의 틀을 만들었다. 당시 민중의 현장에 흩어져 있던 소리 가락을 대표하는 것은 시나위와 판소리의 가락이었다. 시나위는 본래 굿할 때 연주하는 기악이지만, 굿판을 떠나서도 잔칫집이나 놀이판 따위의 이른바 제도권

밖에서 민중의 흥취를 담아냈다.

산조를 '허튼가락'이라고 하는 것은 즉흥적인 측면 때문이기도 하지만, 클래식이 아닌 속되고 잡된 민중의 가락인 까닭이다. 선비나 양반이 하는 음악을 '정악正樂 – 바른 음악'이라 했으니, 민중의 음악을 허튼 음악이라 한 것은 당연하다.

형성의 미학은 민중이 활력에 넘쳐 있는 곳에서 가장 흐드러지게 꽃핀다. 형성의 미학은 수많은 물방울과 물줄기가 모이고 섞여서 강을 이루고 바다를 이루는 미학이다. 그 예로는 신화라든가 전설·옛이야기·민화民畵 등을 들 수 있다.

형성의 미학에 대립되는 개념이 창조의 미학인데, 그것은 자아의 미학이자 인식의 미학이며 자본주의의 미학이다. 세계적으로 이미 근대미학이 종언을 고한 현시점에서, 유일한 출구는 형성의 미학으로 돌아가는 길뿐이다. 그 길에 이정표가 하나 세워져 있다. 바로 산조정신이다. 그런데 정말로 중요한 것은, 산조정신은 (19세기적인) 민중의 활력 없이는 불가능하다는 사실이다.

19세기는 민중의 활력이 봇물 터지듯 분출한 시기로, 대표적인 사례로 동학과 갑오농민전쟁을 들 수 있다. 이 시기에 보인 민중의 활력은 그들의 삶 한가운데 자리 잡은 시나위를 통해서 넘쳐났다. 시나위 가락은 신과 접선하는 아름다운 진동이다. 내가 우산미학[1]이라 이름 붙인, 원시적 축제에 참여한 모든 이들을 무한원점에 이르게 하는 진동 말이다. 동학과 갑오농민전쟁은 이 진동 없이는 불가능한 것이었다. 현대의 학자들은 (종교사상으로서의 동학을 비롯한 신흥종교 비판 등을 통해) 이 진동을 미신이라 하여 19세기 민중적 역량의 한계로 지적한다.

그러나 천만의 말씀이다. 학자들이 서구적 합리성에 물들어 있는 탓에 이 운동을 근대적으로만 해석하려는 데서 나온 한계다. 여기서 이 이야기를 더 길게 할 수 없기에, 이 운동은 외려 그 진동(미신/애니미즘)으로 인해 서구적 근대가 아닌, 현대가 봉착한 탈근대 너머의 전망에 맞닿아 있다는 점만 언급하는 것으로 그치겠다.

나는 19세기 산조정신의 눈부신 승리로서 백낙준이 만든 거문고산조를 들지 않을 수 없다. 거문고는 모든 악기의 왕이라고 하여 백악지장이라 일컬어진, 선비와 양반들만이 타는 악기였다. 이 악기가 드디어 정악이 아닌 천한 백성들의 허튼가락을 탄 것이다. 이것은 어마어마한 사건이다. 상놈이 양반을 가지고 논 것을 넘어 양반의 음악을 평정해버렸으니 말이다. 이 놀라운 일은 오직 형성의 미학만이 할 수 있다. 한 예로, 북한에서 근대미학의 하나인 사회주의리얼리즘

---

1. 이 책 1부 「성기 관망파의 예술」 82쪽 참조.

에 입각하여 음악분야를 개혁할 때 유일하게 실패한 악기가 바로 거문고다. 그 결과, 양반문화의 척결은 고사하고 거문고 연주 자체가 사라지게 되었다. 이는 창조미학인 근대미학의 한계가 잘 드러난 단면이다.

최근 산조의 현대화라는 말이 많이 나오고 있다. 이에 나는 우려를 금하지 않을 수 없다. 여기서 현대화는 근대미학에 입각해 산조를 발전시키자는 것인데, 이것은 기본적으로 산조정신을 위배한, 아니 죽이는 발상이다. 현대화는 대체로 크로스오버나 퓨전으로 나타나며, 서양음악과의 교배가 핵심인 것으로 보인다.

서양에서는 벌써 오래전부터 서양적인 소재에 식상하여 아시아, 아프리카, 남아메리카, 그리고 오지의 야생부족 등 비유럽 세계의 소재에 열광하고 있다. 심지어 근대미학을 비판하는 포스트모던 미학에서조차 서구의 멘탈리티 아래 비유럽 세계의 소재들을 이용하고 있다. 얼핏 비유럽 세계의 소재들이 세계예술의 주류로 부상하는 듯이 보이지만, 이러한 현상은 어디까지나 오리엔탈리즘 부류에 불과하다.

산조가 뉴욕의 브로드웨이에서 주목받았다고 해서 산조정신이 세계무대에서 꽃을 피운 것은 결코 아니다. 산조정신은 세계 최고라는 음악가들의 평가에 좌지우지되지 않는다. 오히려 그것은 정악에 비견되는 '세계 중심의 음악'을 조롱하며, 그것을 속화시키는 세계 민중의 잡스럽고(그래서 '잡악'이라 불리고) 세속적인(그래서 '속악'이라 불리는) 활기 속에 살아 숨쉰다. 이른바 산조의 세계화는 세계적인 허튼가락일 때 이루어지는 것이다. 때문에 산조정신의 계승은 세계적인 상아탑에서 창조주적 작가정신으로 무장된 음악가들한테서는 조금도 기대할 수 없다.

　비유럽 세계에 흩어져 있는 소재들의 영혼은 서구의 멘탈리티로 결코 재생될 수 없으며, 그 소재들의 출생지 토양에서만 생명력을 내뿜는다. 유럽의 유명 박물관에 세계 각지에서 가져온 유물들이 진열돼 있긴 하지만, 유물들은 원래 있던 그 자리에서만 생명력이 있는 것과 마찬가지다. 박물관의 박제화한 유물들을 어떤 천재적인 인물이 아무리 획기적인 방식으로 살려내고자 해도 그 유물들의 생명력은 결코 살아나지 않는다.

　재삼 강조하지만, 산조의 발전은 산조정신 속에서만 가능하다. 산조정신은 형성의 미학이다. 오늘날 이 땅의 대중이 아무리 서구화했다 해도 산조의 가락은 여전히 위력을 발휘한다. '신중현'이라든가 '조용필' '김수철' '장기하와 얼굴들'의 음악이 그러한 사실을 입증하고 있다.

　산조정신은 대중의 가락세계 속에 흩어져 있는 산조 장단의 알

레고리[2]를 찾아서 이것들로 새로운 틀을 짜는 작업 속에 존재한다. 이 작업은 산조정신이 태어난 19세기의 진동과 같은 민중의 진동 속에서 이루어져야 한다. 내가 애니미즘 미학을 전망으로 제시하는 것은 이 때문이다. 산조정신은 굿(또는 애니미즘)에서 태어났으며, 바로 그런 까닭에 만물에 깃든 영혼과 이야기하는 민중의 심성 속에서 화려하게 부활할 것이다.

이 작업을 하는 예술가는 제도권을 기웃거려서는 안 된다. 제도권은 민중의 활력을 죽이는 곳이다. 예술가는 광대여야 한다. 광대는 본디 천한 출생이다. 그는 민중의 사랑과 비웃음을 동시에 받는다. 그래서 광대는 익살을 부리고 분노한다. 민중의 활력은 광대와 함께 요동친다. 예술가가 천한 광대이지 않으면 민중 속에 흩어진 가락들을 모을 수 있는 열정과 힘이 나오지 않는다.

2

나는 엇모리장단을 '태양의 춤곡'이라 부른다. 엇모리장단을 들으면

---

2. 바로 앞에서 예로 든, 신중현 등의 음악 속에 녹아들어 있는 산조 장단.

거나하게 술에 취해 비틀비틀 춤추는 듯한 느낌이 드는데, 영락없이 이글이글 불타는 태양이 은하계를 중심으로 비틀거리며 자전과 공전을 하는 바로 그 모습이다. 이때의 태양은 디오니소스라 할 수 있다. 니체는 밤과 광기를 디오니소스에 비유했지만, 나는 거기서 한 걸음 더 나아가 빛이라 일컬어지는 이성 자체가 디오니소스적인 도취와 엑스터시를 본성으로 한다고 생각한다.[3]

이성은 현대인이 생각하는 것과 달리 인류가 진화해온 만큼이나 서서히 형성돼왔다. 무無에서 생겨났는지 원래 있던 맹아에서 자라났는지 모르지만, 이성을 배양한 기름진 토양은 축적의 욕망이다. 이성이 자리 잡을 공간인 내면이나 양심이 아직 『일리아스』의 인물들에게서는 보이지 않는다.[4] 정신과 육체가 아직 제대로 분화하지 않았기 때문인데, 이 분리가 확실해진 것은 근대적 인물이라 할 수 있는 햄릿에 이르러서다.

이성의 자랑인 명철성과 합리성은 자나 컴퍼스, 저울로 상징되는 것을 봐도 알 수 있듯이 물질적인 욕망에서 나온다. 인류가 떠돌이 생활을 멈추고 정주하게 되면서 성을 쌓아 도시를 만들고 부를 축

---

3. 고대에는 엑스터시의 전문가 샤먼이 가장 이성적인 존재였다. 오늘날에도 야생의 지대에서는 샤먼이 과학자이자 의사다.
4. 호메로스, 『일리아스』, 천병희 옮김, 도서출판 숲, 768~771쪽 해설 참조.

엇모리장단을 거나하게 술에 취해 비틀비틀 춤추는
'태양의 춤곡'이라 부른다.

적하는데, 이것을 '문명'이라고 한다면, 문명의 욕망이 인간의 육체 내에서 이성을 자라나게 했다고 할 수 있겠다. 이에 견주어 디오니소스적 이성이란 육체와 정신이 분화하기 전의 이성, 즉 원시적 이성 또는 옛이야기적 이성이다.

세계적인 신학자 하비 콕스는 광대 그리스도를 예수의 진정한 모습이라고 보았는데, 이는 무척이나 혁명적인 사상이다. 광대 그리스도는 디오니소스적 예수다.

광대 그리스도, 즉 디오니소스적 예수는 기존의 예수와는 대척점에 서 있다. 둘 다 예수가 빛과 진리라고 주장하지만 기존의 신학에서 어둠이었던 것이 광대 그리스도 신학에서는 빛이 된다. 당연히 그 역도 성립한다. 애니미즘 미학의 특성을 근대미학과 비교하여 더욱 명료하게 부각하기 위해 이 이야기를 하는 것이다.

애니미즘 미학은 빛의 미학이다. 빛은 이성에 비유된다. 그러나 애니미즘 미학은 결코 이성의 미학이 아니다. 근대에 들어와서 육체와 정신이 확연히 분리되고 이성의 개념이 난공불락이기 때문에 애니미즘 미학의 '빛'은 다른 어떤 이름으로도 개념화하기가 불가능한 실정이다. 그래서 나는 궁여지책으로 원시적 이성이라고 표현하는데, 이는 디오니소스적 빛을 디오니소스적 이성이라고 하는 것만큼이나 궁색스럽다.

육체와 정신이 하나인 애니미즘 세계에서는 이성의 내용도 근대적인 의미와 전혀 다를 수밖에 없다. 그런데 그 다름은 빛과 어둠을 어떻게 이해하느냐와 직결돼 있으므로 이 점을 살펴보자.

촛불은 어둠에 감싸여 있다. 이것이 빛의 진정한 모습이다. 빛과 어둠은 투쟁의 대상이 아니라 상대가 없이는 존립이 불가능한 공존의 대상이다. 빛은 어둠에서 나왔고 낮과 밤이 없이는 자연이 존재할 수 없다. 그런데도 문명은 줄곧 이 공존을 부정하고 어둠을 억압하는 쪽으로 달려왔다.

'문명'의 빛인 전깃불은 켜자마자 한순간에 어둠을 내쫓는다. 그래서 전기의 빛은 정복자의 빛이다. 현대인의 이성은 전기의 빛과 같다. 그는 자기 안에서 어둠을 일소하기 위해 엄청난 교육을 받지만 그 결과는 참혹하다. 어둠으로 비유되는 무의식이나 감성·육감 따위를 이성의 감독 아래 둠으로써 자연과의 교감 능력을 완전히 상실했기 때문이다.

애니미즘 예술은 만물에 들어 있는 신과 교감하는 미적 활동이다. 예술에서 가장 중요한 것이 생명감이라면, 예술가가 접신의 경지에 이르렀을 때 최고의 작품이 나온다는 것은 두말할 필요가 없다. 원시예술이 인류 역사상 최고의 예술로 칭송받는 이유가 바로 여기에 있다.

산조는 정신적인 면뿐 아니라 수법적인 면에서도 애니미즘 미학의 전형이다. 레비-스트로스가 『야생의 사고』에서 말한 브리콜라주가 산조에 전형적으로 나타난다. 브리콜라주는 부족사회의 문화 담당자가 눈앞에 있는 한정된 자료와 용구를 사용해 여기저기서 가져온 좋은 것들을 능숙하게 짜깁기하는 솜씨를 말한다. 게다가 산조는 그 역사가 겨우 1세기를 넘어왔으니, 시간적으로도 현재진행형이라는 보물을 가지고 있다.

예술가가 생명감 넘치는 예술을 하기 위해서는 원시예술의 정수인 애니미즘 미학의 세계로 들어가는 것이 지름길이다. 이것은 지식으로 되는 것이 아니라 스스로를 내던지는 결단을 통해서만 가능한 일이다. 산조를 놀았던 우리의 선조 광대들은 모두 자기를 내던졌다. 이 투신 행위가 위대한 예술혼으로 우리를 사로잡지 못하는 현실이 너무도 안타깝다.

성기 관망파의 예술

 근현대예술을 나는 '성기 관망파 예술'이라고 부른다. 성기를 관망만 하면 새로운 생명을 잉태하지 못한다. 근현대예술은 플라토닉 러브의 마술에 걸려 성교를 못하니, 아름다운 육체는 그저 그림의 떡일 뿐이다.

정신적인 사랑의 대명사인 플라토닉 러브는 '플라톤의 미학'에도 그대로 적용된다. 이 미학에서는 감각의 오염을 최대한 제거해 이

데아를 만족시켜야만 최고의 쾌락에 도달한다.

플라토닉 러브의 마술이 발전에 발전을 거듭해온 결과, 이제 현대예술가들은 성교가 무엇인지조차 알지 못하게 되었다. 눈앞의 아름다운 육체는 한낱 마음속에서 재구성해야 할 자료에 불과하다. 이들의 성욕은 오직 마스터베이션으로 충족될 뿐이다. 근현대미학은 이때의 쾌감을 '미의 주관성' 또는 '취미판단'(칸트)이라고 한다.

이 마스터베이션은 한마디로 '상상력의 유희'이다. 진리나 도덕적 교훈 같은 고정된 법칙에 얽매이면 상상력이 제대로 가동되지 않기 때문이다. 이에 따르면 예술가가 영감에 따라 자유롭게 상상할 때만 '최고의 육체'를 만들어낼 수 있다. 이 육체가 보편타당성을 얻으려면 수용자들에게도 똑같이 마스터베이션 상태에서 그 '최고의 육체'를 감상해보라고 요구하지 않으면 안 된다.

여기서 문제가 생긴다. 사람이란 마스터베이션을 하면서 각자 자기가 좋아하는 육체를 떠올리게 마련인데, 이 자연스러운 상태를 무시하고 모든 사람이 '최고의 육체' 오직 그것만을 떠올리며 쾌감의 절정에 오르게 하려면 인간의 생체 자체를 바꾸어야 하기 때문이다. 이 생체변형 프로젝트에 두 가지 교육이 필요하다. 하나는 실제 육체에서 성욕을 느끼지 말기. 다른 하나는 마스터베이션 상태에서 '최고의 육체'에 대한 생김새 익히기, 즉 형식 익히기.

오늘날 이렇게 되기까지는 천문학적인 사회적 비용이 지불되었다. 과연 이 비용은 누가 지불한 것일까? 두말할 필요도 없이 여러분이 지불한 것이다. 예술을 수용하는 능력은 이미 여러분의 계급적 위치를 나타내는 지표가 되어버렸다.[1] 지금 여러분은 계급상승을 위해서 스스로 지갑을 열어 마스터베이션 상태에서 느껴야 하는 '최고의 육체'에 대한 형식 익히기에 기꺼이 투자하고 있다.

사실 나는 현대예술가들에게는 별 애정이 없다. 그럼에도 이런 글을 쓰는 까닭은 내가 견딜 수 없기 때문이다. 나는 외부의 육체를 직접 아름답게 느끼고, 애무하고, 섹스하고 싶다. 그것이야말로 '미'요 '예술'이요 '미에 대한 정당한 수용'이라고 주장하는 것이다. '성기 관망파 예술'은 시민 모두가 자기도 모르게 실제의 육체를 외면하고 마스터베이션을 하게 만드는 무시무시한 뇌 개조의 기술이다.

성기 관망파 예술가는 마치 예쁜 꽃을 꺾어와 꽃꽂이하듯 바깥의 아름다움을 내면으로 가져와서 창작이라는 것을 한다. 이 예술가에게는 내면이야말로 창작의 요람이며 우주다.

성기 관망파 예술가는 심지어 자연을 이념의 외화外化라고 말한다(헤겔). 예컨대, 노을 질 무렵 저 아름다운 황혼이 이념의 주관성이

---

1. 삐에르 부르디외, 『구별짓기-문화와 취향의 사회학』, 최종철 옮김, 새물결, 2005 참고.

결여돼 있어 완전하지 않다는 것이다. 그래서 예술가는 이러한 자연 미의 결함을 손보아 완전한 아름다움으로 재창조해내야 한다니, 도대체 이게 무슨 말인가! 이른바 '창조주적 작가관'이라고 하는 이것은 오늘날 근대미학의 왕좌를 차지하고 있다. 학교에서 이 작가관을 배운 우리의 뇌에는 작가가 창조주적 능력을 가진 예술가로 입력돼 있다. 창조주적 작가관은 포스트모더니즘의 등장으로 공격을 받고 있긴 하지만 한국에서는 여전히 요지부동이다.

우리가 주변에서 흔히 보는, 뭐나 된 것처럼 폼 잡는 예술가의 방약무인은 이처럼 다 그럴 만한 이유가 있다. 그런데 이런 추태도 따지고 보면 자본주의가 그렇게 부추기는 것이다. 갑자기 웬 자본주의냐고 갸우뚱할지 모르겠다. 주제를 벗어나므로 간단히만 언급하겠다.

자본주의는 인간의 '외부'인 '사회와 자연'에 결함이 있으므로 완전한 '이성'(로고스)의 설계에 따라 '사회와 자연'을 다시 디자인한다는 거대한 프로젝트다. 이것은 창조주적 관점이다.[2] 자본주의는 창조주적 작가라는 역할모델을 앞세워 인간이 자본주의를 '내면화'

---

2. 창조주적 관점은 사회와 자연이 자연스럽게 형성돼왔다고 보는 '형성의 관점'의 대척점에 서 있다. '창조주적 관점'과 '형성의 관점'은 그리스철학 이래 오늘날까지 지속되는 오랜 계보를 가지고 있는데, 각각에 대응하여 개략하면 다음과 같다.
   • 창조주적 관점: 플라톤 – 라이프니츠 – 헤겔 – 러셀 – 현상학과 구조주의
   • 형성의 관점: 헤라클레이토스 – 스피노자 – 니체 – 비트겐슈타인 – 포스트모더니즘

하게 만든다. 이는 자본주의가 '신'으로서 세계를 지배하기 위해 인간의 생체를 바꾸지 않으면 안 되기 때문이다. 내면화에 성공한 자본주의가 거둔 전대미문의 쾌거는 이것이다—사람에게 의식과 무의식이 있듯이, 사람들이 아무리 자본주의(의식)를 문제 삼아도 그것이 얼마나 자본주의(무의식)를 위한 것인지를 모른다는 것! (이에 관해서는 2부에서 자세히 설명하겠다.) 그런데 성기 관망파 예술가들은 바로 자본주의의 내면화에 심혈을 기울이고 있는 것이다.

성기 관망파 예술의 미학은 한마디로 '인식론'이다. 미학이라는 말은 원래 없는데, 독일의 철학자 바움가르텐(1714~1762)이 '아에스테티카Aesthetica'라고 처음 사용한 말을 번역하여 오늘날 우리가 쓰는 것이 '미학'이다. 직역하면 '감성론', 곧 감성을 다루는 인식론이다.

독자들은 '감성'이 왜 인식론이 되는지 의아해할 것이다. 그러나 그 유명한 레오나르도 다빈치의 작품들이 '상상력의 유희'를 적대시한 '이성 중심의 인식론'에서 나왔다는 점을 상기하기 바란다. 원근법으로 대표되는 르네상스 미술이 이성 중심의 예술이라는 것은 학교에서 배웠을 테니까.

바움가르텐은 촉각에 관계하는 감각들(쾌·불쾌)은 예술에서 제외하고 오직 인식의 대상이 되는 감각, 즉 지각만을 예술의 대상으로 보았다. 미학(아에스테티카＝감성론)을 인식론 안에서 다룬 바움가르텐은 미학을 다른 말로 '저급한 논리학'이라고 일컬었다. 이처럼 예술이 본질을 추구하는 이성의 추상성에 감성의 생생함을 더해주기 위해서 존재한다는 것이 근대미학의 출발점이다. 이렇게 인식된 미학은 이후 합리주의 미학의 프로토타입(견본)이 된다.

　사람들에게 일반적으로 익숙한 미학은 낭만주의 미학이다. 우리가 익히 아는, '미가 인식이 아니라 쾌감'이라는 것은 칸트에 와서야 정립되었다. 넥타이가 예쁘다고 느끼는 것은 디자인 때문이다. 넥타이의 쓸모(유용성)나 사회적 가치(진·선)와는 상관없이 우리는 디자인을 통해 미감을 만족시키는 '형식'을 발견한다. 칸트는 이 '형식'을 미학에서 가장 중요하게 보았다.

　칸트는 미가 대상의 유용성이나 진·선과는 무관해야 한다고 말한다. 그러기 위해서는 예술이 목적성을 배제함으로써 '목적 없는 자유로운 유희'가 되어야 한다. '형식'은 이러한 주관적 합목적성(대상의 형식을 반성할 때 그 형식에 관해서 느껴지는 직접적 쾌감과 관련된)[3]을 만족시키는 미적 조건이다. 이때부터 예술은 자연대상과의 관계에서 미를 찾는 것을 그만두고 작품 내에서 미를 탐구하게 된다. 미에 대한

---

3. 칸트, 『판단력 비판』, 이석윤 옮김, 박영사, 2005, 47쪽.

이러한 인식의 전환은 자연이 주는 미감이 근원적인 것이긴 하지만 인간은 이미 자신의 주관에 따라 미의 형식을 재구성할 수 있다는 데 기인한다. 따라서 '미의 쾌감은 형식 속에 있다'는 명제가 성립한다.

칸트의 낭만주의 미학 이후에 예술은 자기 장르만을 탐구하는 예술로 확정된다. 이때부터 작품은 대상을 재현하지 않고 형과 색으로 자기(작품) 스스로를 지시한다(자기지시성). 쉽게 말하면, 작품이 자기 속에서 대상을 찾지 말고 자기만을 봐달라는 것이다. 이것은 미학 사상 유례없는 혁명적인 변화다. 과거와 달리 작품이 바깥과 소통하는 '창'을 닫아버린 것이다.

그 결과, '창밖의 여자'는 마스터베이션의 걸작품인 '최고의 육체'의 불완전한 현현에 불과해지고, 예술은 더 이상 모방이 아니라 창작의 산물이 된다. 실재하는 '창밖의 여자'는 도리어 '작품 속의 여자'를 모방해야 할 지경으로 초라해졌다.

그런데 이러한 미학 혁명 이전의 '반영론'(플라톤) 위에 서 있든 이후의 '상상력의 유희'(칸트)[4] 위에 서 있든, 성기 관망파 예술이 대상을 정신의 하위존재로 취급한 점에서는 다르지 않다. 이는 감성에 대한 이성의 우위를 변함없이 전제한다. 이 전제 아래, 서구 미학의

---

4. 실제로 칸트는 대상(물자체)을 정신의 하위에 두지 않았지만, 이후 철학자들은 칸트를 잘못 해석하였다.

역사는 '이성과 감성의 역할'에 대한 해석과 배치의 진화과정이라 해도 좋을 것이다. 그에 따라 서양의 다양한 예술 사조가 만들어졌고 지금도 여전히 결정적인 작용을 하고 있다.

그럼에도 서구의 미학은 아이러니하게 자신의 토대를 스스로 무너뜨리기 시작했다. 가장 대표적인 예가 질 들뢰즈의 미학이다. 질 들뢰즈의 '기관 없는 신체corps sans organe'는 감각의 개념과 역할에 대한 기존의 이해를 완전히 전복한 경우다. '기관 없는 신체'란 플라톤 이래로 고착된 감각의 서열(시, 청, 후, 미, 촉)과 그에 따른 역할이 생기기 이전의 '동물적 상태의 감각'을 말하는데, 그중에서도 온몸에 오직 촉감만이 퍼져 있는 말미잘 같은 상태다. 화가 베이컨이 그린 같은 제목의 그림('기관 없는 신체')을 보면 이러한 미의식에 입각해 전혀 새로운 회화를 창조했음을 알 수 있다.[5] 그의 '기관 없는 신체'는 진동을 통해 바깥세계를 '촉감으로 받아들임'과 동시에 전혀 새로운 의미를 창출하는데, 의미에 대한 고정관념의 파괴가 그것이다.

'기관 없는 신체'는 내가 보기에 성기 관망파 예술이 보여줄 수 있는 최후의 유일한 희망이다. 그것은 인간과 동물 사이의 경계를 없애려는 '절규'이기 때문이다. 이 절규의 정당성을 위해서 신화를 예로

---

5. 여기서는 순서가 바뀌었는데, 사실은 들뢰즈가 베이컨의 작품을 해설한 것이다.

들어 설명하겠다. 북아메리카 원주민의 사냥에 관한 이 신화는 동물과 인간의 경계가 어떠했는지를 잘 보여주므로, 길지만 통째로 소개한다.

아버지와 일곱 명의 아들로 이루어진 사냥꾼 일행이 야생염소를 잡으러 산으로 들어갔다. 아버지는 사냥의 명인으로 칭송받는 사람이었으나 야생염소를 한 마리도 잡지 못했다. 사냥꾼 일행은 산속에서 야영을 하게 되었다. 그런데 그날 밤 야생염소 한 마리가 나타나자, 막내아들이 뒤쫓아가서 멋진 솜씨로 숨통을 끊어놓았다. 막내아들은 사냥꾼이 되기 위한 훈련을 받는 중이어서 아직 제대로 된 사냥꾼이라고 할 수 없었는데 운이 좋았던 것이다. 막내아들은 야생염소의 가죽을 벗기고 고기를 자르는 동안 정해진 규율을 따라 기도 드리는 등 야생염소의 몸을 매우 극진히 다루었다.

작업을 마치고 캠프로 돌아오려고 할 때였다. 갑자기 눈앞에 피부가 하얀 아름다운 여자가 나타나 자기 집으로 따라오라며 유혹했다. 하지만 막내아들은 자신이 훈련 중이어서 여성에게 접근하면 사냥능력을 잃어버린다며 거절했다. 그러자 여자는 그가 야생염소를 잡았을 때의 빈틈없는 행동을 칭찬하면서, 만약 집으로 함께 가면 더욱 뛰어난 사냥꾼이 될 수 있는 지식을 얻을 수 있으리라고 했다. 그래서 그는 여자를 따라가기로 했다.

걷고 또 걸어서 높은 절벽에 도착하니 바위 사이로 갈라진 틈이 보였다. 두 사람이 그 틈을 통해 바위 속으로 들어가자, 갑자기 등 뒤에서 그 틈새가 메워져버렸다. 그 순간 막내아들은 정신을 잃었다. 잠시 후 정신을 차린 막내아들이 둘러보니 그곳은 커다란 동굴 안이었으며, 많은 남녀의 야생염소들이 있었다. (이 무렵까지는 아직 야생염소와 인간이 동일했다. 즉 그곳에 있는 남자가 숫염소의 털가죽을 걸치면 숫염소가 되는 것이다.)

그를 데리고 온 여자가 다가와 말했다. "이제부터 나는 당신의 아내예요. 여기는 야생염소의 동굴이에요. 당신들 사냥꾼이 이곳을 찾아내지는 못할 거예요. 나도 야생염소예요. 그리고 야생염소들은 지금이 발정기죠."

발정기여서 다들 밖으로 나갔다. 여자는 나이 많은 숫염소의 커다란 털가죽을 가져와 막내아들에게 입혔다. "자, 가서 친구들과 함께 즐기기로 해요(교미를 하자는 뜻―필자)." 둘은 절벽의 문을 열고 밖으로 함께 뛰어나갔다. 막내아들은 이제 완전히 야생염소로 변해 바위로 뛰어오르기도 하고, 비탈진 풀밭을 뛰어내리기도 했다. 그러나 나이 든 숫염소의 털가죽은 막내아들에게 너무 무거웠다. 그는 젊은 숫염소의 공격을 받아 동굴로 쫓겨서 돌아오고 말았다. 막내아들은 조금 더 젊은 야생염소의 털가죽으로 갈아입었지만, 그것도 무거워서 또다시 젊은 숫염소의 공격을 받고 쫓겨나고 말았다.

날이 밝아왔다. 여자는 막내아들에게 한창 젊고 힘이 센 야생염소의 털가죽을 입힌 다음 밖으로 나갔다. 여자는 무리 속에 섞여서 관계를 가졌다. 막내아들은 이번엔 가벼워서 잘할 수 있을 것 같았다. 과연, 이번에는 달려드는 숫염소를 가볍게 물리칠 수 있었다. 그런 다음 아내와 장모를 비롯해 늙은 암염소, 젊은 암염소들과 계속해서 관계를 가졌다. 이렇게 막내아들은 해가 뜰 때까지 모든 암염소와 관계를 가졌다. 날이 밝자 야생염소들은 모두 보금자리로 돌아가 잠을 잤고, 밤이 되면 또다시 관계를 가졌다.

막내아들은 나흘 밤을 내내 그렇게 지냈다. 처음 세 번은 항상 숫염소들에게 쫓겨났지만 네 번째에는 이겨서 모든 암염소를 자기 것으로 만들었다. 그러고 나면 번번이 하루 종일 잠을 잤다.

낮과 밤이 네 번 바뀌었을 때, 아내가 그의 활과 화살을 들고 다가오더니 자기 뒤를 따라오라고 말했다. 막내아들이 아내를 따라가자 다른 야생염소들도 모두 따라왔다. 일행은 높은 절벽 꼭대기에 도착해 단숨에 땅까지 미끄러져 내려왔다. 무사히 땅에 이르자 야생염소들이 모두 막내아들에게 작별인사를 했다. 아내는 헤어지면서 말했다. "자, 여기 당신의 활과 화살이 있어요. 당신은 이제 훌륭한 사냥꾼이에요. 당신은 야생염소가 사람이라는 걸 잘 알고 있어요. 그러니까 야생염소를 죽이거든 시체를 다룰 때 경의를 표해야만 해요. 당신은 암염소 모두와 관계를 가졌으니 암염소들은 당신의 아내예요. 그리고 암염소들은 당신의 아이를 낳을 거예요. 그러니까 절대로 쏘면 안 돼요. 새끼 염소는 당신의 자손이잖아요. 처남에 해당하는 숫염소들만 쏘세요. 그들을 죽이더라도 미안함을 느낄 필요는 없어요. 왜냐하면 정말로 죽는 것이 아니라 단지 집으로 돌아가는 것일 뿐이니까. 고기와 털가죽은 당신이 가져가지만, 진정한 그들 자신은 집으로 돌아가는 셈이지요." 말을 마친 여자는 고기 꾸러미를 막내아들의 등에 얹어주고 헤어졌다.

막내아들은 아버지의 캠프로 돌아왔다. 집에 도착한 그는 아버지를 위해 고기를 전부 구워주고, 뼈는 남김없이 모아 정성스레 싸서 연못에 가라앉혔다. 그도 연못에서 몸을 씻었다. 나중에 막내아들은 아버지가 야생염소의 코뼈를 어딘가에 따로 빼둔 걸 알고 화를 냈다. "어째서 야생염소를 모욕하는 거죠?" 아버지가 말했다. "나는 네가 야생염소들과 있으면서 뭘 배웠는지 시험해보려 한 것이다." 아버지가 코뼈를 내놓자, 그는 그것도 연못 속으로 던졌다.

형제들은 사냥을 나갔다가 아직 돌아오지 않고 있었다. 형제들을 찾아나선 막내아들은 먹지 못해 탈진해 있는 형제들을 발견했다. 그는 형제들을 캠프로 돌려보내고 혼자 사냥에 나섰다. 막내아들은 산 중턱에서 암염소와 새끼 염소를 발견했다. 그가 야생염소에게 다가가 쏘려고 하는 바로 그 순간, 암염소가 외쳤다. "나는 당신의 아내예요! 아내와 아이를 쏘지 않도록 조심하세요!" 막내아들은 몹시 부끄러워하며 "미안해!" 하고 소리쳤다. "당황해서 충고를 깜빡 잊었군." 암염소가 다가와 그를 껴안았다. "내 충고를 반드시 들어주세요. 만일 듣지 않으면 나쁜 일이 일어날 거예요. 두 번 다시 아이를 쏴서는 안 돼요. 그 아이들이 모두 당신의 씨라는 건 알고 있죠? 암염소도 절대 쏘면 안 돼요. 그들은 전부 당신의 아내니까요."

암염소와 새끼 염소는 돌아가서 마침내 보이지 않게 되었다. 그러자 바로 코앞에 숫염소가 나타나 꼼짝 않고 서 있는 것이었다. 막내아들은 숫염소를 화살로 쏘아 그 고기를 형제들이 있는 곳으로 가져갔다. "암염소가 아니로군." 형제들이 말했다. "응, 암염소는 쏜살같이 도망쳐버렸어." 막내아들이 대꾸했다. 그러자 형제들은 말했다. "거짓말하지 않아도 돼. 네가 야생염소들과 같이 지낸 걸 알아. 암염소들이 네 아내이며 새끼 염소들이 네 아이라는 것 정도는 우리도 다 알고 있어." 형제들은 아버지의 캠프로 돌아갔다. 막내아들은 그날부터 나흘 동안 사냥을 계속해 숫염소를 많이 잡았다. 그는 고기를 잔뜩 갖고 돌아갔다(J.A. Teit, *Thompson Indians of British Columbia*, 1900; Howard Norman, *Northern Tales*, 1990).[6]

이 신화에서 우리는 동물과 인간의 진정한 관계를 본다. 베이컨의 작품 '기관 없는 신체'는 이러한 관계를 회복하려는 현대인의 '절규'다. 플라톤에서 현대에 이르기까지 감성과 이성의 역할을 둘러싼 논란은 이른바 변증법적으로 끊임없이 계속돼왔지만, 분명한 것은 그것이 동물과 인간의 절대적 구별(인간은 동물이 아니다) 속에서 이루어져왔다는 사실이다. 이 점이 가장 중요하다. 현재까지의 미학사 또는 예술사의 논쟁과 전개는, 이 신화의 관점에서 보면 그렇기 때문에 한통속인 것이다.

"지금까지 서양철학사는 플라톤의 주석에 불과하다"는 화이트헤드의 말을 빌리지 않더라도, 현대미학의 기원이 된 칸트의 '반플라톤 미학'의 대두에도 불구하고 오늘날까지의 서양예술사는 한마디로 표현하면 플라톤 미학의 다양한 변주에 불과하다.

플라톤은 '인간 철학'을 정립한 서양사상 최초의 인물이다. 그는 우주의 중심에 인간을 세웠고, 신과의 관계는 이데아를 통해 연결했다. 인간이 이데아에 도달하면 신이 된다. 이데아에 근접하려는 것은 정신이며 방해하는 것은 육체다. 인간이 정신을 통해 자신의 이데아에 근접하는 것("너 자신을 알라"는 말은 곧 "너 자신의 이데아를 알라"는

---

6. 니카자와 신이치, 『곰에서 왕으로』, 김옥희 옮김, 동아시아, 2003, 49~53쪽에서 재인용.

것이다)은 곧 만물의 이데아에 이르는 지름길이다. 이 경로가 플라톤에게는 앎이다. 따라서 이 앎은 (이데아가 완전하기 때문에 선인 만큼) 선이며, 결과적으로 윤리학이다. 앎을 방해하는 육체는 악이 된다.

육체가 앎을 방해하는 것은 그것이 동물적인 것에 속하기 때문이다. 동물 그리고 자연은 정신을 지니고 있지 않으므로 그것들에게는 이데아를 밝혀줄 횃불이 없다. 이데아가 어둠 속에 매장돼 있는 것이다. 바로 이 무덤과 같은 어둠이 (동물과 자연에 속하는) 인간의 육체인데, 육체는 감각들로 이루어져 있다. 이 감각들이 빚어내는 오류를 추방하는 것—이것이 철학하는 자가 해야 할 책무다. 플라톤이 철학자의 왕국에서는 감각의 기술자인 시인을 추방해야 한다고 말한 것을 상기하자.

플라톤은 동물에 가까운 순서로 감각을 차별했다. 시, 청, 후, 미, 촉의 순서가 그것이다(물론 이 순서가 완벽하게 정립된 것은 아리스토텔레스에 이르러서다). 이 감각 기관[7]들의 순서는 육체와의 접촉 거리에 따라 매겨진 서열이다. 촉각은 육체 자체이며, 미각은 침으로 매개되고, 냄새는 멀리 떨어져 있으면 맡을 수 없는 반면 (육체에서 가장 멀리 떨어진) 듣고 보는 것은 훨씬 멀리서도 가능하다. 특히 정신의 눈

---

7. 플라톤에게 '기관'은 정신의 연장延長이요 도구다.

은 육체의 어떤 기관으로도 볼 수 없는 이데아를 볼 수 있는 유일한 도구이므로 가장 높이 평가되었다.

플라톤의 사상 전체는 인간을 동물과 완벽히 구별하기 위한 프로젝트이고 계몽운동이다. 당시 오리엔트 세계에서는 페르시아의 조로아스터교(빛＝정신＝선과 어둠＝육체＝악의 구별이 가장 선명한 종교)가 이 계몽운동을 이끌고 있었다(이 무렵 그리스와 이집트는 페르시아의 지배를 받은 바 있다). 조로아스터교의 영향[8]을 지대하게 받은 플라톤은 디오니소스 제의 등 '육체'[9](정신과 육체가 미분화한)의 재생을 믿는 당대 그리스인의 비의종교에 대항할 '사상체계'를 세우지 않으면 안 되었다. 플라톤의 스승인 소크라테스는 나라가 믿는 신을 믿지 않고 다른 새로운 다이모니온(영)[10]—조로아스터교의 영지(그노시스)에 상응하는—을 믿는다는 죄목으로 사형당했다. 플라톤의 이데아론은 이 새로운 종교의 신학이다.

플라톤이 구축한 철학 이후로 서구철학은 기독교의 인간 중심 신학(인간과 자연을 완벽히 차별했다는 점에서)과 도킹해 감각과 이성의 역할을 자연(구체적으로는 동물)과의 단절 아래에서만 다루게 되었다.

---

8. 이 책 2부 「진보는 퇴보의 다른 이름」 주 15 참조.
9. 디오니소스 비의가 행해지던 그 무렵 호메로스의 주인공들에게서는 육체와 정신의 분리가 보이지 않는다. 이 책 1부 「산조정신과 애니미즘 미학」, 주 4 참조.
10. 이 책 2부 「진보는 퇴보의 다른 이름」, 주 14 참조.

그렇다면 자연과 단절된 인간은 기쁨(쾌)의 원천—이것은 예술의 원천이기도 하다—을 과연 어디에서 발견할 수 있을까? 이 문장에서 '인간'이 '특별한 나'를 말하지 않는다면 보통명사 '인간'의 기쁨은 고유명사 '나'의 기쁨일 수 없다. 전자(보통명사 '인간')의 기쁨은 실제로 아무 데도 존재하지 않는다. 다만 개념 속에서만, 그리고 개념의 현실화인 마스터베이션 상태에서만 존재할 뿐이다. 전자의 일반적인 기쁨은 '단어의 정의'(개념) 속에서만 존재하는 본질적(이데아적)인 기쁨으로, 이 기쁨의 구체화는 당연히 '인공적인 기쁨'이다. 따라서 예술도 3S를 포함한 오락이나 엔터테인먼트 사업과 다르지 않은 지반 위에서 활동한다.

보통명사 '나'의 기쁨은 이처럼 학습된 기쁨인데, 고유명사 '나'는 마치 학습된 기쁨이 '특별한 나'의 기쁨인 것으로 착각하게 된다. 나는 그 기쁨에서 위안만 받을 뿐 원천적인 기쁨을 느낄 수 없다. 이것은 인간을 자연과 분리하고 나의 자아에 우주를 건설한 현대인의 자업자득이다. 이와 함께 현대인은 '나'의 고유성과 정체성을 상실하였다. 현대인이 항상 외로운 이유가 바로 여기에 있다.

오늘날 '나'는 과학의 발달로 '복제 가능한 나'가 되었다. 이것은 내가 입자로 분해되는 것을 뜻한다. 오늘날 유전자공학·정보공학·입자물리학·미디어학 등 많은 분야가 모두 '개체'individual 를 입자로 분해(미분)하고 다시 개체로 환원(적분)하는 메커니즘 속에서 활동하고 있다. 그 결과 인류는 절망적인 정체성의 위기에 빠져 있다. 심지어 '나'와 '복제된 나' 사이에 무엇이 더 진짜 '나'인가를 해상도pixel 차이로 구별할 지경에 이르렀다.

이제 우리는 스스로한테 이렇게 질문한다. 수많은 픽셀로 분해되는 나는 누구인가? '나'의 고유성은 무엇인가? 어쩌다 내가 픽셀들의 결합체에 불과하게 되었는가? 세상의 대세를 거스를 수 없다면 '나'의 고유성이 픽셀에 있다는 주장을 받아들여야 하는 것인가? 받아들인다고 쳐도 '나'라는 존재는 무엇에서 진정한 기쁨을 느낄까? 복제된 가상의 세계가 기쁨을 줄까? 아니면 원본의 세계? 아니면 그 사이 어디쯤?

그러나 단언하건대, 기쁨은 미의 쾌감과 마찬가지로 구조가 아니라 접촉에서 나온다. 빗방울이 살갗에 닿을 때 "아, 좋아!"라고 느끼는 것처럼 기쁨은 반드시 접촉이 이루어지는 관계 속에서 나온다. 하지만 입자들의 연장延長으로 구성된 입자적 세계는 구조이지 관계가 아니다. 관계는 반드시 '타자'를 전제해야만 한다. 그래야 비로소 정체성이 확보되는 것이다.

타자가 없이는 관계가 성립되지 않는다. '타자'는 입자의 연장延長에서는 설 자리가 없다. 즉 나의 연장은 '나'이지 타자가 아니다.

'타자'는 나에게서 출발한 연장을 끊고 그 타자를 타자로 받아들일 때 비로소 나타난다. 즉 내가 야생염소의 털가죽을 걸칠 경우 사람이 아닌 완전한 야생염소가 될 때에만 나는 타자가 된다. 이런 체험을 통해 나는 야생염소를 나의 연장으로서의 단순한 사냥감이 아닌 타자로서 대할 수 있다.

나와 야생염소인 타자의 관계는 인간과 동물이 교환 가능한 관계다. 그렇다고 이 교환을 '대칭적' 관계로 이해하는 것은 옳지 못하다. 이 점에서 나는 위의 신화를 소개한 책의 저자 니카자와 신이치와 견해가 다르다. 차라리 나는 가라타니 고진의 '비대칭성'의 전망에 서 있다.[11] (이 점에 대해서는 뒤에 다시 설명할 것이다).

타자, 그리고 관계를 이해하는 데서 '대칭성'의 문제는 매우 중요하므로 찬찬히 살펴보겠다.

케플러(1571~1630)는 코페르니쿠스와 더불어 근대 천체물리학을 정초한 사람이다. 잘 알려진 대로 코페르니쿠스는 천체의 중심이 지구가 아니라 태양이라는 사실을 밝혔고, 케플러는 행성이 태양의 둘레를 원이 아닌 타원 궤도를 비등속으로 회전한다고 밝혔다.

여기서 나는 '대칭성'의 문제와 관련해 케플러가 가져다준 혁명

---

11. 가라타니 고진, 『탐구』 1·2, 송태욱 옮김, 새물결, 1998 참고.

에 주목하고자 한다. 특히 타원 궤도를 발견한 것은 지구에서 일어나는 자연 변화를 해명할 수 있는 열쇠라는 점에서 실제적인 가치가 높다. 내가 케플러의 혁명에서 발견한 것은 비대칭성이야말로 모든 변화를 일으키는 원인이라는 것이다.

그러면 먼저 케플러의 말을 들어보자.

고대인은 근원으로 돌아가는 모든 운동 중에서 원형이 가장 단순하고 완전하며, 계란형이라든가 다른 운동에는 직선이 섞여 있다고 생각했다. 따라서 원운동이야말로 물체의 단순한 본성에 가장 잘 들어맞으며 신의 정신인 동자動子, motors에도 가장 잘 어울리고 (왜냐하면 미와 완전성은 신의 정신에 속하기 때문에), 역시 구형으로 된 하늘에도 가장 잘 어울린다고 생각했다.

이에 대해 나는 다음과 같이 답하고자 한다. 만약 고대인이 믿었던 것처럼 하늘의 운동이 정신의 업적이라면 행성의 운동도 완전한 원이라는 추측이 그럴듯하다. …… 그러나 하늘의 운동은 정신의 업적이 아니라 자연의 업적, 즉 자연물체의 힘이 만들어내는 업적이다. 이것은 천문학자의 관측으로 아주 잘 검증된다. 그리고 천문학자는 타원형의 회전운동이야말로 행성이 현실에서 일으키는 올바른 운동이라는 것을 발견했다. 그리고 그 타원을 통해 자연 물

체의 힘과 그 형상의 방사放射와 크기를 검증할 수 있다. (케플러,
「개요」)[12]

플라톤과 아리스토텔레스 이래의 학자들은 하늘에 있는 물체의
운동은 원형이며 항상 규칙적이라고 주장했다. 그것은 원형이 이데
아의 기하학적 표상으로서 대칭성의 가장 완전한 형태라는 생각 때
문이다. 30여 권에 이르는 플라톤의 대화편을 한마디로 정리하면 이
렇게 등식화할 수 있다 ; 이데아＝원형＝대칭성.

케플러가 이 등식을 깸으로써 비로소 천체의 운동이 그 참모습
을 드러냈다. 케플러는 행성이 태양을 중심으로 비등속운동을 한다
는 이 '비대칭성'의 발견을 통해 원궤도를 타원궤도로 수정할 수 있
었다. 수천 년 동안 '이데아＝원형＝대칭성'의 등식은 본질(이데아)
이라는 이름으로 현실reality을 어둠 속에 유폐하고 있었던 것이다.

케플러가 이룬 또 하나의 혁명은 태양계의 중심을 태양 그 자체
로 보았다는 데 있다. 이를 통해서 코페르니쿠스마저도 오류에 빠졌
던 지구 중심주의를 완전히 벗어났다는 점에서 진정한 천문학의 혁
명으로 평가된다.

---

12. 야마모토 요시타카, 『과학의 탄생』, 이영기 옮김, 동아시아, 2005, 657쪽에서 재인용.

다음의 글을 읽어보자.

　코페르니쿠스가 태양계의 중심을 태양이 아닌 태양 가까이에 있는 지구 궤도의 중심—평균 태양—에 두었던 데 반해, 케플러는 태양 그 자체에 두었다. …… 그리고 케플러는 태양의 중심성을 관측을 통해 '사후적으로'(아포스테리오리) 확인한 것이 아니라 그 이전에 '선험적으로'(아프리오리) 요청했다. 그는 (코페르니쿠스가 말한) 지구 궤도의 중심 같은, 아무것도 없는 공간 내의 단순한 기하학적인 점이 우주의 중심이라는 것은 물리학적으로도 형이상학적으로도 생각할 수 없다고 보았다. …… 그런 의미에서 진정한 태양 중심설은 코페르니쿠스가 아닌 케플러에서 시작되었다고 할 수 있다.[13]

　이 내용을 내 방식으로 표현하면, '나'(지구)의 연장으로서 태양 중심주의가 아니라 '태양'이 타자로서 중심인 명실공히 태양 중심주의를 정립한 것이다. 케플러가 타자로서의 태양을 발견할 수 있었던 것은 위의 인용에서 말한 것처럼 분석이나 증명을 통해서가 아니라, 쪼갤 수 없는 실체로서의 개체에 대한 그의 인식 때문이다. 그는 원

---

13. 앞의 책, 657~658쪽.

래 과학자이기 이전에 점성술사였다. 점성술사는 별을 관념적으로 분석하지 않는다. 점성술사에게 별은 하나의 완전한 에너지 덩어리로서의 생명체다. 이런 감수성으로 볼 때, 별은 에너지를 천체 공간에, 그리고 인간에게 방사하여 영향을 끼치는—그리하여 어떤 관계 (천문학적 우주체계 또는 점성술적 신비)를 형성하는 유일무이한 (인간의 입장에서 쪼개거나 인간의 관점을 연장할 수 없는) 존재다.

다시 신화 이야기로 돌아가서, 사냥꾼과 야생염소의 신화에 나타난 교환은 어떻게 보아야 할까? 만약 그 교환이 대칭적 관계에서 이루어진 것이 아니라면 어떻게 가능할 수 있을까? 여기에는 중요한 함정이 가로놓여 있다. 그 함정은 교환이 서로 등가인 물건들 사이에서 이루어진다는 오래된 관념이다.

먼저, 교환이라는 것 자체가 원래 비대칭관계 속에서 일어나는 것임을 말해두겠다. 내가 앞서 이 문제와 관련해서 차라리 가라타니 고진의 '비대칭성'의 전망에 서 있다고 말한 이유는 바로 이 교환에 대한 놀라운 그의 해석 때문이다. 고진은 자신의 모든 저작에 걸쳐 '교환과 비대칭성의 문제'를 탐구하였다. 그 문제를 여기서 한두 마디로 정리할 수는 없으므로 내 나름대로 이야기해보겠다. 예컨대 20자의 옷감과 한 벌의 윗옷이 둘 다 등가라면, 왜 어떨 때는 교환이 되고 어떨 때는 교환이 되지 않는가?

가　　　　　　　　　　　　　나

20자의 옷감　　＝　　　한 벌의 윗옷
(상대적 가치형태)　　　　　(기준이 되는 등가형태)

　그것은 비대칭을 대칭으로 만들어내느냐 못하느냐에 성패가 달려 있기 때문이다. 열쇠는 교환에서 기준이 되는 상품인 '나'를 가진 사람이 쥐고 있다. 상대적 가치를 지닌 상품인 '가'를 가진 사람은 어떤 식으로든 '나'와 교환을 해야 하기 때문에 '나'가 '가'와 등가(대칭)임을 설득해야 한다. 고진은 이 성패를 결정짓는 것을 '운명을 건 도약'이라는 마르크스의 말을 인용해 설명한다. 우리는 사냥꾼과 야생염소의 교환관계 속에서 '운명을 건 도약'이 어떻게 비대칭성을 해소하고 '사냥꾼＝야생염소'의 등가(대칭)관계를 만들어내는지 분석해보기로 하자.

　사냥꾼과 야생염소가 교환되려면 일차적으로 유적類的 경계, 즉 인간과 동물의 경계가 무너져야 한다. 자칫 이것을 인간과 동물이 대등해야 한다는 대칭성의 원리로 해석하기 쉽지만, 애초에 인간과 야생염소가 등가형태라면 위의 신화는 성립되지 않는다. '가'의 처지에 있는 야생염소는 사냥꾼과의 사이에 등가관계('가' = '나')를 만들어내기 위해 신화의 내용처럼 '목숨을 건 도약'을 하지 않으면 안 되기 때문이다.

교환을 원하는 쪽(판매자)은 야생염소다. 야생염소는 사냥꾼과 가족관계를 형성하기 위해서 '목숨을 건 도약'을 해야 한다. 전체 야생염소 가족의 운명이 이 교환에 달려 있기 때문이다. 사냥꾼에게 털가죽을 입히고 야생염소로 변형시키는 것은 둘 사이의 차이를 없애기 위한 것, 즉 등가를 성립시키기 위한 것이다. 이것은 판매자인 야생염소가 자기 상품을 사냥꾼에게 이해시키는 과정이다. 20자의 옷감(야생염소)이 윗옷 한 벌(사냥꾼)과 충분히 같은 값어치가 있다는 점을 설득하는 것이다. 이것은 결코 양적으로 비교될 수 없는 비대칭성이며, 따라서 야생염소 처지에서는 무조건 팔아야 하기 때문에 판매의 기적을 일으켜야만 한다. 이 판매의 기적 속에는 죽을 각오를 하고 사냥꾼에게 접근해 말을 거는 암컷 야생염소의 유혹이 내장되어 있다.

다시 말해서 비대칭성의 현실reality 속에서 등가관계를 만들어낼 때만 사냥꾼과 야생염소의 유적 경계가 무너지고 대등한 소통이 이루어진다는 것이다. 그런데 우리는 이 '비대칭관계'와 '목숨을 건 도약'의 과정을 삭제한 채 신화에서 '인간＝야생염소'의 대칭성만을 보려고 한다.

이 신화를 소개한 저자 니카자와 신이치가 말하는 것처럼 "사냥꾼 자기 자신도 동물이 되어 동물사회의 풍습이나 생활을 체험하고, 나아가 그들의 마음을 헤아리며 동물도 자신들과 똑같은 '인간'이라

'특별한 나'의 미적 쾌감은 일반적인 미적 쾌감과는 달리
학습되기 전의 선험적인 것이다.

는 것을 깊이 이해할 수 있도록 한다"[14]는 해석은 지극히 옳지만, 그 속에 내장된 비대칭성의 현실을 보지 못함으로써 이 신화는 단순히 사냥꾼의 윤리에 관한 이야기가 되고 만다. 신화는 윤리학 교과서가 아닌데도 말이다.

대칭성의 관점은 동물을 인간의 연장延長에서 대하고 있다. 반면 비대칭성의 관점은 목숨을 걸고 '등가=대칭'관계를 성립시켜야 하는 동물의 처지에 서 있다. 인간과 동물의 '똑같음'(동질성/대칭성)을 표방함에도 불구하고가 아니라 비대칭성을 악으로 표방하기 때문에[15] 이런 결과가 초래된다. 케플러의 예에서 봤던 것처럼 본질(동질성/대칭성)의 이름으로 현실을 어둠 속에 유폐시키는 것이다.

먹고 먹히는 교환관계, 즉 비대칭관계를 전제했을 때만 사냥꾼과 야생염소는 둘 다 타자가 된다. 이때만 '변형'이 의미를 지닌다. 만일 사냥꾼과 야생염소가 대칭관계라면, 야생염소가 아름다운 여자가 되어 사냥꾼을 유혹할 필요도 없고 사냥꾼이 사냥능력을 잃어버린다며 유혹을 거절할 이유도 없다. 그런데 신화에서는 변형을 통해 흥정이 이루어진다. 이 흥정이 이루어진 뒤에야 사냥꾼은 야생염소가 되고, 사냥꾼과 야생염소의 가족관계가 형성된다. 이것은 야생염

---

14. 나카자와 신이치, 『곰에서 왕으로』, 김옥희 옮김, 동아시아, 2003, 54쪽.
15. 위 책의 저자는 '비대칭의 악의 해소'라는 절에서 이 신화를 소개하고 있다.

소가 원하는 교환이다.

　암컷 야생염소가 피부가 하얀 아름다운 여자로 '변신'하는 것이나 사냥꾼이 야생염소로 '변신'하는 것은 둘 다 등가의 교환을 위한 기적인데, 이 기적은 서로가 전혀 다른 타자이기 때문에 일어난다. 동시에 타자이므로 비대칭이다. 타자가 아닌 것, 즉 동일한 존재, 즉 대칭적 존재는 변형할 필요가 없으므로 교환의 기적이 일어나지 않는다. (고전경제학에서는 이 기적을 '보이지 않는 손'이 일으킨다고 말한다. 그러나 '보이지 않는 손'은 '타자 간 관계＝비대칭관계'를 '동일 가치의 관계＝대칭관계'로 바꿔놓은 뒤 '변형의 기적＝교환'을 설명할 수 없기 때문에 고안해낸 억지 춘양 같은 개념이다.)

　사냥꾼은 야생염소의 유혹에 대해 결정만 하면 된다. 사냥꾼(사는 자)은 야생염소와 가족관계를 형성함으로써 야생염소(파는 자)한테서 지속적인 구매(사냥)와 이익(건강한 사냥감)을 얻는다. 이 관계는 사냥꾼이 아니라 야생염소가 목숨을 걸고 원하는 관계다. 이 비대칭의 교환관계가 깨지면 양자의 소통은 불가능하고 동등한 관계(등가관계·타자관계)도 성립되지 않는다. 이 비대칭의 교환관계를 지키는 것이 신화 속에서 사냥꾼의 윤리이며 그 사회의 윤리다.

　그러면 이제 이 신화가 파괴된 세상의 모습은 어떠한지 살펴보도록 하자.

‘대칭적 관계’는 야생염소를 타자로 대하는 ‘비대칭의 교환’이라는 규칙을 깨고 사냥꾼이 일방적인 수탈을 강요하기 위해 들고 나온 이데올로기다. 이 관계에서는 오로지 사냥꾼의 이해만 있다. 야생염소는 이미 타자가 아니고 사냥꾼의 연장延長에 불과하다. 이때부터 사냥꾼과 야생염소는 완전히 다른 존재가 된다. 이 둘 사이에는 절대적인 경계가 확정되며 더 이상 변형과 소통이 불가능하다. 사냥꾼이 과거에 이루어진 ‘변형을 통한 교환관계’를 ‘형식’(의제된 교환관계)으로 남겨놓고[16] 오직 자신의 이해만을 추구할 때 여기서 오는 형식과 내용의 괴리를 해결하는 유일한 방책은 ‘관념화’다.

관념화는 사물을 ‘본질적’으로 보라는 것이다. 본질은 추상을 통해서 획득된다. 이데아가 대표적이다. 사냥꾼과 야생염소의 공통된 본질은 무엇일까? 사냥꾼은 자신의 이해에서 생각하기 때문에 인간이 야생염소와 같은 동물이 아니라는 판단에 이른다. 이제부터 사냥꾼의 사고는 모두 이 판단에서 출발한다. 같은 동물이 아니면 뭘까? 같은 생명체다. 이 생각은 사냥꾼의 이해에 손해를 끼치지 않는다. 무엇보다도 생명이 아닌 야생염소를 먹을 수 없기 때문에 야생염소는 생명체여야 하는 것이다. 그렇다면 생명체의 공통된 본질은 무엇일까?

---

16. 예를 들면 ‘변형의 기적’을 ‘보이지 않는 손’으로 치환하는 등.

사냥꾼은 아무리 궁리를 해도 그것을 정신적인 것에서 찾지 않으면 야생염소와 다른 무엇을 발견할 수 없다. 그런데 정신은 인간에게만 있다. 그렇다면 정신이 어떻게 공통적인 것일 수 있을까라고 반문한다. 마침내 무릎을 칠 만한 생각이 번쩍 떠오른다. 본질은 눈에 보이지 않는다는 것이다. "그렇다. 본질은 모든 생명체에게 있다. 다만 보이지 않을 뿐이다. 그 보이지 않는 본질을 볼 수 있는 것은 정신밖에 없다. 그런데 정신은 인간만 가지고 있다. 야생염소는 본질을 알 수 없기 때문에 내가 그를 돌봐줘야 한다."

사냥꾼은 만약 야생염소에게 정신의 귀만 있다면 이렇게 이야기해주고 싶어 미칠 지경이다. "모든 생명체는 본질에 다가가는 것만이 구원받는 길이야. 야생염소 너도 그래. 하지만 내가 너를 본질로 데려가줄 테니 크게 걱정 마. 내가 이렇게 애쓰는 건 우리 모두 본질 앞에 똑같은 생명체이기 때문이야." 이 관념화가 성립되고 나면 한편에서는 사냥꾼과 야생염소가 '똑같은 생명체'라는 대칭적 관계가 자리 잡고, 다른 한편에서는 열등한 존재인 야생염소를 사냥꾼에게 유익하게 활용해야 한다는 의식이 자리 잡는다.[17]

이때부터 사냥꾼이 야생염소를 사냥하는 명분은 대칭성의 실현

---

17. 이 의식이 분화된 훗날, 대칭성은 진보의 철학으로, 유익한 활용은 보수의 철학으로 발전한다.

이 된다. 야생염소가 본질(이데아)을 실현하는 방법은 인간에게 유익함을 주는 길 말고는 없다. 인간만이 본질로 갈 수 있는 유일한 존재이며 따라서 인간의 유익함은 본질의 실현이기 때문이다. 야생염소는 인간이 사냥하지 않아도 어차피 죽게 되어 있다. 인간의 사냥은 쓸모없는 야생염소를 구원하는 것이다.

이처럼 인간의 유익함(사냥의 유익함)은 대칭성(생명의 동일성)에 기반하고 의제된 타자(야생염소)를 구원한다. 의제된 타자는 철저히 '나'(사냥꾼)의 이해의 연장선상에 있다. 일례로, 기독교인이 하나님의 뜻을 받들어 세상을 구원하기 위해 십자군을 파견하는 것도 이와 같은 이치에서다. 신이 '나'를 구원하기 위해서는 '의제된 타자'(나의 연장으로서 타자)를 '타자'로 돌려놓지 않으면 안 된다.

'나의 정체성과 고유성' 그리고 '기쁨의 원천'은 거듭 말하지만 구조가 아니라 접촉이 이루어지는 관계에서 나온다. 그리고 관계는 방금 설명한 것처럼 반드시 타자/비대칭성을 전제해야만 한다.

성기 관망파 예술은 이와는 정반대되는 철학의 기반 위에 서 있기 때문에 당연한 귀결로서 미의 쾌감을 마스터베이션 상태에서만 느낄 수 있게 되고 말았다. '특별한 나'(고유성)의 미적 쾌감은 일반적인('보통명사 인간'의) 미적 쾌감과는 달리 학습되기 이전의 선험적인 것이다. 선험적인 쾌감이란 동물상태의 쾌감, 즉 촉각적인 쾌감을 말한다. 이를 예술적으로 승화하기 위해서는 만물에 대해 타자관계가 성립돼야 한다. 이 글의 말미에 이야기할 애니미즘 미학을 위해 여기서 이 문제에 대해 좀 더 알아볼 필요가 있겠다.

타자와 관련해서 가장 중요한 것은 '고유성'이다. person(개인)의 어원은 라틴어 persona(페르소나, 연극에서 쓰는 가면)이다. 융은 페르소나를 사회적 규범이나 가치를 받아들여 형성된 '외적 인격'이라고 말한다. 이것은 현대사회에 합당한 해석일지 모르지만, 아메리카 원주민은 전혀 다른 의미로 받아들인다. 원주민이 축제 때 쓰는 가면은 신의 형상을 하고 있는데, 이들은 가면을 씀으로써 신과 아이덴티티identity를 이룬다. 신이 집(신전/몸)에 들어온 것이다.

원주민에게 개인은 신이 거처하는 집인 까닭에 개인의 고유성은 영원불변이다. 신은 죽지 않기 때문이다. 나는 여기에서 '고유성'의 진정한 의미를 발견한다. 인물사진은 이 '고유성'이 현대에 남아 있는 잔재라고 할 수 있다. 부친의 영정사진을 A4 용지처럼 다룬다면 그건 있을 수 없는 일이다. 그 사진에 부친의 영혼이 들어 있다는 관념이 어딘가 모르게 우리를 지배하고 있기 때문이다. 이 '영혼'과 관련짓지 않고는 사진을 비롯해 지팡이·시계 등 부친의 소유물 어디에서도 부친의 고유성을 찾을 수 없다. 모두 일반적인 물건에 불과할 뿐이다.

이 현상을 좀 더 명확하게 이해하기 위해 뉴질랜드 원주민의 예를 살펴보자. 마오리족은 물건을 주고받을 때 물건 속에 들어있는 정령을 주고받는다. 이때 정령을 '하우hau'라고 하는데, 다음은 마오리족 법률가의 설명이다.

'하우'에 관해 말씀드리겠습니다. …… 예를 들어 당신이 어떤 특정한 물품(타옹가)을 갖고 있는데 그것을 나에게 준다고 가정합시다. 또 당신이 일정한 대가도 받지 않고 나에게 준다고 합시다. 우리는 그것을 매매하지 않습니다. 하지만 내가 이 물품을 제3자에게 주면, 일정한 시간이 지난 다음 그는 나한테 '대가'로서 무엇인가를 주려고 마음먹고, 나에게 무엇인가(타옹가)를 선물합니다. 그런데 그가 나에게 주는 이 '타옹가'는 내가 당신한테서 받았으며 또 내가 그에게 넘겨준 '타옹가'의 영(하우)입니다. 나는 (당신한테서 온) '타옹가' 때문에 내가 받은 '타옹가'를 당신에게 돌려주지 않으면 안 됩니다. 나로서는 그 '타옹가'가 '탐나는 것'이든 '불쾌한 것'이든 간에 그것을 간직하는 것은 '옳지' 않습니다. 나는 그것을 당신에게 주지 않으면 안 됩니다. 왜냐하면 그것은 당신이 나에게 준 타옹가의 '하우'이기 때문입니다. 만일 내가 이 두 번째의 '타옹가'를 갖는다면, 나는 병에 걸리거나 심지어는 죽게 될지도 모릅니다. 이러한 것이 '하우', 즉 개인 소유물의 '하우', 타옹가의 '하우', 숲의 '하우'입니다. 이 문제에 관해서는 이제 그만하겠습니다.[18]

'하우'는 앞서 예로 든 영정사진과 마찬가지로 고유성의 원천이다. 나의 복제물이 내가 아닌 것은 마찬가지 이유로 그 복제물에 내 '하우'(영)가 들어 있지 않기 때문이다. 내가 어디로 흘러다녀도, 지옥이든 천상이든, 과거든 미래든, 이곳이든 저곳이든, 입자로 나누어지든 다시 결합되든, 나의 고유성은 '하우'='영혼'에서만 나온다. 그런데 '하우'는 자신의 몸이 입자로 분해되는 것을 결코 허용하지 않는다. 그것은 부친이 화장터에서 한 줌 재로 화했어도 부친의 영혼은 '살아생전의 몸'에 거하는 것과 완전히 똑같다. 따라서 '고유성'은 '분해할 수 없는 몸'(individual=in 부정+dividual 나누다)을 통해서만 확보된다.

'하우'는 자신의 거처(몸)를 해칠 때 재앙을 내린다. 서양 언어 individual도 어원으로 거슬러 올라가면 '하우' 같은 존재와의 관련 속에서 나왔을 것이다. 모든 인류는 역사적으로 애니미즘을 통과했기 때문이다. 우리가 이처럼 고유성의 원천을 더듬는 이유는 고유성

---

18. 마르셀 모스, 『증여론』, 이상률 옮김, 한길사, 2002, 66~67쪽.

을 '타자'와 관련짓지 않고 '자아'와 관련짓는 근현대문명의 폐단 때문이다.

고유성이 '자아'에서 나오면 그것은 고유성일 수가 없다. 앞에서 살펴본 융과 같은 논리가 성립되어 '나'는 '외적 인격'(페르소나=가면)과 '내적 인격'(무의식)으로 분해되고 만다. 이렇게 되면 어떠한 나가 진짜 나인지 정체성의 혼란이 오는 것은 당연하다. 따라서 고유성도 당연히 파괴된다. 융은 '집단적 무의식'을 중시하는데, 그렇게 되면 그의 용어 그대로 개인은 집단 속에 용해된다. 그런데 융이 강조하는 것은 집단이 아니라 개인이다. 이러한 전도顚倒는 융의 이론이 앞서 살펴본 대칭성의 논리에 지나지 않기 때문이다. 이에 관한 설명은 생략한다.

아무튼 개인의 고유성은 페르소나나 집단적 무의식에서 나오지 않는다. 고유성은 전자와 후자가 충돌해 나타난 제3의 의식과도 무관하다. 고유성은 개인의 내부가 어떻게 되어 있고 어떻게 돌아가느냐와는 아무 상관이 없다. 오직 외부(타자)와만 관계가 있다. 즉 고유성은 외부로부터만 주어진다. 마치 자신의 이름을 부모나 다른 타인이 지어주듯이. 신화에서 본 사냥꾼과 야생염소 사이의 교환관계도 이 외부성, 바꿔 말하면 타자를 성립시키는 '하우'(정령)가 있기 때문에 가능한 것이다. '하우'는 이처럼 타자·비대칭성·고유성의 원천이 된다.

그런데 이런 비판이 제기될 수 있다. 나는 '타자 · 비대칭성 · 고유성' 등을 서구문명과 원시문명을 대립시켜 설명하고 있는데, 예컨대 '본질＝원＝대칭성'의 경우는 인디언 사회도 똑같은 원리에 따라 움직여지는 게 아닌가 하고. 『원은 부서지지 않는다』(손승현의 북아메리카 원주민 사진집)에서 볼 수 있듯이 그 원주민 사회는 원형圓形의 사회 아니냐고. 그렇다. 원주민들의 문화는 한마디로 원형의 문화다. 축제 때 티피(원주민의 집)는 모두 원형으로 쳐지며, 또 모두들 원형으로 둘러앉아 이야기를 나눈다. 이 밖에도 원형의 사고는 문화 곳곳에 뿌리내리지 않은 곳이 없다.

그런데 나의 해명은 의외로 간단하다. 서양문명은 원을 '공간의 원'으로 파악한 반면 원주민은 '시간의 원'으로 파악한 데서 비롯되는 차이라는 것이다. 시간의 원은 계절의 변화, 즉 자연의 변화와 직접 관계가 있다. 계절의 변화는 해와 달의 원운동에서 비롯된다. 여기서 표상된 '시간의 원'은 변화와 반복을 상징한다.[19]

이에 반해 '공간의 원'은 불변과 정지를 상징한다. '공간의 원'

---

19. 이 책 2부 「진보는 퇴보의 다른 이름」에서 '원형의 시간'을 '직선의 시간'에 비교하여 설명한 내용 참조. 더 자세한 내용은 미르치아 엘리아데, 『영원회귀의 신화—원형과 반복』, 심재중 옮김, 이학사, 2003을 보라.

이 절대자의 기하학적 표상이라면 '시간의 원'은 자연의 기하학적 표상이다. 여기서 '절대자'와 '자연'이 양쪽 문명의 차이를 대표한다. '절대자'는 신학적으로는 '유일신'이고 철학적으로는 '이데아'다. 서양문명은 이 둘의 조합으로 이루어진 문명이다. 반면 '자연'은 신학적으로는 '애니미즘'이고 철학적으로는 '영원한 순환'이다. 절대자와 나의 관계는 전자를 강조하든 후자를 강조하든 간에 '나'(자아)의 연장임을 피할 수 없다. 반면 자연과 나의 관계는 어느 쪽을 강조하든 '타자'적 관계다. '하우'의 원래 거처가 자연이듯이 '나'는 자연에 종속되어 있다. 절대자의 문명에서는 자연을 지배해야 하기 때문에 '애니미즘'과 '영원한 순환'과 '하우'를 미신·어둠·악마라고 해서 멸해야만 한다. 그것을 가장 극명하게 보여준 역사적 사건이 유럽 문명의 아메리카 원주민 침략사다.

이렇게 명확한 사실(팩트)을 놔두고, 인식론적인 탐구를 통해 무엇이 옳고 그른지, 무엇이 진리인지를 밝혀내 그 토대 위에서 사태를 바라보고 해결해나가야 한다는 태도는 인간이 갖춰야 할 태도 중에서 가장 잘못된 태도다. 진실과 진리는 당신 눈앞에 이미 선험적으로 존재한다. 케플러가 태양의 중심성을 관찰을 통해 사후적으로 확인한 것이 아니라 그 이전에 선험적으로 요청했다고 하는 사실이 바로 그것이다. 예술이란 본래 선험적인 미적 활동임에도 성기 관망파 예술가들은 선험적으로 존재한 눈앞의 잘못된 현실에 대해서 완전히 맹목이요 귀머거리다. 오직 '토대'만을 찾고 있는 것이다. 대학을 가야만 예술을 할 수 있는 상황에서는 더더욱 구제불능이다.

예술은 기본적으로 '쾌'와 관련되어 있다. 원시인들은 원시미술을 본능적으로 아름답게 느꼈다. 미술교육 같은 게 없었던 만큼 접촉적 쾌감임에 틀림없다. 다시 말해 작품 안에서 폐쇄적으로 교감되는 쾌감이 아니라는 것이다. 근대미학은 접촉적 쾌감을 하등한 것으로 평가한다. '미니멀리즘'이나 '앵포르멜'이 있긴 하지만, 그것은 근대예술(모더니즘/장르 내 예술)에 대한 반동일 뿐 진정한 접촉적 쾌감과는 거리가 멀다. 미술관에 벽돌 몇 장 갖다놓고 접촉적 쾌감 운운해도 여전히 대상이 배제된, 작품 안에서만 이루어지는 접촉적 쾌감에 지나지 않는다. 이때 어느 누구도 벽돌을 작품 외부의 것으로 대하지 않기 때문이다. 심지어 그것을 요구하는 작가 자신마저도. 바로 이것이 자본주의가 폐쇄회로라는 명백한 증거다. 그리고 이것은 더 넓게는 문명의 형벌이다.

원시미술이 모든 시대의 예술을 통틀어 가장 훌륭한 예술로 평가받는 이유는 무엇일까? 근대미학의 기준으로 보면 열등한 작업수법이 아닌가? 대상과 주관이 만나 쾌감을 느끼는 유희의 조건이 자연과의 직접적인 접촉 속에서는 불충분하다(칸트)거나 자연의 아름다움은 절대자의 정신(주관성/이념)에 도달하지 못해 결함이 있다(헤겔)는 근대미학의 관점에서 보면 조건 미달임에 틀림없지 않은가? 그런데도 피카소를 비롯한 현대예술가들은 왜 그토록 원시미술에 열광했을까?

근현대미학으로는 원시미술의 저 넘치는 생명감과 통쾌한 유희성에 답변을 주지 못한다. 대부분이 알고 있듯이 원시미술은 '인식의 예술'이 아니다. 현대예술사를 보면 여러 사조가 '반인식의 예술'을 선언했다. 그러나 이것들은 여전히 '인식의 예술'이다. 아니, 더 '인식의 예술'이다. 앞에서 미니멀리즘 등의 예를 들어 말했지만, 워낙 고정관념이 확고하기 때문에, 부언하면, 예컨대 낭만주의가 이성을 적대하면서 감성에 호소한 것이라든지 초현실주의가 자동기술법에 의존해 무의식을 표현한 것 따위가 더 '인식의 예술'이라는 뜻이다. 이 계통의 예술가들은 외부가 아닌 내면(자아 또는 무의식)에서 마치 물을 긷듯 표상을 끌어올린다. 그런데 이들의 작업(내면에서 물을 끌어올리는 일종의 우물 공사)은 '인식'을 떠나서는 불가능하다. 무의식까지도 인식체계의 구성요소이기 때문이다. 이 예술들은 감상자에게 되레 고도의 인식 수준을 요구한다. 실제로 초현실주의 작품을 감상하려면 이 방면에서 최고 엘리트가 아니면 안 된다.

현대예술은 '인식의 예술'이 아니기 위해서 발버둥 쳐왔지만 실패했다. 그러나 현실은 현대예술이 '인식의 예술'을 상당히 벗어났다고 평가한다. 바로 여기에 문제가 있다. 더 '인식의 예술'을 만들어놓고서 이런 오해를 하고 있으니, 앞으로도 계속될 발버둥은 '인식의 예술'의 바벨탑만 쌓을 뿐이다.

나는 이러한 현대예술의 대안을 원시미술에서 찾는다. 현대예술가들도 생명감 넘치는 원시예술에 경이로움을 느끼며 저마다 원시미술을 독해하여 새로운 작품을 만들어내지만 흉내만 낼 뿐이다. 이들은 자신의 예술이 원시미술처럼 '인식의 예술'이 아니라는 착각 속에서 위안도 받고 자랑스러워하기도 하나 원시예술과 같은 생명감을 창조해내지는 못한다. 도대체 그 까닭이 뭘까?

답은 간단하다. 성기 관망파 예술을 하고 있기 때문이다. 그래서 번지수를 찾지 못하는 것이다. 번지수. 모든 예술가들이 번지수를 찾기 위해 혈안이 되어 있다. 마치 보물찾기라도 하듯 사방팔방을 뒤지고 다니지만 헛방만 칠 뿐이다.

이 글의 시작으로 다시 돌아가자. 성기 관망파 예술은 플라토닉 러브의 마술이 발전에 발전을 거듭해온 결과다. 현대예술가들은 성교가 무엇인지조차 모른다. 그런데 원시예술은 성교의 천국이다. 이제 저절로 답이 나오지 않았는가?

성교가 무엇인지를 아는 것, 이것이 바로 번지수다. 성교는 예술적 쾌락을 주는 기쁨의 원천이다. 그렇다고 에로티즘으로 백번 천번 떡칠을 해도 성교가 무엇인지를 알 수가 없다. 성교를 알려면 에로티즘이 아니라 애니미즘 속으로 들어가야 한다. 원시미술은 애니미즘 미학이다.

애니미즘 예술은 원시축제에서 탄생한 예술이다. 원시축제는 제의적 축제다. 신에 대한 제의 자체가 축제이기 때문에 축제의 절정에서 참여자가 모두 접신接神하는 황홀경, 즉 기쁨의 원천을 경험한다. 정령('하우')들의 교접인 것이다. 예술적 성교는 바로 이것을 말한다.

원시예술가는 이 체험을 예술품으로 생산한다. 원시 부족원들은 모두 같은 체험을 했으므로 그 작품을 온전하게 안다. 또한 그것을 신과 부족 개개인을 연결해주는 매체로서 대한다. 매체는 당연히 신의 비밀을 간직하고 있다. 작품에 신의 비밀이 들어 있는데 어떻게 생명감 넘치지 않을 수 있겠는가? 현대예술이 가장 도달하고 싶은 경지가 바로 이것 아닌가?

원시예술은 이처럼 사회예술이자 순수예술이자 초월예술이다. 원시예술품은 원시부족 전체가 향유하며 그들 모두를 고양시키는 지극히 '차별 없는' 예술이다. '인식의 예술'을 대할 때는 교육받지 않은 자는 감상할 능력이 결여되어 스스로 계급적 위치를 드러내도록 강요받는다. 이러한 '인식의 예술'과 비교할 때 원시예술은 아무리 찬양해도 부족할 따름이다.

그러면 현대인이 어떻게 원시축제를 행하며 접신의 경험을 할 수 있을까? 이것은 여러 시도가 필요한 과제이지 해답을 제시할 수 있는 성질이 아니다. 현대예술가들은 이러저러한 많은 시도를 하는데 정작 중요한 관점, 즉 '타자'를 설정하는 것이 빠져 있다. 예컨대 꽃을 그리려고 하면 꽃을 타자로서 대해야 한다. 그것은 꽃의 정령('하우')을 봐야 한다는 얘기다. 하지만 현대인은 그것을 볼 수 없다. 그러면 어떻게 해야 하는가? 애걸해야 한다.[20] 꽃의 정령이 모습을 보일 때까지 애걸해야 한다. 더 효과적인 것은 여럿이 함께 애걸하는 것이다. 언젠가는 꽃의 정령이 당신을 부를 것이다. 그때 꽃 속으로 들어가라. 이것이 성교다. 당신은 황홀경에 빠져 이제껏 상상도 하지 못한 꽃을 그릴 것이다. 당신이 그린 꽃은 정령의 비밀을 간직하고 있기 때문에 원시미술처럼 생명감이 넘쳐날 것이다.

지금까지 성기 관망파 예술에 대한 비판은 고스란히 애니미즘

---

20. 원시인들은 자신들이 원하는 것에 대해서 생물이든 무생물이든 거기에 깃든 정령에게 애걸했다. "북미 원주민은 곰에게 제사를 지내면서 자신들한테 먹혀달라고 애원한다"(프레이저, 『황금가지』, 이용대 옮김, 한겨레신문사, 2003, 624쪽). 우리가 식탁에서 감사를 표하는 것은 예전의 인류가 '곡물의 신神'을 먹으면서 풍요를 애걸하던 원시종교에서 유래한다. 현대인이 저지른 악행을 생각하면 꽃의 정령에게 어느 정도로 애걸해야 할지 감이 오지 않는다. 그러나 이 과정을 거치지 않고는 인간에게 문을 닫아버린 지 오래인 꽃의 사랑을 받을 수 없다. 오직 인간이 꽃을 타자로서 대할 때만 애걸하여 꽃과 사랑을 나눌 수 있다. 그렇지 않은 사랑은 매춘보다 못하다. 왜냐하면 매춘은 사랑을 말하지 않지만, 이 경우는 심지어 꽃이 자기를 사랑한다고 우겨대니까.

예술을 시도하는 데 적용된다. 나는 그 내용을 나름대로 응축해서 '우산미학'이라는 것을 소개하고자 한다. 여기서 우산은 비 올 때 쓰는 우산을 말한다. 몽골의 '게르'나 아메리카 원주민의 '티피'가 모두 우산 형태의 집이다. 내가 보기에 이 형태는 애니미즘의 우주관을 가장 잘 표현하고 있다.

우산 형태는 예술가가 자아를 벗어나 타자와 만나는 최선의 형태다. 영화 「아바타」에서 신비한 나무를 중심으로 나비족이 제의를 벌이는 광경을 연상하면 쉬울 것이다. 우리의 민속에서 당산나무 아래서 펼치는 대동제 같은 굿이다. 고래로 신성한 나무는 하늘과 땅을 연결시켜주는 우주축이었다. 예컨대 예술가에게 우주축이 있다면 그것만으로도 그는 이미 애니미즘의 세계에 들어가 있는 것이다(장욱진 화백의 그림 「나무」와 「까치」를 보라). 우산에서는 우산대가 우주축에 해당한다.

다음으로 우산의 살이다. 살은 우주축 아래서 축제를 하고 있는 개개인을 우주축의 꼭대기로 연결한다. 축제가 절정에 이르면 우산이 활짝 펼쳐진 것처럼 개개인은 우산살을 따라 들어 올려지고 최고로 팽팽하게 매달리면서 접신의 황홀경에 들어간다. 이는 북아메리카 평원 원주민이 하는 선댄스(태양의 춤)와 매우 비슷하다.

예술가는 이런 축제를 시도해보는 것이 좋다. 이 축제를 시대착

오적인 공상의 산물로 생각하면 곤란하다. 똑같지는 않지만 적어도 1세기 전까지만 해도 이 나라 방방곡곡에서 행해진 축제다. 여기서 태어난 예술이 바로 '시나위'다. 산조는 이 시나위에서 나왔다.

우산미학은 과거 당산나무 아래서 치러진 '축제를 통한 예술'을 다시금 새롭게 되살리려는 미학이다. 구태여 미학이라는 단어를 붙이는 까닭은 자칫 성기 관망파 예술이 재현이라는 이름 아래 골동품화할 것을 우려해서다. '인식의 미학'에 하나의 메뉴로 흡수되는 것은 막아야 하기 때문이다.

우산미학의 가장 놀라운 점은 각 개인이 우주의 중심이 되어 하나로 만나는 소통방식이다. 오히예사가 쓴 『인디언의 영혼』이라는 책에 '인디언의 천막은 세상의 중심'이라는 장章이 나오는데, 이 장 제목에서부터 우산미학의 정서를 짐작해볼 수 있다. 이것은 원주민의 삶에 국한되지 않는다. 실제로 사람들을 만나보면 누구나 할 것 없이 모두 자신을 '우주의 중심'으로 여기고 있다. 이것은 자아에 우주를 구축한 현대인의 심리이기 이전에 수백만 년 동안 인류가 그렇게 살아온 '유전'이다. 나는 더 나아가 모든 생명체가 '우주의 중심'으로서 살지 않을 수 없는 것이 생물학적 본성이라고 확신한다. 이런 본성에 가장 잘 어울리는 소통 형태를 띤 미학이 우산미학이다.

바흐친은 비非유클리드 기하학에서 말하는 '평행선은 만난다'

는 공리를 들어 도스토옙스키 소설의 주인공들이 모두 각자의 고유성을 주장하면서도 서로 만난다는 사실에 주목했다. 이 때문에 도스토옙스키의 소설을 다성성polyphony을 실현한 획기적인 작품이라고 평가한다. 실제로 『카라마조프 형제들』에서 주인공들은 비유클리드 기하학을 들먹이며 '평행선은 만난다'는 것을 여러 번 말하고 있다. 바흐친은 이런 성과가 도스토옙스키의 작품에 '타자'가 존재하기 때문이라고 분석했다. 한 예로, 작품의 주인공들은 타자에 의해서 자신의 말이 결정되는 것을 못 견뎌하며 '끝없이' 말을 한다. '끝없이' 말하면 결국 말하고 있는 주인공들은 '무한'에서 만나게 되는데, 그곳에 신이 있다.

물론 영향도 받았지만 '우산미학'은 바흐친의 미학과 비슷한 점이 많다. 나는 우산미학이 원시예술에 국한되지 않고 현대예술로 확장될 수 있는 전망을 바흐친에게서 봤다는 점에 큰 의의를 둔다.

프랜시스 베이컨의 '기관 없는 신체'가 현대미학(성기 관망파 예술)의 토대를 내부에서 붕괴하는 것이라면, 이러한 애니미즘 미학은 외부에서 붕괴함으로써 완전히 새로운 전망을 열어줄 것이다.

검객과 제관

 서산대사의 「선가귀감」에 "대
장부는 부처님이나 조사祖師 보기를 원수같이 해야 한다"는 말이 나
온다. 나는 이렇게 고쳐 말하고 싶다. "부처를 만나면 부처를 죽이
고, 조사를 만나면 조사를 죽여라."

칼을 벼리고 검법을 익혀서 검과 한 몸이 되어 거대한 우상을 베
어버리는 예술가를 찬미하고 싶다. 하나 아무리 눈을 씻고 찾아봐도

이런 예술가가 보이지 않는다. 어찌된 일일까? 혹시 선비의 겸손이 인격의 기준이 된 오랜 전통 때문일까? 공자는 자신의 저술이 옛사람들의 가르침을 따른 것일 뿐 창작이 아니라고 했으니,[1] 유서 깊은 한국사회에서 충분히 그럴 법도 하다.

예술가의 혼이 자유롭게 날려면 먼저 알을 깨고 나와야 할 텐데, 그러기는커녕 혹시나 누가 알을 깰까 감시의 눈길을 떼지 않고 있다. 자신이 태어난 기존의 가치를 산산조각으로 부수어버리지 않고는 예술가는 아무것도 창작할 수 없다. 이것을 예술가로 거듭 태어남, 즉 재생이라고 하는데 이것은 무당이 되는 과정과 조금도 다르지 않다. 무당 역시 신이 내리는 순간, 몸이 산산이 부서지고 가마솥에 끓여지는 듯한 등등의 체험을 견뎌내면서 조각나고 용해된 그 몸이 새로운 몸으로 다시 맞추어진다.

이 새로운 몸에 대한 예술적 비유가 있다. '노퉁Notung'이라는 검이다. 바그너의 「니벨룽겐의 반지」[2]에 나온 신의 검. 이 검만이 세계를 지배할 권능을 지닌 '반지'의 소유자 용을 물리칠 수 있다. 그러나 검은 오래전에 두 동강이 난 채 접합되기를 기다리고 있다. 세

---

1. 『논어』 「술이편述而篇」에서 공자는 자신의 저술을 두고 "나는 옛사람의 설을 따른 것일 뿐 창작한 것은 아니다"(술이부작述而不作)라고 했다.
2. 이하 인용은 리하르트 바그너, 『니벨룽의 반지』, 엄선애 옮김, 삶과꿈, 2005.

계 최고의 대장장이가 반지를 차지할 욕심에 자신의 모든 기술을 쏟아붓지만 허당이다. 신의 검 노퉁이 용접을 불허했기 때문이다. 노퉁은 완전히 새로 태어나기를 바라는 것이다. 어떤 최고의 기술로도 용접만 가할 뿐 새로 태어나게 할 수는 없었다.

신은 어느 날 나그네의 모습으로 나타나 대장장이에게 "공포를 결코 경험해보지 못한 자만이 노퉁을 새로이 불리리라"고 예언하는데, 그 직전에 대장장이는 이렇게 자조 섞인 한탄을 늘어놓았다.

"제일가는 대장장이도 도리가 없네!
내가 하지 못하는데, 이제 누가 그 칼을 용접하랴?
기적, 그것을 내가 어찌 알리!"

신이 가고 난 뒤 대장장이는 "'공포를 결코 경험해보지 못한 자만이 노퉁을 새로이 불리리라.' 그런 일을 하기엔 난 너무 현명하지"라며 실의에 빠진다. 하지만 그는 '공포를 결코 경험해보지 못한 자'를 젖먹이 때부터 거두어 키우고 있었으니, 바로 이 작품의 주인공인 소년 지크프리트다.

소년은 대장장이한테서 조각난 '노퉁'을 가져다가 자신이 직접 칼을 불리고자 화덕 앞에 앉는다.

대장장이	네가 부지런히 기술을 연마했더라면 지금 정말로 도움이 되었을 것을. 그렇지만 너는 항시 배우는 데 태만했으니, 이제 와서 무슨 일을 제대로 하겠니?
소년	매일 복종만 했다면, 대가가 할 수 없는 일을 어떻게 소년이 할 수 있겠어? 이제 꺼져. 일에 끼어들지 마. 안 그러면 함께 불 속에 떨어지고 말걸!

소년은 칼을 조각조각 나누어 이글거리는 용광로에 집어넣고 용해시킨다. 노퉁은 힘차게 되살아난다. 그사이, 대장장이는 소년을 죽이기 위해 부엌에서 몽혼약을 만든다. 소년은 그런 대장장이를 보고 소리친다. "예술가 미메(대장장이)가 이젠 요리하는 법을 배우신다 이거지. 대장질은 더 이상 입맛에 맞지 않나 보군."

어떤가? 오늘날 예술가는 이 대장장이와 같지 않은가? 노퉁을 집어 들고 용을 죽이러 가는 소년. 소년은 공포를 모르기 때문에 해낼 수 있었다. 숙달과 통달 후에 새로운 것을 창조할 수 있는 게 아니다. 예컨대 르네상스 미술에서 바로크 미술이 나온 것은 르네상스 미술의 자연주의적 신조를 더 철저히 관철시킴으로써 이루어진 진보의 국면이 아니라 '새로운 심미안'의 발달에 연원을 둔 것이다.[3]

새로운 심미안을 가진 예술가는 당대의 심미안이 매너리즘에 빠

칼을 벼리고 검법을 익혀서 검과 한 몸이 되어
거대한 우상을 베어버려라.

졌을 때 나타난다. 기왕 예로 든 르네상스 미술을 통해 살펴보자.

레오나르도 다빈치, 미켈란젤로, 라파엘로로 대표되는 16세기 고전미술이 그 정점(미켈란젤로)에 이르렀을 때, 예술가들은 자기 눈으로 아무것도 볼 수 없게 되었다. 이들은 당대의 신화가 된 미켈란젤로의 양식으로 작업하기 위해 벌거벗은 육체에만 매달리고, 균형 잡힌 아름다움은 모조리 도외시한 채 거대효과만을 추구하며, 또 쓸데없이 육체를 비틀고 뒤틀어 단순한 몸짓과 자연스러운 동작이 무엇인지에 대해 무감각해지고 말았다.

"이처럼 미켈란젤로의 광풍 이후 모든 아름다움은 그의 작품을 잣대로 측정되었다. 예술은 이제 완전히 형식화하여 자연과는 아무런 관계를 맺지 않았다. 무섭도록 눈이 멀어서 자기들의 타고난 풍요로움을 내던지고 거지처럼 가난해져버렸다. 매너리즘에 빠진 예술가들은 자기가 보고 느낀 것을 표현하는 기쁨을 잃어버린 채 현재의 세계 저편에 놓여 있는 '보편성'을 추구했으며, '도식화'한 작업은 훈련으로 익힌 고대 흉내 내기를 벗어나지 못했다. 그 결과, 16세기의 찬란했던 고전기 르네상스 미술은 뿌리부터 죽어갔다. 최고 수준의 기념비를 만들어내겠다는 허영심이 이런 과정을 재촉했다. 예술은

3. 하인리히 뵐플린, 『미술사의 기초개념』, 박지형 옮김, 시공사, 1994, 52쪽.

스스로 젊어질 수 없고, 오직 밖으로부터 구원받아야만 했다.”[4]

여기에 소년이 노퉁을 들고 나타나 타락한 용을 단칼에 베어버린 것이다. 즉 루벤스·렘브란트로 대표되는 바로크 미술의 작품에서야 비로소 화가의 직접적인 관찰과 체험의 느낌이 다시 나타난다. “매너리즘 화가들의 거짓된 진술은 이런 태양빛을 받자 황량한 꿈처럼 부서지고 만 것이다.”[5]

한국의 화가를 배출하는 미술대학은 말 그대로 매너리즘의 전당이다. 석고 데생과 정물 수채화 등이 시험문제로 나오고, 학생들은 몇 년 동안을 학원의 형광등 불빛 아래 팔이 떨어져나가도록 그리고 또 그린다. 그마저도 개성대로 그리는 게 아니라 대학이 원하는 그림을 공식처럼 외워서 그린다. 이런 비판에 당면한 대학은 아이디어를 본다, 시험성적을 중시한다며 별 쇼를 다 하지만 개선될 가망은 점점 더 멀어져가는 듯하다.

가장 감수성이 풍부한 청소년기는 이렇게 해서 구제불능으로 망가져버린다. 청춘이 구만리인 화가 지망생은 새로운 심미안을 가질 수 있는 토양을 잃어버렸기 때문에, 자기가 직접 보고 느낀 ‘생동하는 아름다움’에서 아무런 기쁨도 느끼지 못하고 우상숭배자로 전락

---

4. 하인리히 뵐플린, 『르네상스의 미술』, 안인희 옮김, 휴머니스트, 2002, 295~301쪽을 축약한 것이다.
5. 위의 책, 301쪽.

할 운명에 놓이는 것이다.

예술교육을 전담한 대학은 거짓된 진술[6]을 가르치고 등용문은 이들이 장악하고 있다. 고전기 화가들의 예에서 살펴봤듯이, 매너리즘에 빠진 예술은 미켈란젤로라는 우상을 숭배하게 된다. 한국의 대학은 미켈란젤로 시대 이상으로 우상을 섬기는 기관이고, 거기에 빌붙어 먹고사는 자들은 우상의 위패를 모시는 제관들에 불과하다. 이들은 대장장이 미메처럼 예술을 빙자해 생기로 가득 차 있는 예술을 살해하고 있다.

두려움을 모르는 소년 검객이 나타나 우상을 단칼에 베어버리고 죽은 예술을 다시 살리기를 대망하는 건 과욕일까? 그전에 명심할 사실이 있다. 절대적으로 자연에 대한 직접적인 감동만이 그 일을 해낼 수 있다는 것, 그리고 이 감동은 반드시 밖에서 온다는 것이다. "예술은 스스로 젊어질 수 없고, 오직 밖으로부터 구원받아야만 했다"는 앞의 인용을 상기하자. 다시 말해서, 매너리즘에 빠진 예술은 알 속의 세계만을 전부로 알고 있기 때문에 알을 깨고 나올 수 없다는 것. 어미가 따뜻하게 품어주는 온기가 불가결한데, 어미의 이 온기란 바로 대자연이 아니고 무엇일까?

---

6. 여기서 '거짓된 진술'은 이 글의 맨 마지막에 나오는 '르네상스 매너리즘 화가들의 거짓된 진술'과 같은 것이다.

우리 사회가 근대를 경과해오면서 경제발전만을 중시한 결과는 예술 분야에서 특히 참혹하게 드러난다. 바그너 작품의 주인공인 소년 지크프리트는 낭만주의의 예술가상像이다. 낭만주의는 세계 예술사에서 이처럼 혁명적인 공헌을 했다. 근대미학은 낭만주의 없이는 성립이 불가능했다. 현상학적 미학, 존재론적 미학 등 이성 중심의 미학이 등장하고 낭만주의는 사라지지만, 낭만주의는 사조와 장르를 불문하고 수많은 지류로 흩어지면서 현대예술의 근원을 이룬다. 오히려 그렇기 때문에 낭만주의는 비판의 핵심에 위치한다. 현대미학은 낭만주의 비판의 역사라 해도 과언이 아니다.

그런데 한국은 낭만주의를 경험하지 못했다. 일제 강점기 이후로 낭만주의 이후의 사조들만 물밀듯 밀려들어왔다. 그 결과는 참담하다. 내가 여기서 한국 예술사를 검토하는 것은 역량 밖일 뿐 아니라 주제에서도 벗어나는데, 한 가지 지적하고 싶은 점은, 한국예술은 어떤 사조에 속하든 서양의 예술을 추종하고 있다는 사실이다. 그런 예술은 당연히 매너리즘일 수밖에 없다. 추종의 예술, 검객이 아닌 제관의 예술.

시대와 사조를 불문하고 예술은 자연에서 활력을 얻으며, 중심을 뒤바꾸는 변화는 반드시 변두리에서 일어난다는 사실만은 변함이 없다. 중심은 매너리즘이 활약하는 무대이며 우상이 숭배되는 본

처다. 예술가가 검객이 되어 중심을 쳐부수지 않는다면 예술은 영원히, 비유컨대 죽은 부처, 죽은 예수를 봉향하는 우상숭배를 면할 수 없다.

보이지 않는 교활한 손은 중심이 아닌 곳에서는 예술이 아무 데도 설 자리가 없도록 모조리 학교로 거두어가버렸다. 사정이 옛날과는 판이하게 달라져서, 공포를 모르는 소년이 더 이상 나오지 못하게 제도화해버린, 진보한 자본주의의 위력을 실감한다. 그러면서도 우리가 눈만 뜨면 다시 '밖'(타자/자연)의 구원이 아름답게 펼쳐진다는 진실에서 힘을 얻는다. 마치 르네상스 매너리즘 화가들의 거짓된 진술이 젊은 루벤스·렘브란트 같은 화가가 빚어낸 태양빛을 받자 황량한 꿈처럼 부서지고 만 것처럼, 단 한 사람의 검객만으로도 그런 기적은 일어난다.

거대담론과
일상에 대한
오해

1

술자리에서 들은 말이다. 작가

아무개 씨가 어린이책에 대해 이런저런 이야기를 하고 다니는데 인
기가 좋다고 한다. 거창한 소리보다는 일상의 이야기를 잘 꾸며주어
야 아이들이 그것을 통해 교육적으로 훌륭하게 계발된다는 것인데,
혹할 만한 얘기라 하겠다.

그러다 우연한 기회에 그 작가가 쓴 책을 보게 되었다. 기억도 하

고 싶지 않은 내용으로, 시장 안에 있는 상점에서 엄마가 아이와 함께 옷가지들을 사고 어쩌고 하는 생활 이야기다. '거대담론'이 퇴조하고 '일상'이 각광받는 시류에 편승해 여기저기서 오피니언 리더들이 일상의 담론을 들고 나오는데, 이 작가도 그런 유類라는 생각이 든다.

1990년대 후반부터 갑작스레 '일상'이라는 말이 유행하기 시작한다. 이 단어는 전에도 늘 써왔던 한국말이지만, 특별한 의미로 개념화한 '일상'은 서구에서 들여온 수입품이다. 그렇다면 전자의 일상과 후자의 일상은 어떤 차이가 있는가? 내가 볼 때 아무 차이도 없다.

자연스럽게 이런 반성이 찾아온다. 그렇다면 우리는 왜 눈앞의 '일상'마저도 수입해서 사용해야 하는가? 생각해보면 이런 물음 자체가 우문이다. 우리가 수입해서 쓰는 모든 개념이 눈앞에 펼쳐진 일상 속에 있으니까 말이다. 문제는 우리가 그런 눈을 갖지 못하는 취약성인데, 이에 대해서는 잠시 뒤 밀레의 말을 음미하면서 살펴보겠다. 서구에서도 포스트모더니즘의 조류가 일어나고서야 '일상'이 새롭게 발견되고 조명된 것이니 어디까지나 그 '눈'이 중요하다.

'일상'이 거론될 무렵 서민 대중은 자본주의니 구조니 계급이니 민족이니 하는 거대담론에 염증을 느끼기 시작했다. 개인의 행복주의적 욕망이 그것을 압도한 것이다. 이런 현상의 배후에는 나라 안팎의 사정이 있다. 군사독재의 종식 등 다들 짐작하는 이유 이상은 필요하지 않으므로 여기서 그것은 생략한다.

　　우리의 눈으로 일상을 새롭게 발견하지 못한 문제는 수입품 '일상'을 쓰면서도 그대로 드러난다. 다시 말해서 적합하게 사용하지 않고 있는 것이다. 우리 아버지 세대에 파자마가 들어왔는데, 이때는 파자마를 입은 채로 자전거를 타고 다니기도 했다고 한다. 보기에 따라서는 아름다운 이런 부적합함이 아니다. 적합하게 사용하지 않은 '일상'은 사회 전체를 오도한다.

　　대중의 욕구에 부응해야 하는 오피니언 리더들은 옳다꾸나 하고 '일상'이라는 단어에 매혹을 느꼈다. 무엇보다도, 첨단의 철학을 가지고 있는 것처럼 유식해 보인다는 점이 스스로 만족스럽다. 푸코나 '신문화사' 등을 인용할 수 있으니 말이다. 이들은 수입품 '일상'을 천착은커녕 파자마처럼 걸치고 나타나 그 단어의 이미지로 화려하게 연출할 뿐이었다.

　　일개 시민인 우리도 '일상'이라는 단어를 떠올려보자. 개인의 삶·가치·행복 등이 사회체제나 조직을 뚫고 솟아오를 것이고, 교조적 당위의 문화를 넘어 욕망의 문화로서 '다양성'이 떠오를 것이다.

　　오피리언 리더들이 말하는 일상도 우리의 생각과 다르지 않을 뿐 아니라, 외려 우리의 연상에 의지하고 있다. 즉 '우리'라는 대중을 추수하고 있는 것이다. 그들도 일상을 '개성을 중시하는 다양성'

정도의 의미로 사용한다. 그들의 화려한 연출은 이 의미를 무대에 올려놓는 '방식'을 말한다. (이 '방식'에 관해서는 나중에 다시 말하겠다).

오피니언 리더들이 일상을 어떤 의미로 <u>쓰느냐</u>, 예컨대 '개성을 중시하는 다양성'의 의미로 쓰는 것을 가지고 시비를 가리는 것은 시간 낭비다. 중요한 것은 의미 부여가 아니라 적합성의 현장이기 때문이다.

그들이 거대담론과 일상을 대립시키는 순간부터, 떠들고 있는 그 장소가 부적합한 현장이 된다. 일상사 연구의 선구자 알프 뤼트케는 파시즘 연구가 '일상의 파시즘'을 연구하지 않고는 진실을 놓친다고 주장한다. 파시즘의 구조나 제도, 나치의 활동상만으로는 공동체 전체가 파시즘으로 휘말려들어간 진실이 밝혀지지 않는다는 것이다. "역사에 이름을 드러내지 않은 다수의 행위자들이 단순히 눈먼 꼭두각시, 또는 의지할 데 없는 희생자가 아니었다는 (그리고 지금도 아니라는) 것을 간과해서는 안 된다."[1]

이처럼 일상은 거대담론이 진실을 놓치고 있기 때문에 제기하는 새로운 눈이다. 그 눈으로 보는 일상은 진실의 창이자 열쇠다. 그런데 진실은 거대담론의 대상인 '세상'과 떼어놓고서는 생각할 수 없다. '일상'이든 '거대담론'이든 '세상'의 진실에 접근하기 위한 파

---

1. 알프 뤼트케, 『일상사란 무엇인가』, 이동기 외 옮김, 청년사, 2002, 19쪽.

인더임을 오해해서는 안 된다.

오해의 출발점은 개인과 세상을 분리하는 데서 온다. 앞서 오피니언 리더들이 사회 전체를 오도한다고 말한 것은 그들이 '일상'의 깃발로 결코 분리할 수 없는 개인과 세상을 마치 이제야 진실에 이른 양 참신하게 분리하고 있기 때문이다. 실제로 이 분리는 '일상'의 주창자들이 주로 술자리에서 일상적으로 적대시하는 신자유주의의 계략이요 신념이다.

2

밀레는 감자가 석류보다 아름답지 못하다고 여기는 것은 일반적인 견지에서 바라보는 눈일 뿐이라며, 목적이 고상하기만 하면 지상의 모든 사물이 숭고함을 표현하기에 적절한 소재라고 말했다.

목적이 고상하지 않은 눈은 감자와 석류를 차별한다. 감자와 석류는 일상에 비유될 수 있다. 감자나 석류를 아무리 강조해도 목적이 고상하지 않으면 아름다움의 서열만 더 벌어질 뿐이다. 우리의 오피니언 리더들은 고상한 목적에 대해서는 일언반구도 하지 않는다. 거대담론에 대척해서 일상만을 강조한다, 일상이야말로 개성이 중시되는 다양성의 현장이라면서. (나는 이들을 ‘백화점파’라고 부르고 싶다.)

거대담론에서 개성이 등한시되고 다양성이 함몰된다는 그들의 주장은 맞다. 그러나 현상학과 실존주의를 비롯한 거대담론이 개성과 다양성을 위해 얼마나 몸부림쳤는지를 알기나 하는지. 그들이 말하는 일상은 이것에 견주면 새 발의 피도 안 된다.

고상한 목적이 사상된 오피니언 리더들의 일상은 그저 자질구레한 일상에 지나지 않는다. 이런 눈에는 감자와 석류를 대하는 일반적인 시선의 차별만이 존재한다. 위에서 본 어린이책 작가의 일상(엄마가 시장에서 아이와 함께 쇼핑하는 현장)은 정말 한시바삐 벗어나고 싶은 일상일 뿐이다. 어린아이가 예쁜 신발을 선물 받고 뛸 듯이 기뻐하는 이유는 생활 따위를 훌쩍 뛰어넘어 그 신발이 아이의 분신이자 정령이기 때문이다. 여행이 즐거운 이유도 그 때문이다. 일상에서 벗어난 해방감, 그리고 선물로 대하는 여행!

자본주의는 현대의 일상을 생산한다. 다람쥐 쳇바퀴 도는 일상, 삶의 불꽃을 빼앗는 일상, 다른 생명들과의 유대를 말살하는 일상을 생산한다. 작가라는 자가 이런 유의 일상을 어린아이에게 교육적인 양식으로 주려 한다니!

예쁜 신발은 돈을 주고 사야 한다. 사지 않으면 선물할 수가 없다. 그러나 아이를 기쁘게 하는 것은 그걸 살 수 있는 돈이 아니라 선물이다. 상품으로서의 예쁜 신발이 아니다. 일상이 기쁨을 주는 까닭은 그것이 바로 선물로서의 일상이기 때문이다. 당신이 아침에 눈을 떠서 찬란한 햇살에 감격할 때 그것은 기적으로 다가온 삶의 선물이다. 죽음을 앞둔 환자나 죽었다가 살아난 환자는 이 말이 무슨 말인지 뼛속 깊이 알 것이다.

　어린아이의 일상이란 우유병이 아줌마가 되고, 아빠의 라이터가 태권도장 아저씨가 되는 세계다. 아이들은 판타지 속에서 살고 있다. 친구가 신은 예쁜 신발을 갖고 싶을 때 아이들은 자기 얼굴을 친구의 얼굴과 바꿔버린다. 갓난쟁이는 까꿍 할 때마다 새로운 우주가 생겨난다. 우리는 아이들의 이 세계를 왜 그토록 아름답게 여기는가? 바로 아이들의 일상이 온통 판타지/선물이기 때문이다.

　그런데 작가라든가 평론가·교육자·기자·편집자 등 이른바 오피니언 리더들이 최근 생활동화다 조기의 인지교육이다 해서 그 판타지/선물을 깨부수고 있다. 이들은 자기들이 자본주의의 첨병인 줄도 모르고 자본주의의 획일화에서 벗어나려 한다고 착각한다. 그 착각의 근저에 바로 거대담론에 대한 짜증과 일상에 대한 아첨(이익)이 있다. 시류에 따르니 돈을 쉽게 벌 수 있으면서도, 일상을 내세워 '개성'과 '다양화'를 추구하는 듯이 보이니 꿩 먹고 알 먹기다.

　이런 풍토에서 거대담론과 일상에 대한 오해가 펄 벅의 『대지』

에 나오는 메뚜기 떼처럼 세상을 뒤덮고 있다. 오피니언 리더들은 자신들이 무슨 짓을 한 것인지를 알지 못한다. 사실을 말하면, 오피니언 리더들이 각 분야의 내로라하는 전문가들이기 때문에 되레 오해가 생긴 것인데도 불구하고 오해의 발생지인 전문성의 권위를 앞세우고 있다. 그게 무슨 말인가?

수많은 세월 동안 눈앞에 널려 있던 일상에 대해서 단 한 마디도 없다가, 어느 날 갑자기 서양에서 불어오는 바람을 타고 너나없이 일상을 주워 삼키는 오피니언 리더들은 일상을 꼭 '방식'으로서 설명한다. 그래야 전문가 소리를 듣고 밥을 먹고 사니까 이해는 간다. 전문가이기 때문에 이들은 일상을, 밀레가 말한 고상한 목적으로가 아니라 새로운 '방식'으로 취급한다. 앞에서 말한 작가도 일상을 생활 동화라는 '방식(형식)'으로 꾸며내자고 이야기하고 다닌다지 않는가.

전문가란 '방식'을 통해 본래의 목적(이를테면 '고상한 목적')을 제거해버림으로써 '이전의 체계'를 견고하게 만드는 자[2]이니 이들의 전문성에서 '오해'가 생길 수밖에 없다. 게다가 대부분 수박 겉핥기 전문가들이라, 자기들 하는 일이 이전 체계를 견고히 하고 있다는 것조차 모른다. 전문가의 자의식이라 할 수 있는 내성內省마저 이들

---

2. 이 책 2부 「진보는 퇴보의 다른 이름」 248 · 255 · 256쪽 참조.

일상에서 벗어난 해방감, 그리고 선물로 대하는 여행!

에겐 없으니, 죽인지 코인지 분간 못하는 건 어쩌면 당연하다. 이 같은 '방식'의 속임수에 대해서는 이 책의 2부 「진보는 퇴보의 다른 이름」에서 상술할 것이다.

오피니언 리더들이 그들의 잘못된 눈에서 벗어나려면 어린이의 눈으로 바라보려고 노력해야 한다. 일상이 밀레의 시선으로 우리에게 다가오려면 '선물로서의 일상'이 되어야 한다. 상품으로서의 일상은 감자와 석류를 차별하듯 사실은 석류(자본주의/거대담론)를 위한 것이다.

3

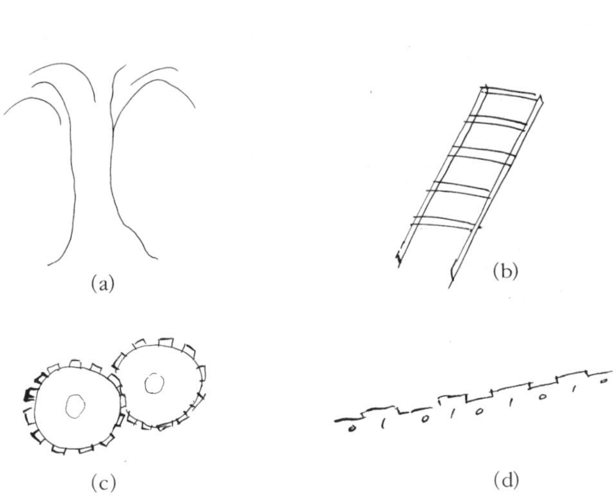

위의 그림을 설명해보겠다.[3]

(a) 정령이 깃든 나무가 있다. 원시인들의 영혼은 나무를 통해 하늘로 올라다녔다.

(b) 문명이 발달하여 나무의 역할을 사다리가 대신하게 되었다. 천국에 오르는 사다리라는 것은 (a) 나무의 대역이다. 이때까지만 해도 인간은 상승할 수 있었다.

(c) 사다리를 둥글게 말면 톱니바퀴가 된다. 기계는 톱니바퀴가 두 개 이상 맞물려 도는 메커니즘이다. 이 기계가 아날로그 세계를 이룬다. 「모던타임스」에서 찰리 채플린은 톱니바퀴 안에 들어가 아무리 뛰어도 제자리에 머물러 있다. 아무리 뛰어도 절대로 상승할 수 없는 현대인의 자화상이다. 엘리베이터 없는 도시를 상상할 수 없듯이 현대인은 톱니로 돌아가는 엘리베이터 안에 갇혀 오르락내리락할 뿐이다.

(d) 톱니바퀴를 0과 1로 단순화시킨 것이 디지털이다.

인류는 기계와 디지털에서 편리함을 얻는 대가로 (a)의 하늘로 오르는 우주목宇宙木도 (b)의 천국에 오르는 계단도 잃어버렸다. 현대인의 일상은 러닝머신 위에서 열심히 달리는 모습과 다르지 않다.

---

3. 오래전에 본, 문명 비판을 다룬 다큐멘터리의 내용인데 희미하게나마 기억을 살려보았다.

이것이야말로 문명의 형벌이다.

현대인의 일상은 문명의 형벌을 받고 있는 일상이다. 이 일상을 '고상한 목적'을 가지고 '진실로서의 일상', 그리고 '선물로서의 일상'으로 바꾸어놓고자 하는 것이 포스트모더니즘에서 '일상'을 바라보는 새로운 눈이다.

'진실로서의 일상'은 역사적 접근이고 '선물로서의 일상'은 형이상학적 접근이다. 다시 말하면 전자는 역사 안의 일이고 후자는 역사 밖의 일이다. 그러므로 새로운 '일상'의 발견은 어찌 보면 가장 큰 거대담론이다. 이전의 거대담론이 형이상학을 배제한 것과 비교하면.

4

일상의 이 두 측면과 관련해서 다시 한 번 이야기해보자. 먼저 역사적 접근. 우리가 '일상'을 탐구의 장場으로 삼지 않고는 중국 동포, 옛 소련 동포, 사할린 동포를 우리의 공동체 밖에 지금처럼 버려두게 된다. 우리는 친일파를 척결해야 한다는 역사적 대의(거대담론) 못지 않게 그 희생자들을 우리의 삶 속으로 받아들여야 한다. '일상'의 탐구가 아니고서는 이들을 방치한 우리의 죄를 물을 데가 없다. 역사가 반드시 정의를 실현하는 것만은 아니다. 베트남 파병 문제와 외국인 노동자 문제도 마찬가지다.

역사학 분야에서는 생활사 연구라고 해서 기껏해야 의상·도구·장식·교통·조세목록 따위를 생활문화와 관련시켜 연구한다. 사실 이것만으로는 그다지 새로울 게 없다. 자칫 잘못하면 정치사회적 맥락을 놓칠 뿐이다. 의상 디자인을 예로 들면, 서민들의 욕망과 좌절, 고통과 기대, 희망과 낙천성의 암호화한 기호로서, 또 이들이 움직이는 역동적인 사회 모습의 표상으로서 읽어내는 연구는 아직 없다.

나는 아주 훌륭한 일상사 연구의 본보기를 카를로 진즈부르그의 『치즈와 구더기』에서 찾는다. 이탈리아 동북부 프리올라 지방의 작은 마을에 사는 방앗간 주인 메노키오는 15년에 걸쳐 세 번 고발당하고 두 번의 종교재판에 회부되었다가 결국 교황청에 의해 처형당했는데, 이 책은 방앗간 주인 메노키오의 일상과 항변을 통해 16세기 유럽 사회를 지배한 거대담론의 허구성과 유해성을 생생히 들여다보고 있다.

선물로서의 일상이라고 하면 현대인에게는 어리둥절할 테지만 실제로는 인류의 가장 오래된 일상이다. 지금도 인간이 가장 욕망하는 것은 사실 이것이다. 앞 장에서 말한 애니미즘 미학은 선물로서의 일상에 대한 예술적 표현이라 할 수 있다. 선물로서의 일상은 성경에 나오는 '나봇의 포도원', 『파우스트』에 나오는 '노부부의 오두막 집', 4대강 사업을 반대하는 토착민들의 농토에 연면히 살아 숨쉬고 있다. (이 각각에 대해서는 다른 장에서 새롭게 조명할 것이다.) 이들의 일상은 이해관계와 등가의 교환 너머에 '무엇으로도 바꿀 수 없는 삶', 즉 선물로서의 일상으로 존재한다. .

자본주의는 '거대담론의 위세'와 '일상의 초라함'도 좋아하지만 그에 못지않게 '거대담론의 퇴조'와 '일상의 각광'도 즐긴다. 장사꾼에 불과한 오피니언 리더들이 떠들어대는 이야기 말이다. 그러나 자본주의는 위의 어느 경우에도 자신의 진실을 폭로하는 예언자들만큼은 싫어한다.

지금 오피니언 리더들이 학계에서, 문단에서, 화단에서, 평단에서, 신문·방송에서, 인터넷에서, 강의실에서 거대담론을 폄훼하고 일상을 찬양하면서 거대담론과 위상이 다르지 않은 일상을 전파하고 있는 것은 아이러니가 아닐 수 없다.

소비
시대의
미학

1

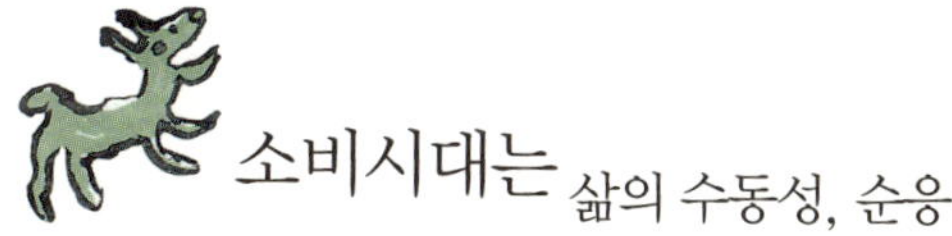 소비시대는 삶의 수동성, 순응

성을 특징으로 한다. 이 모습은 현대인의 초상이라 할 수 있는데, 예
전에는 황금만능주의를 지탄하고 인간성 회복 따위를 외치면서 적어
도 이래서는 안 된다는 자각이 작동했다. 그런데 지금은 자각도 질문
도 반발도 하지 않는다. 이 문제에 가장 첨예해야 할 미학마저 오히
려 이를 미화하고 있다. 나는 이 후자, 즉 자각되지 않는 소비시대의

미학을 다루고자 한다.

오늘의 현실을 보면, 소비세계를 비판할 외부가 없음으로 해서 현실을 변화시킬 상상력 자체가 생겨날 수 없다. 소비세계는 바깥 없는 완벽한 우주다. 이 세계 속의 개인은 자기 안에 갇혀 '자아실현'이라는 동력으로 소비 현실에 적응하기 위해 안간힘을 쓴다.

소비시대의 미학은 자아실현에 최고의 가치를 부여하면서 개인의 좌절과 욕망 그리고 도전을 일상에서의 진지한 성찰이 요구되는 우주적 사건(소비세계가 우주이므로)으로 분식한다. 뒤에 보겠지만, 자아실현의 과정을 심지어 예수나 부처의 거듭남으로까지 견강부회하고 있다.

이 장에서는 구체적인 사례 비판을 통해 사태가 얼마나 심각한지를 독자와 공유하고자 한다.

나는 2008년 제1회 창비장편소설상 수상작 『쿨하게 한걸음』을 읽은 뒤 '심사평'과 '작가 데이트'를 보고서 기묘한 감정에 휩싸였다. 일단 심사평은 이해할 수 없었고, 작가 데이트는 짜증을 불러일으켰다.

먼저 심사평을 보겠다.

경쾌하고 유머러스한 인물들의 대화를 거쳐 이 소설이 도달하는 것은, 소비 현실의 바깥에서 주변화되는 소시민들의 삶에 대한 진지한 성찰이다(가). 그것은 세태소설의 외피를 통해 거꾸로 세태소설의 성과를 뒤집는 성과를 보여주는 지점까지 나아간다(나). 소비사회의 일상 속에서 마모되어가는 평범한 사람들의 이야기를 꾸밈없이 그려내는 작가의 진지한 태도는 위악과 냉소의 화법을 넘어서려 했다는 점에서 귀중한 미덕을 갖는다(다). 낭만적인 연애와 화려한 결혼, 직업적 성공과 자아실현에 대한 판타지를 가로질러 소설 속 인물들이 궁극적으로 확인하는 것은 환멸적인 일상 그 자체이다(라). 결혼적령기의 압박 속에서 실직의 위기에 시달리며, 은퇴한 아버지의 쓸쓸한 뒷모습을 바라보는 주인공은 소외의 현실을 생생하게 증거한다(마). 우리에게 각별히 다가왔던 것은, 지치고 불안한 현대여성들의 내면적 욕망을 향한 이 작품의 따뜻하고 정직한 시선 그 자체이다(바). 그것은 소설 장르가 보여줄 수 있는 실감과 문학적 소통의 가능성을 신뢰하게 만들었다(사). (이하 괄호와 밑줄은 필자)

심사위원들은 텍스트가 도달한 성과를 (가)부터 (사)까지 길게 늘어놓고 있지만 그것이 구체적으로 무엇인지는 밝히지 않는다. 특히 (나)에서 세태소설의 성과를 뒤집는 성과를 보여주는 지점까지 나아간다고 했는데, 그 지점이 무언지 오리무중이다. 애써 찾아봐도 문맥상 (다)의 "위악과 냉소의 화법을 넘어서려 했다는 점"이거나 (라)

의 "환멸적인 일상 그 자체를 확인한 것" 정도다. 만약 심사위원들이 이 점을 말하는 것이라면, 이것은 시대인식의 한계를 드러낸 것이거나 장삿속에서 나온 속임수일 뿐이다.

첫째, 위악과 냉소의 화법이 수준 낮은 성과라는 것인데, 과연 그런가? 외려 텍스트의 주인공들에게는 분노가 없다는 것이 가장 큰 문젯거리다. 모두가 체념하는 인물들뿐이니 말이다. 심사위원들은 "위악과 냉소를 넘어선 화법"이 뭔지는 언급하지 않고서, 대신 어물쩍 "작가의 진지한 태도" 운운하며 이 문젯거리를 은폐하고 있다.

전자('위악과 냉소를 넘어선 화법')는 뭔가 작가가 이룩한 성과의 구체성을 지적하는 듯한 분위기를 풍기고, 후자('작가의 진지한 태도')는 "소비사회의 일상 속에서 마모되어가는 평범한 사람들의 이야기를 꾸밈없이 그려내는"이라는 수식어를 통해 마치 전자의 구체성인 듯한 착각을 일으킨다. 그러나 이런 수식어도, 후자도, 그리고 수식어＋후자도 전자와 아무 관련이 없다. 냉철하게 보면 위악과 냉소의 화법도 얼마든지 작가의 진지한 태도에서 나올 수 있으며, 소비사회의 일상 속에서 마모되어가는 평범한 사람들의 이야기를 꾸밈없이 그려낼 수 있다.

그렇다고 위악과 냉소의 화법을 구사해야 한다는 것이 아니라, 나는 심사평의 '앞뒤가 맞지 않는 점'을 지적하는 것이다. 심사위원은 최원식·은희경·성석제·진정석·강영숙·백지연으로 내로라하는 학자 또는 작가들인데, 왜 그랬을까? 시대인식의 한계 때문일까 아니면 또 다른 이유가 있는 것일까? 이 점은 차차 밝혀질 것이다.

심사위원들이 그나마 옳게 평가한 것은 유일하게 (마)뿐이다. 작가는 나름대로 정직하고 그래도 읽을 만한 소설을 쓴 셈이다. 한데 아이러니하게도 이 작품에 대한 결론으로 내린 "문학적 소통의 가능성"(사)을 되레 신뢰하지 못하게 만든 것은 바로 심사위원들이다. 무릇 한계를 정확히 짚어낼 때에만 작품의 성과가 분명해질 터인데, 엉터리로 포장('마'를 뺀 '가'에서 '사'까지)을 해서 독자와의 진정한 소통을 방해하고 있다.

둘째, 심사평에서 세태소설의 성과를 뒤집는 성과를 보여준 그 지점이라고 말하는 '그 지점'이 아무래도 오리무중인데, 내가 애써 짐작한 (라)가 진정 작가가 넘어선 성과일 수 있을까? '환멸적인 일상 그 자체를 확인한 것'은 작가가 넘어선 성과가 아니라 넘어서야 할 '팩트'다. 여기에 머무르면, 내가 이 글의 첫머리에 규정한 '소비시대'에 갇혀버리고 만다. 예술작품은 모름지기 소비시대라는 이 벽壁에 대한 자각이자 외마디이며, 위악이든 냉소든 풍자든 익살이든 순수한 고발이든 아무튼 벽 허물기이지 않으면 안 된다. 그렇지 않을 경우, 모든 예술작품은 사람들을 소비시대 안에서만 놀게끔 홀리는 여우꼬리에 지나지 않는다.

작가가 넘어서지 못한 게 무엇인지는 텍스트에 분명히 나타난다. 이 점을 살펴보도록 하자.

소설은 이렇게 끝난다. "나의 서른셋 이후는 과연 어떤 풍경이 될까. 그것이 궁금해졌다. 나는 한번 멋지게 꾸려가보기로 했다. 숨을 가다듬고 일보 전진하면서! 절대로 삶이 아무런 의미도 없이 막을 내리게 하지는 않을 것이다."

대미를 장식하는 이 마지막 말은 '쿨하게 한걸음'이라는 제목이 된다. 그런데 '나'라는 주인공이 쿨하게 내디딜 구체적인 한 걸음은 과연 무엇이었을까? 서른셋에 애인과 헤어지고, 직장에서 잘리기 직전에 사표를 내고, 백수의 고통을 겪으면서도 구직보다는 자기가 정말 무얼 원하는지 찾아보기로 결심한 주인공은 영화평론가의 길에 도전한다. 바로 이 도전이 '쿨하게' 내디딘 '한걸음'인 것이다.

나는 도전하고자 하는 무엇과 현실 사이의 괴리를 극복해나가야 한다는 것이 마음에 들었다. 하루하루 시간을 때우듯 살아가는 것이 아니라 간극을 좁히기 위해 살아가는 것이 바로 내가 바라는 삶이었다. (소설 252쪽)

심사평은 이에 대해 이렇게 이야기한다.

누구나 각자의 자리에서 삶의 고통을 감내하고 있으며 완벽하게 행복하고 안정된 인생이란 없는 것이다. 실업상태의 주인공 역시 현실적인 취직의 길을 접는 대신 꿈을 살려 영화평론가로 입성하려고 마음먹지만 그것이 자신의 삶을 완전히 뒤바꾸리라고는 생각지 않는다. 주인공의 말대로 '크리스마스의 마법 같은 건 통하지 않는 나이'인 서른세 살이 겪게 된 또 다른 성장통이 가져다준 담담한 결심이라고 할 수 있다.

그런데 여기서도 앞서 어물쩍 대체한 것과 비슷한 엉터리가 보인다. 바로 밑줄 친 문장인데, 텍스트에서 주인공이 '크리스마스의 마법 같은 건 통하지 않는 나이'라고 한 것은 주인공이 크리스마스에 남자와 헤어진 뒤 애정문제에서 비롯된 자괴감 때문에 나이 푸념을 한 것이지(그래서 "차라리 크리스마스의 저주다"라고 뇌까린다), 심사평에서처럼 서른셋이라는 나이가 인생의 새로운 도전을 하기엔 마법 같은 게 통하지 않는 나이여서 그렇게 말한 것은 아니다. 심사평은 불 가져오라는데 물 가져오는 식으로 엉뚱하게 자기들의 논리를 성립시키고 있다.

실제로 텍스트는 심사평의 오독誤讀을 지적하기라도 하듯, '우리에게 마법이 필요해'라는 장(장 제목도 얼마나 기막힌가!)에서 작중화자는 '자신이 영화비평 공모에 도전해보려 한 것'이라든가 '자신의 엄마가 때늦게 대학에 가겠다고 나선 것'이 모두 30대뿐 아니라 50대까지도 마법이 통하는 거라고 강조하고 있다.

심사위원들이 왜 이런 착오를 일으킨 것일까? 문학계에 종사하는 분들이 워낙 심오한 함의를 좋아하기 때문에 이를 충분히 존중할 필요가 있다고 볼 때, 아마도 심사위원들은 작가가 주인공의 입을 빌려 말하고 있는 30대나 50대의 마법도 어린 시절의 크리스마스 마법과 다르지 않은 '성장통'으로 보았기 때문일 것이다. 그래서 같은 서른셋의 나이가 '마법 같은 건 통하지 않는 나이'이면서 동시에 '마법이 통하는 나이'가 되는 표현상의 모순을 뛰어넘어 같은 의미로 해석됐을 것이다. 나는 이렇게 읽는 맥락이 맞다고 보고 이를 채택할 것이다.

그럼에도 이를 따뜻한 공감과 애정의 시선이라고 긍정(심사평은 바로 뒤이어 이 시선을 '진지한 성찰'이라고까지 말한다)한 것은 심사위원들이 지닌 시대인식의 한계를 고스란히 드러낸 것이다. (심사위원들이 좌절과 욕망 그리고 도전을 한 인간이 죽을 때까지 겪는 '성장통'으로 바라보는 것과 같은 이러한 인식은 이 글이 끝날 때까지 계속 비판할 것이다.)

이 소설의 독자들, 특히 이 책의 주독자인 여성 독자들은 자기가 정말 좋아하는 일을 직업으로 갖는 게 진정한 행복이라고 여긴다. 작가는 어느 대목에서도 독자들의 이 생각을 깨뜨리지 않는다. 사실 독자들의 이 같은 생각은 이 책의 상업적 성공을 보장하는 든든한 토대이기도 하다.

심사위원들은 바로 이 지점에서 대결해야 했다. 이 지점이란, 자기가 정말 좋아하는 직업을 갖는 것이 한 개인의 진정한 행복이라 여기는 주인공의 결심과 독자들의 생각이다. 다시 말해서 이 대결은 상업성과의 대결이기도 하다. 이 대결에서 항복한, 또는 대결을 회피하거나 인식하지 못한 심사위원들은 차마 이 지점을 명쾌히 승인하지 못하고(그러면 소비 예술을 조장한다는 것 정도는 알고 있기에) 밑줄 친 것과 같은 어정쩡한 결론을 내리면서 상업적이라는 비난을 교묘하게 피해간다. 이는 언어의 유희에 불과하다.

또한 여기서 심사위원들이 (라)의 '환멸적인 일상' 너머에 무엇이 있는지 모르는 것은 분명하다. 즉 벽 허물기의 벽 바깥 말이다. 이것은 소비시대의 벽에 갇혀 있어서 그 바깥을 모른다는 얘긴데, 앞으로 그 실체를 파악하게 될 것이다.

심사위원들은 작가가 소비 현실의 바깥에서 주변화되는 소시민들의 삶에 대해 진지하게 성찰하고 있다(가)고 했는데, 실제는 이와 정반대다. 작가는 소비 현실의 '안'에서 '중심화'되는 소시민의 삶을 다루고 있는 것이다. 주변화와 소시민은 아주 잘 연결되고 많이 쓰이므로 매너리즘에 빠져서 썼는지는 모르겠으나, 소비시대의 현실은 소외된 삶을 초래한 '배후'를 상상조차 하지 못하게 하고, 그 결과 자신의 우주가 소비세계로 국한돼버리게 만든다. 이런 사람들, 심사위원들 말로는 '소비사회의 일상 속에서 마모되어가는 평범한 사람들'(다)이 소비 현실 주변이 아니라 바로 소비 현실 그것을 이룬다.

예컨대 소비 현실의 중심에 부르주아지가 있고 그들이 소시민들을 바깥으로 주변화시킨다면 당연히 부르주아지의 소비 현실을 떠올릴 수밖에 없지만, 그게 뭔지 추측만 할 수 있을 뿐이다. 아마도 소비시대를 이끄는 부르주아지에 대한 비판이 작동하는 '자각된 소비시대'가 아닐까 싶은데, 만약 그렇다면 이것은 변화된 시대를 과거의 프레임으로 보는 매너리즘의 확실한 본보기다.

그러면 심사위원들이 언급하지 못한 환멸적인 일상 너머에 무엇이 있는지를 살펴보자.

문학과 예술의 본령은 축제 정신이라고 말할 수 있다. 원시축제, 디오니소스 축제, 바보 축제 그리고 우리 민속의 백중(머슴들의 축제)에서는 우주의 재탄생, 새로운 시작, 역할 바꾸기를 통해 기존 질서의 전복, 해방의 기쁨, 풍자와 익살, 환상과 도취의 세상이 이루어진

문학과 예술의 본령은 축제 정신이라고 말할 수 있다.

다. 이것은 축제기간 내내 행해지는 '가상의 활동'이다.

축제와 함께 '가상의 활동'이 끝나면 일상의 현실로 돌아가지만, 다시 맞이한 일상은 당연히 새로운 에너지로 가득 찬다. 축제가 수단이 아니라 목적인 이유가 바로 여기에 있다.

노동이 아무리 우리한테 좋은 보상을 가져다준다 하더라도 인생의 지상목적이 될 수 없고 다만 일신상의 충족을 만족시키는 데 공헌할 따름이기 때문에 노동이 전혀 없는 기간을 주기적으로 설정해 전래의 풍속을 좇으면서 인간적 환락의 한때를 즐겨왔다. 이것이 축제의 의의다.

이런 것이 없는 생활은 인간적 생활이라 부를 수 없기 때문에 축제 자체가 목적인 것이요, 이를 통해 일상이 새로운 에너지로 다시금 충만하게 되는 것이다.[1]

소설이 목적으로 삼는 일상은 이와 같다. 소설을 픽션이라 일컫는 이유는 주지하다시피 소설이 '가상의 활동'을 다루기 때문이다. 소설의 미덕은 축제처럼 환멸적인 일상을 가상의 활동을 통해서 새

---

1. 하비 콕스, 『바보제』, 김천배 옮김, 현대사상사, 1973, 14~15쪽(필자가 약간 손질함).

로운 에너지로 충만케 하는 데 있다.

자기가 좋아하는 일을 직업으로 갖는 것만으로 축제('바보제' 같은 제의적인 축제)에서 경험한 '일상'을 맞을 수는 없다. 주인공과 독자들이 선망하는 그 직업에 도달한 심사위원들 스스로가 지금 진정한 행복을 맛보고 있는지 증언해주기 바란다. 아마도 그렇지 않다는 사실을 아주 잘 알기에 '주인공의 나이에 겪게 되는 또 다른 성장통이 가져다준 담담한 결심'이라고 고쳐 말하고 있는지도 모른다.

사회와 무관한 개인의 진정한 행복이란 단연코 존재하지 않는다. 자본주의 초기에 생겨나 오늘날까지 가장 큰 위력을 떨치고 있는 '공리주의(＝행복주의)의 최대다수 최대행복'은 그것이 가능하다고 강변하는 철학이지만, 행복이 물질적인 원인에 따라 좌우될 때 자유는 없다는 것, 노예화만 가속화될 뿐이라는 것을 자본주의의 현실은 여실히 보여주고 있다.

자기가 좋아하는 일을 직업으로 갖는 게 진정한 행복이라는 생각은 헛된 망상일 뿐이라는 사실을 환멸적인 일상 너머에 설정하는 전망, 예컨대 그토록 원하는 사업에 실패하고 파산의 현장인 바닷가에서 춤추는 '그리스인 조르바' 같은 축제성이 바로 그 환멸적인 일상 너머에 숨겨져 있어야 할 것이다. 이 축제성이야말로 소비시대의 벽 바깥이다.

조르바는 박자를 맞추느라고 손뼉을 치며 외쳤다.

"……브라보, 젊은이! 종이와 잉크는 지옥으로나 보내버려! 상품, 이익, 좋아하시네. 광산, 인부, 수도원, 좋아하시네. 이것 봐요. 당신이 춤을 배우고 내 말을 배우면 우리가 서로 나누지 못할 이야기가 어디 있겠소!"[2]

조르바와 동업자인 주인공 '나'는 춤을 춘 뒤 이런 깨달음을 얻는다.

내 심장은 가슴속에서 뛰고 있었다. 내 생애 그 같은 기쁨은 누려본 적이 없었다. (중략) 나는 모든 것을 잃었다. (중략) 그렇다. 내가 뜻밖의 해방감을 맛본 것은 정확하게 모든 것이 끝난 순간이었다. 엄청나게 복잡한 필연의 미궁에 들어 있다가 자유가 구석에서 놀고 있는 걸 발견한 것이었다. 나는 자유의 여신과 함께 놀았다.

지금까지 심사위원들이 당선작 『쿨하게 한걸음』을 가지고 어떻게 소비 문학에 기여했는지 살펴보았다. 나의 비판이 심사평에서 말

2. 니코스 카잔차키스, 『그리스인 조르바』, 이윤기 옮김, 열린책들, 2008.

한 '문학적 소통의 가능성'을 여는 데 실제로 기여했으면 한다.

다음으로 '작가 데이트'를 보자.

헤게모니를 농락함으로써 독자들을 기쁘게 하는 것은 소설의 미덕일 것이다. 그것은 근대소설의 태동에 악동소설이 자리 잡고 있는 것을 보아도 알 수 있다.

악한·광대·바보는 현재의 질서와 가치를 고착화하는, 헤게모니를 쥔 사람들을 농락하기 가장 좋은 위치에 있는 존재들이다. 이들을 농락함으로써 고착되어 있는 현재는 미완결의 현재가 되고, 그에 따라 변화 가능한 현실이 독자 앞에 **뚜렷하게** 모습을 드러낸다. 이것이 바로 소설의 힘이다.

그런데 '작가 데이트'를 쓴 작자(이하 작자)는 당선자가 헤게모니의 일원이 된 것을 축하하고, 입성을 위해 그 혹독한 세월을 어떻게 견뎌냈는지를 묻는 데 목적을 두고 있다.

당선자 서유미가 작자 해이수에게 말한다.

"선배, 어느새 십 년이야. 나 97년에 대학문학상 받을 때, 소설가로 살기로 결심했었거든. 아마 그때 누가 '너 십 년 뒤에는 반드시 되니까 소설 계속 쓸래?' 하고 물었으면 절대 아니라고 했을 거야. 어쩌면 이렇게 오랜 시간이 걸릴지 몰라서 할 수 있었던 것 같아. 내년이면 되겠지 내년이면. 그렇게 꿈을 꾸면서……."

이 말을 듣고 작자는 이렇게 감동 어린 생각을 한다.

'그래, 오래 흔들렸으므로 너는 아름답다.'

이게 무슨 황당 시추에이션인가.

당선자가 오래 흔들린 것은 작품의 치열성을 위한 것이 아니라 수험생이 시험에 합격하기 위한 시련이나 마찬가지다. 당선자와의 대담인 만큼 형식상 후자를 통해 전자를 말하려는 것이라 변명할 수도 있겠지만, 이는 크게 두 가지 점에서 어불성설이다.

첫째, 소설가인 체하는 작자의 글쓰기 투.

① "수상작에 대한 내 개인적인 독후감은 '삶의 구겨진 여백에 대한 응시'로 요약된다."

대담 전체의 키워드에 해당하는 '삶의 구겨진 여백에 대한 응시'ⓐ라는 문학적인 수사는 뒤이어 다음의 알기 쉬운 문장으로 설명된다. "얼핏 보면 정상 같고 멀쩡해 보이지만, 사실 속은 문제투성이인 데다가 애초 설계부터 부실한 인간군상의 초조한 시간, 그것도 구겨진 채 비워진 삶의 한 시기를 안정적인 시각으로 포착해낸 소설이었다."ⓑ

나는 처음 ⓐ를 대하고 약간 겁을 먹으면서 고개를 갸웃거렸다. '삶의 구겨진 여백에 대한 응시'라니, 정말 그럴듯하지 않은가? 이 한마디로 독자는 작품의 문학성에 감탄하지 않으면 안 될 것 같은 권위 아래 놓인다. 그 권위에 휩싸여 ⓑ는 의심할 수 없는 사실로 자리 잡게 된다.

독자가 헤게모니에 말려들지 않으려면 일단 ⓐ를 배제하고 문학적 수사가 빠진 ⓑ와 대화해야 한다. 그럴 경우, ⓑ의 '비워진'이라는 단어를 과연 쓸 수 있을까? 여백은 일에서 벗어나 재충전할 수 있는 여유로움이다. 그런데 주인공들은 탈락의 공포 속에 있기 때문에 전혀 그럴 만한 여유가 없다.

주인공들은 '애초 설계부터 부실한 인간군상'(ⓑ)이 아니다. 이들의 인생을 누가 설계한다는 것일까? 주인공 자신? 사회? 아니면 신神? 대담을 읽어보면, 주인공들 각자가 자기 인생을 설계하는 건축가다. 이들은 자신의 고통을 바깥세계와 관련 없이 오직 성장통으로 받아들여야 하기 때문이 다.

앞의 글 「성기 관망파 예술」에서 보았듯이, 건축가는 청사진에 따라 집을 짓는 창조주적 롤 모델이다. 작자 해이수에게 '개인'은 스스로 인생을 설계하고 창조하는 건축가적 신이다. 개인이 신처럼 자신의 삶을 설계한다는 발상은 극단적인 개인주의다.

바깥세계에 대해서 아무것도 할 수 없는 무능력한 이 신(개인)은 모든 것을 자아 속에서 극복해야 하며, 이전의 부실한 설계를 자아를 통해 리모델링해야 한다. 이 신이 행하는 건축행위의 이름은 이른바

‘성장통’이다.

사회의 낙오자가 되느냐 마느냐 하는 30대 여성 연수(주인공)의 실직이 어떻게 인생의 ‘여백’일 수 있을까? 주인공 동남은 그런 ‘여백’의 시간에 성장통을 견디지 못하고 자살한 것이 아니다. 주인공들이 살아내야 할 삶은 환멸적인 일상 속에서 옴짝달싹 못하게 족쇄 채워진 삶이다. 이들의 낙오는 불연속선의 ‘여백’이 아니라 불가항력적으로 무한경쟁을 해야만 하는 연속선상의 ‘사건’이다.

주인공 연수가 설계가 부실해서 실직한 것이라고 공감하게 만드는 예술이 바로 소비시대의 미학이다. 이 미학에 젖으면, 실직이라는 사회적인 문제가 사춘기적인 성장통으로 너무나 자연스럽게 받아들여진다. 그럴 경우 사회에서 도태되는 고통의 시간은 당연히 개인의 성장통을 위한 여백으로만 간주되고 만다.

소설가인 체하는 작자의 문학적 수사인 ⓐ에 주눅 든 독자들이 작자의 의도대로 ⓑ를 사춘기적 성장통으로 이해한다면, 현재의 고착화를 주도하는 헤게모니 세력에게는 그 이상 좋을 일이 없을 텐데, 왜 그런지는 차차 보게 될 것이다.

② 이제 ⓑ에 바로 뒤이은 “일상에 깊이 <u>잠입하여</u>ⓒ 삶의 좌표를 뒤흔드는 동요와 조바심, 불안과 들뜸을 겪는 인물들의 내면을 <u>담담하게</u>ⓓ <u>도려냈다</u>ⓔ는 인상을 받았다”라는 문장을 보자.

ⓒ의 ‘잠입하여’는 여기서 세련된 문학적 수사로 읽힌다. 그런데 ‘잠입하여’는 일단 ⓓ의 ‘담담하게’와 어울리지 않는다. 또 ‘담담하게’라는 표현은 작가가 냉혈한이 아닌 한 ⓔ의 ‘도려냈다’와 전혀 어울리지 않는다.

당선자 서유미 스스로도 “각각의 인물과 사연이 조각보처럼 이어질 때 조화를 이루었으면 하는 바람이었다”고 말하고 있듯이, 이 작품은 결코 일상에 깊이 잠입한 소설이 아니다. 또한 그렇다는 것은 작자 자신도 잘 알고 있다(“……지나치게 소박하고 평범한 이야기로 간주될 수 있다는 평도 있던데” 하고 직자기 묻자, 당선자가 바로 위에 인용한 대답을 한 것으로 미루어볼 때). 그런데 왜 ‘잠입’이라는 단어를 썼을까? 아마도 멋스럽게 표현하기 위해서 그랬을 텐데, 이는 예기치 않은 문제를 일으킨다. 이 점에 대해서는 잠시 뒤에 보겠다.

여기서 가장 중요한 것은 ⓓ와 ⓔ의 충돌이다. ⓔ의 ‘도려냈다’의 경우, 도려낼 만큼 되려면 내가 앞서 진하게 표시한 **‘뚜렷하게’**에 상응할 정도는 되어야 한다. 다시 한 번 상기해보자. “이들(악한·광대·바보)의 농락을 통해 고착된 현재는 미완결의 현재가 되고 그에 따라 변화 가능한 현실이 독자 앞에 **뚜렷하게** 모습을 드러낸다. 이것이 바로 소설의 힘이다.”

그런데 과연 그런가? 그렇지 않기 때문에 이렇게 말이 얽히고 앞뒤가 맞지 않게 되는 것 아닐까? 이를 모면할 최상의 무기가 문학적 수사요 헤게모니의 권위를 빌리는 일이다. 밑줄 친 세 가지 중에서 유일하게 정확한 표현은 ⓓ의 '담담하게'이다. 수필도 아니고 명색이 소설이, 그것도 '문단의 관심사였던 제1회 창비장편소설상'(작가 데이트에서 인용)이 '담담하게'에 그쳐서는 안 되므로 ⓒ와 ⓔ의 문학적 수사를 동원해 '소시민의 구겨진 삶'을 과거와 달리 거대담론이 아닌 일상을 통해(ⓒ) 래디컬하지만(ⓔ) 담담하게(ⓓ) 담아낸 새로운 형식이라는 인상을 풍기려 했던 것은 아닐까? 그 결과, 소비시대의 소설이 무엇을 지향하는지 오히려 명백해진 것은 아닐까?

말이 나온 김에 하나 이야기하고 넘어갈 게 있다. 5·18 민주화운동 직후 전두환 정권이 주택 500만 호 건설을 발표하는데, 그 의도는 자기 집 소유를 향한 중간층의 꿈을 실현시켜 체제 내로 편입시킴으로써 그들의 정치적 동의를 확보하고자 했던 것으로 드러났다.[3] 이렇게 해서 도시빈민의 주거공간을 중간층의 거주지로 대체하기 위한 제5공화국의 이른바 재개발사업이 대대적으로 이루어졌다는 사실이다.

작품의 주인공들인 소시민 없이는 용산참극을 부른 뉴타운 건설도 없고, 4대강 사업도 없고, 소비문화도 없고, 소비시대의 소설도

---

3. 졸저, 『난곡 이야기』, 청년사, 2004, 56쪽에서 인용. (사)한국도시연구소, 『철거민이 본 철거』, 1998, 53쪽의 주 51; 국가보위비상대책위원회, 『국보위백서』, 1980, 165~167쪽 참조.

없다는 점을 명심해야 한다. 즉 완벽하게 체제 내로 흡수되어가는 소시민의 순응적인, 즉 소비지향적인 삶을 긍정한다는 것이 사회적으로 어떤 문제를 초래하는지 문학 헤게모니 바깥의 현실에 눈을 돌려봐야 할 필요가 있는 것이다.

아무튼 가뜩이나 ~체하는 것을 싫어하는 나는 '작가 데이트'를 읽으며 참을 수 없는 기분이 들었다. 지적인 체하는 것을 미학적 용어로 스노비즘snobbism이라고 한다. 그것은 실제적인 삶의 절박성과는 아무 관계없이 형식화한 가치를 추구하는 사회풍토에서 나온다. 프랑스의 철학자 알렉상드르 코제브는 일본의 다도나 꽃꽂이, 노가쿠能樂(가면악극) 그리고 사무라이의 자살이 스노비즘의 정점이라면서, "일본인은 모두 예외 없이 완전히 형식화된 가치에 기초하여, 즉 '역사적'이라는 의미에서의 '인간적'인 내용을 모두 잃은 가치에 기초하여 현재를 살아가고 있다"고 말한다.[4]

과거 명동파를 비롯해 우리 예술계의 '~체하는 속물근성'은 일제 강점기에 흘러들어온 수입품인지도 모르겠다. 내가 과문한 탓인지 모르지만, 그 이전 선조들의 글과 예술품에는 그런 속물적인 지적 허영이 전혀 보이지 않기 때문이다.

---

4. 가라타니 고진, 『언어와 비극』, 조영일 옮김, 도서출판 비, 2004 중에서 조영일의 「보충2 코제브의 일본 주석」, 176쪽.

둘째, '작가 데이트'는 헤게모니를 옹호하는 정신으로 가득 차 있다.

내게는 세상 사람을 두 부류로 나누는 습성이 있다. '광야를 경험한 자'와 '광야를 모르는 자'이다. 여기서 말하는 '광야'는 미망과 허울을 전부 내려놓고 가장 낮은 자세에서 <u>발가벗은</u> 자아와 대면하는 시간적·공간적 배경인 셈이다. 예수도 부처도 한 시절 광야를 거친 연약한 인간이었다. '소설가 서유미'와 만나고 나서 나는 그녀가 광야에 선 경험이 있음을 확신하게 되었다.

무엇보다 먼저 광야를 이렇게도 해석할 수 있다는 점이 기가 막히는데, 이는 헤게모니권 안에 있는 사람만이 가질 수 있는 자신감이 아닌가 싶다. 광야는 어떠한 경우를 막론하고 헤게모니권 바깥을 가리킨다. 작자 해이수도 그런 의미로 썼을 터인데, 안타깝게도 작자의 의도와는 반대로 헤게모니권 안을 가리키는 정반대 결과가 되어버렸다는 점을 밝히지 않을 수 없다. 헤게모니를 옹호하는 정신은 일반적으로 이런 전도顚倒로 나타나기 때문이다.

사실부터 바로잡자면, 예수도 부처도 광야에서 '세상'과 발가벗고 대면했지 결코 발가벗은 자아와 대면한 적은 없다. 광야는 세상의 헤게모니를 파괴하기 위해 자아의 번데기 밖으로 나오는 거듭남의 장소다. 이것이 마치 '발가벗은 자아와의 대면'처럼 보일 수 있는 까닭은 유심론唯心論의 맹위가 워낙 커서 '세상이 자아 속에 있다'는 오래된 속임수를 벗어나지 못했기 때문이다. 작자도 다르지 않다.

전도의 구체적인 결과는 이렇다. 발가벗은 자아와 대면하는 것은 곧 헤게모니로 들어가는 길이라는 것. 과연 어느 독자가 이를 쉽게 알아차릴 수 있겠는가?

실직한 작중화자 연수는 자신이 정말 원하는 것이 무엇인지 알기 위해 두 번째 사춘기를 맞는 심정으로 졸업한 대학교를 찾아간다. 처음으로 자아에 충실했던 사춘기 때의 자신을 되찾기 위해서다. 그 당시 외모나 연애 외에는 아무 관심도 없는 속물적인 사촌을 보면서, 정신적인 성숙을 위해 음악을 들으며 새벽까지 잠들지 않은 채 깨어 있는 자신이야말로 사춘기를 겪는 거라고 믿었다. 어떤 사유나 고민도 정신적 성숙에 도움이 될 거라는 믿음 때문에 고민하는 것 자체를 즐기는 연수의 성격은 어른이 된 지금도 여전하다.

작중화자는 육체적 성숙과 정신적 성숙이라는 이분법적인 사고 속에서 사춘기를 후자를 위한 절대적인 시간으로 여긴다. 연수는 그런 사춘기를 겪지 않은 사촌 연재가 여전히 어른이 되지 못했다고 생각한다. 어른이 된 후에도 이 이분법은 견고하여, 실직을 앞두고 사표를 내던진 뒤 작중화자 연수는 자기를 되찾기 위해 다시금 사춘기로 돌아간다. 작자가 당선자한테서 확인한 '광야'란 바로 이 사춘기인 셈이다.

그러나 당선자와 작자가 평가하는 것과 달리, 사춘기는 육체적 성숙이 두드러지는 데 반해 정신적 성숙이 미처 따라가지 못해서 생긴 불균형으로 인해 '에고'(자아)에 과부하가 걸리는 특성을 보이는 것에 불과하다. 몸은 어른인데 생각은 아직 어리다는 얘기다. 이 시기에 유별나게 자아에 집착하는 것은 불균형을 해소함으로써 어른의 몸으로 타자의 세상에 들어가기 위해서다. 산에 올라갔으면 내려가야 하듯, 사춘기에 온몸으로 자아를 붙들고 있는 것은 자아를 극복하기 위해서다.

서른세 살의 작중화자가 인생의 난관을 세상과 부딪쳐서 뚫고 나아가지 못하고 다시금 자아로 기어들어가는 것은 사춘기의 통과의례에 실패했다는 뜻이다. 문제는 이를 하늘 높은 줄 모르고 부추기는 소비시대 미학이다. '광야'를 들먹거리며 예수도 부처도 거듭 되돌아와 새롭게 태어나는 재생의 장소라면서 사춘기의 에고이즘을 마치 그런 '정신성의 원형'인 양 현혹하고 있는 것이다.

곧 이어지는 2절에서 자세히 살피겠지만, 이 '현혹'이야말로 좁게는 문화장사꾼들이, 넓게는 자본가들이 구름처럼 몰려들어 온갖 추악한 소비 현실을 만들어내는 허영의 시장이다. 여기서 여우꼬리가 현란한 환영幻影을 만들어낸다. 백화점, 인사동, 청담동과 로데오 거리, 학교 앞 작은 카페 그리고 아파트의 작은 방에 이르기까지 이 환영이 어른거리지 않는 곳이 없다.

무한경쟁의 대열에서 낙오된 작중화자 연수는 인생을 리모델링하기 위해 마치 성지순례자처럼 사춘기의 정신 상태로 돌아간다. 연수는 영화비평 공모에 도전하기로 결심하는데, 그녀가 정말 원하는 영화비평도 사춘기적인 정신 상태로는 영화 자체가 아닌 자아실현에 초점이 맞추어질 수밖에 없다. 주인공이 도서관에 틀어박혀 응모를 준비하는 과정은 '나를 향한 주파수'라는 장에서 실감나게 그려지는데, 작가가 제목을 얼마나 적절하게 뽑았는지 참으로 놀랍다.

'나' 말고는 중요한 게 없고, 중요하더라도 '나'를 위해 중요한, 인생에서 가장 자기중심적인 시기가 사춘기라는 것은 독자 여러분이 두루 경험해봐서 아주 잘 아는 사실이다. 이런 정신 상태에 놓인 주인공에게 영화비평이 그렇듯, 당선자 서유미에게도 소설 쓰기는('작가 데이트'에서 확인된 것처럼) 자아실현의 수단이다.

주인공이 영화비평가가 되려면 공모에 당선되어야 하는 것처럼, 당선자도 소설가가 되려면 공모에 당선되어야 한다. 이들에게 영화비평이나 소설에서 다루는 세상은 당선을 위한 세상이다. 이들은 애당초 당선되지 않을 세상에는 접근조차 하지 않는다. 작품 속의 세상은 헤게모니가 평가하는 세상이다. 이들이 작품을 쓰고 작품을 만드는 것은 헤게모니로 들어가기 위해서다.

따라서 주인공과 당선자는 바깥세상과 대면하는 대신 자아를 응시한다. 앞서 본 '삶의 구겨진 여백에 대한 응시'라는 것은 차라리 ⓑ가 아니라 '자아'라고 하는 편이 옳다. 바로 이것, 그러니까 자아의 재발견을 통한 자아실현이 주인공과 당선자에게는 헤게모니가 관철되는 진정한 세상이다. 그래서 이들은 헤게모니로 들어가기 위해 광야에서 발가벗은 자아와 대면하지 않으면 안 된다.

작자는 당선자를 만나 그 사실을 체크했다. 작자는 "그래, 오래 흔들렸으므로 너는 아름답다"며 문인다운 시적 감개에 젖어, "작가가 기꺼이 가장 낮은 자세로 임했다"는 관찰기록을 남겼다. 이는 예수회를 능가하는, 헤게모니에 대한 구성원의 충성도 평가로 보인다.

작자 이번 수상작의 집필 배경과 모티브는?

작가 (……) 삶이란 자신을 향해 일보전진하는 과정이라는 걸 보여주고 싶었다.

인터뷰를 끝내면서 작자는 당선자 서유미에 대해 다음과 같은 결론을 내린다.

"그녀는 광야를 거쳐 어느덧 삶에 대해 매우 간명한 철학을 지니게 된 사람으로 보였다."

그저 이 결론이 헤게모니로 들어간 자의 간명한 철학이 아니기를 바랄 뿐이다. 그게 얼마나 무서운 철학인지는 부연설명하지 않겠다.

장편소설의 활성화를 위해 제정한 창비장편소설상은 '서사정신의 회복'을 기치로 내걸었다. 서사정신을 바라보는 시각은 사람마다 다르겠지만, 적어도 서사가 '자아'에 있지 않은 것만은 확실하다.

2

라디오에서 배경음악을 타고 흘러나오는 소시민들의 수많은 사연은 시적인 분위기 속에서 '마음속 구겨진 여백'을 담담히 채워준다. 이것들은 모두 형식만 갖추면 시詩다. 라디오의 여러 프로그램은 시집과 다름없는 역할을 하고 있다.

이 같은 시적 분위기는 사회 어디에나 공기처럼 존재한다. 소시민이 소비시대에 갇혀 있는 것을 조금도 자각할 수 없는 이유는 이런 공기 같은 시적인 분위기가 마음에 위로를 주기 때문이다. 마치 공기를 호흡하지 않을 수 없지만 자각하지는 못하는 것처럼. 사춘기의 정신적 원형성에 주파수가 맞춰진 소비시대의 미학은 이러한 공기 같은 시적 분위기를 기반으로 활동한다.

특별히 시가 소비 현실의 주역을 맡게 된 이유가 있다. 앞에서 사춘기의 자아(에고이즘)를 마치 '정신성의 원형'인 양 현혹하고 있는 이 '현혹'이야말로 좁게는 문화장사꾼들이, 넓게는 자본가들이 구름처럼 몰려들어 온갖 추악한 소비 현실을 만들어내는 허영의 시장이라고 말한 것처럼, 오늘날 시가 그 '정신적 원형'(사춘기의 자아)을 토양으로 삼고 있기 때문이다.

시를 '자아라는 내면의 응시'로 압축할 수 있을 만큼 현재의 시는 궤도를 이탈해 잘못된 길로 들어섰다. 시가 고유의 서사성을 내던지고 내면화로만 치달은 끝에 마치 동굴 안에 감춰둔 '권력의 반지'(이를테면 자본주의)를 지키는 용처럼 되어버렸다. 우리는 이 용, 즉 시詩를 죽여 반지를 자연에 돌려주어야 한다.

"시의 전범典範은 옛이야기다. 옛이야기가 진정한 시문학이자 시문학의 궁극 형식"[5] 이라는 점을 이해하기는 일반적으로 쉽지 않다. 교훈적이고 직설적인 옛이야기와 상징적이고 다의적인 시문학이

---

5. 막스 뤼티, 『옛날 옛적에: 민담의 본질에 대하여』, 김정연 옮김, 천둥거인, 2008.

정반대의 성질을 띤 장르라는 생각 때문이다. 옛이야기는 외면적이고 시문학은 내면적이라는 오래된 오해의 결과다.

예컨대 시인이 파도가 되고 나비가 되려면 서사시나 옛이야기 등의 서사문학에 담긴 '세계 변형의 능력'을 물려받지 않으면 안 된다. 이 변형의 능력이야말로 외면성이다. 현실 속에서 변형과 기적 등이 일상의 하나로 아무렇지도 않게 일어나는 서사의 세계는 향유자들이 실제로 그렇게 믿었던 세계다.

서정시에서는 그런 능력이 현실로 받아들여지지 않는 대신 은유나 상징이 된다. 그렇다고 시어의 '비유와 상징'이 외면성을 상실한 것은 아니다. 우주적 소통이라는 시의 본성을 상실하지 않기 위해서 불가피하게 외적 지향성을 꿈꾸지 않을 수 없는 것이다. 비가 되어 님의 눈물이 되고 햇살이 되어 님의 기쁨이 되는가 하면, 거대한 파도는 분노한 민중이 된다.

현실 변형의 능력을 완전히 포기한 채 꿈꾸지도 않고 관념 속으로 퇴행할 경우, 시어 속의 비유와 상징은 더 이상 생명력을 갖지 못한다. 자폐증 환자가 실내에서 손가락으로 만지작거리는 언어의 유희에 불과한 것이다. 소비시대의 미학이 '정신성의 원형'인 양 현혹하고 있는 '사춘기의 에고'가 어른이 되기 위한 통과의례적 과정을 통과하지 못하면 자폐증 환자와 똑같은 증상을 경험한다. 이때 시의

'비유와 상징'은 '자아라는 내면을 응시'한 결과로서 자신 안의 우주를 사춘기적 자기애로 노래하는 사치물에 불과하다.

그러나 앞서 보았듯이 시의 본령은 서사이며, 그 본성은 외면성이다. 이를 되찾는 것이야말로 시가 다시 사는 길일 뿐 아니라 세상이 다시 사는 길이다. 옛날에는 시를 채집하는 관리가 각 지방의 시를 모아 민심을 알아냈을 만큼 시는 세상의 정신 상태를 알 수 있는 리트머스시험지 같은 것이다. 그러나 불행하게도, 오늘날의 시는 세상의 허영심을 부추기는 여우꼬리가 되고 말았다. 소비시대 안에서만 사람들을 놀게 홀리는 여우꼬리 말이다.

그 폐해를 생각나는 대로 열거해보자. 부호 안에 든 문구는 시적 이미지들이다. '석탄난로 위의 도시락'은 개발독재를 미화하고, '비상을 꿈꾸는 갈매기'는 끝없는 경쟁을 부추기고, '소외감'의 남발은 위로의 상품을 찾게 만들고, '국밥집 할머니'는 선거를 왜곡하고, '엄마를 부탁해'는 사회안전망을 위협하고, '굶주린 아프리카 아이들에게 건네는 온정'은 록펠러 문화재단의 인류애를 선전한다.

나는 이미지의 역기능만을 말했지만, 이것이 냉정한 현실이다. 그렇다면 권력자들이 죄 없는 이미지를 악용한 탓일까? 아니다. 자아의 우주에서 생산된 이런 이미지들은 근원적으로 외부를 향한 것이 아니라 생산자 개인을 위한 것이다. 자아실현의 결과물이기 때문에 모두가 감상자 또는 구경꾼이 될 수밖에 없다. 생산자 자신마저도.

이 모든 생산물을 자본은 자신의 목적에 따라 이용한다. 이미지들이 풍기는 시적 분위기가 공기와 같아서 사람들은 용도를 미처 자각할 수가 없다. 시적 분위기는 이미지 안에 들어 있는 상징과 은유다. 다시 한 번 말하지만, 시적 분위기는 정확히 사춘기의 '정신적 원형성'에 주파수가 맞춰져 있다. (다음 논의로 나아가기 위해 더 이상의 설명은 생략한다.)

예술 분야 내부로 들어가 살펴보면, 미술이든 음악이든 건축이든 인테리어든 소설이든 사진이든 시적 분위기가 들어가면 장사는 잘될지 모르겠지만 완전히 C급으로 전락해버린다. 워낙 중요한 논의이므로 여기서도 두어 가지 정도는 예를 들어야 할 것 같다.

한국의 사진은 다큐멘터리의 전통이 강하다. 『미명의 새벽』은 전시기획자 진동선의 말처럼 한국 사진의 주춧돌이 되었던 다큐멘터리 사진작가 일곱 명의 작품을 모아놓은 사진집이다. 작가는 강운구 · 김기찬 · 육명심 · 주명덕 · 한정식 · 홍순태 · 황규태이며, 시대 배경은 개발독재가 한창이던 1960~70년대다.

그런데 중요한 것은, 시대에 맞선 작품은 하나도 없고 모두 관망하는 작품이라는 사실이다. 한마디로 이 다큐멘터리 사진들은 시대의 풍경화다. 시대를 질러들어가는 작가의 주관성이 보이지 않는다.

행복이 물질적인 원인에 따라 좌우될 때 자유는 달아나고,
노예화만 가속화될 뿐….

옛이야기에서처럼 호랑이 뱃속에 들어가 간이나 콩팥을 따 먹는 변형의 능력이 보이지 않는다. 그런 상징의 기호를 찾아볼 수 없다. 주관성이 없기 때문이다.

여기서 말하는 주관성은 모더니즘 미학의 미덕인 '내면화'에 대립되는 개념이다. 언뜻 보기에 내면화＝주관성, 외면화＝객관성으로 이해되지만 작업현장에서는 정반대다. 작가들이 한결같이 시니피앙(이미지의 표면)에서는 주관성을 배제하고 시니피에(이미지의 의미)는 내면화로 작업했기 때문에 이미지는 모두 풍경화가 되고 말았다. 결과적으로 독특성은 보이지 않고 화면 전체를 매너리즘이 지배한다.

내면화는 필연적으로 헤게모니에 지배된다. 이들에게 헤게모니는 넓게는 공기와 같은 시적인 분위기고, 좁게는 동아사진콘테스트를 비롯한 당시의 규범적 사진미학이다. 반면 작가의 주관성은 구체적으로 이 헤게모니와 싸우는 속에서 나온다.

시적인 분위기에서 진행된 내면화는 사진의 이미지를 '향수'로 가득 메우고 있다. 그러나 사실 향수야말로 다큐멘터리 사진의 적이다. "향수가 역사를 대체해 부드러운 회상으로 감정을 사로잡으면, 파괴자는 책임을 면제받고 그가 마치 구경꾼인 것처럼 되어버린다."[6]

---

6. 졸저, 『난곡 이야기』, 94쪽에서 인용. 조문영, 「'가난의 문화' 만들기」, 서울대 인류학과 석사학위 논문, 2001, 주 114에서 인용한 Rosaldo 2000, pp. 127~128 참조.

물론 『미명의 새벽』에 실린 작품이 전부 향수를 자극하는 것은 아니다. '심리'나 '고발'도 있다. 그렇지만 이것들도 위상이 다르지 않으며, 단지 경우만 다를 뿐이다. "예술성과 격 그리고 창작 의지의 차이는 있을 수 있으나 그 시대를 살아가는 지식인으로서 시대인식에는 커다란 차이가 없다고 본다. 전시의 초점은 바로 여기에 있다"는 전시기획자의 말에 공감하게 되는 대목이다.

영화가 소설에 비유된다면 사진은 시에 비유된다. 그러나 시에 대한 이해가 잘못된 현실에서 사진이 서사성을 찾는 문제는 용어부터가 낯설기만 하다.

국악에 대해서도 잠깐 언급하겠다. 창작곡 분야에서 가야금의 황병기와 신예 작가들이 많은 업적을 이루었는데, 이 또한 앞서 말한 다른 분야와 똑같은 문제에 봉착해 있다. 산조는 서사성이 가장 높은 수준에까지 도달한 양식이다. 시나위와 판소리에서 나왔으니 더 말할 나위가 없다. 산조정신의 계승은 창작자가 내면의 외면화를 어떻게 달성할 것인가 하는 문제의식에서 출발해야 마땅하다.

황병기의 초현실주의는 반대로 외적인 것을 내면화하는 작업이다. 국악의 내면화(시적 이미지) 작업은 다른 장르에 견주어 현대화·고급화·세계화로 규정될 위험 요소를 훨씬 많이 안고 있다.

앞의 글 「산조정신과 애니미즘 미학」에서 산조정신의 내면화가 현대화 또는 세계화로 비칠 위험에 대해서는 충분히 지적하였다. 현재 창작곡의 거개가 시적 이미지를 노래하고 있는 것은 무엇보다 산조의 광대성에 대한 몰이해에서 온 것으로 보인다. 기방과 잔칫집, 장터, 굿판에서 놀았던 광대(예능인)의 소리와 연주는 세계에서 가장 위대한 음악이다.

거칠고 탁한 소리가 실종되어가고 그 자리를 매끄럽고 맑은 목소리가 대체하는 오늘날의 현실은 '광대성에 대한 기피', 그리고 '서양 클래식처럼 고급음악의 대우를 받고 싶은 욕구'와 관련이 깊다. 이런 분위기에서는 '시적 이미지'가 현대적 계승이라는 미명 아래 산조정신을 왜곡—내면화—하는 주역인 게 당연하다.

지금 우리 국악계는 전통을 고수하자는 보수주의자의 입장과 현대화를 추구하자는 진보주의자의 입장(교육계를 비롯한 엘리트 그룹)으로 갈려 있다. 국악계의 가장 시급한 과제는 이 구도를 해체하고 새로운 이정표를 세우는 데 있다. 그러지 않으면 비생산적인 논의만 어지러울뿐더러, 산조정신을 훼손하는 방향으로 나아갈 것이 우려된다.

다른 장르의 예를 빌려와 부족하나마 내 견해를 보완해보겠다.

카프카는 옛이야기의 특성인 내면의 외면화를 통해 가장 현대적인 작품을 썼다. 얼핏 그의 작품은 외적인 것을 내적인 것으로 전환시킨 듯이 보인다. 그러나 카프카의 작품에서는 심리를 말로 표현한 것이 하나도 없다. 모두 행동으로 나타난다. 이것은 서사문학의 대표적인 특징이다.

그럼에도 그의 작품이 내면화로 읽히는 이유는, 옛이야기와 달리, 매트릭스처럼 개인들이 인식할 수 없는 공포스러운 세계가 카프카의 주인공들을 마음대로 행동하도록 허락하지 않기 때문이다(옛이야기에서는 마음껏 들락거린다). 그래서 개인들의 불안하고 절망적인 행동은 현대인의 심리로 읽히는 것이다. 내가 이정표로서 제안하는 '현대적인 내면의 외면화 작업'이란 바로 이와 같다.

이제 드디어 문제의 장본인 앞에 섰다. 바로 뫼비우스 띠인 '사춘기의 정신적 원형성'. 띠의 한쪽 면은 자아이고 한쪽 면은 세상이어서 최고의 발전형인 나선형으로 진보해간다 해도 영원히 에고이즘을 벗어날 수 없다. 띠 자체가 에고이즘, 곧 '사춘기의 정신적 원형성'이기 때문이다. 이것이 소비시대 미학의 기하학적 표상인데, 지금까지 우리는 그 구체적인 내용을 살펴보았다.

그러면 「찔레꽃 공주」 이야기로 이 글을 마무리 짓도록 하겠다.

옛날 어느 나라에 왕과 왕비가 살고 있었다. 둘 사이에는 자식이 없었는데, 개구리의 도움 덕분에 왕비는 예쁜 딸을 낳게 되었다. 왕은 잔치를 벌여 많은 사람을 초대했으며, 아이에게 특별한 사랑과 축복을 줄 수 있도록 요정들도 초청했다. 그러나 요정은 열세 명인데

금접시가 열두 개밖에 없어서 요정 한 명을 초대하지 못했다.

잔치는 아주 호화로웠다. 요정들은 아기에게 차례차례 기적의 선물을 주며 축복해주었다. 그런데 열한 번째 요정이 축복을 막 마쳤을 때, 열세 번째 요정이 불쑥 들어와 공주에게 저주를 퍼부었다.

"공주는 열다섯 살 때 물렛가락에 찔려 죽을 것이다."

그러고는 획 돌아서서 나가버렸다. 모두들 놀라 아무 말도 못하고 있는데, 열두 번째 요정이 앞으로 나와 그 저주를 누그러뜨려주었다.

"공주는 죽는 대신 백 년 동안 깊은 잠에 빠지게 될 것이다."

왕은 이 불행을 막고자 자신의 왕국에 있는 물렛가락을 모두 불태우라고 명령했다. 아무튼 요정들이 공주에게 빌어준 기적의 축복은 모두 이루어졌다. 공주는 아름답고 착하고 총명하고 상냥해서, 어느 누구도 공주를 사랑하지 않을 수 없었다.

그러나 공주가 열다섯 살이 되었을 때, 불행히도 열세 번째 요정의 저주가 이루어지고 말았다. 공주는 물렛가락에 찔렸으며, 곧 마법의 잠 속으로 빠져들었다. 그러자 왕도, 왕비도, 신하들도, 온 백성도, 심지어 아궁이 속에서 너울너울 춤추던 불꽃까지 조용해지더니 잠이 들었다.

성 둘레에는 가시나무가 빽빽하게 자라고, 그곳을 뚫고 성안으로 들어가려는 왕자들은 비참하게도 죽을 때까지 가시에 매달려 있게 되었다.

정확하게 백 년 뒤, 어느 용감한 왕자가 나타나 양치기 노인의 만류를 무릅쓰고 성으로 갔다. 그러자 놀라운 일이 벌어졌다. 성으로 가는 길은 가시덤불 대신 탐스럽고 아름다운 꽃들로 뒤덮여 있었다. 왕자가 다가가자 꽃들은 양쪽으로 갈라져 길을 비켜주었다가, 왕자가 지나가고 나면 다시 합쳐져 산울타리가 되었다.

성안으로 들어간 왕자는 탑에서 잠들어 있는 공주를 발견하고는, 어찌나 예쁘던지 공주에게 입을 맞췄다. 그러자 드디어 오랜 잠에서 공주가 깨어나고, 뒤이어 온 궁정이 함께 깨어났다. 왕자와 찔레꽃 공주는 성대한 결혼식을 치른 뒤, 아주 오래도록 행복하게 살았다.

옛이야기는 열려 있다. 텍스트는 얼마든지 여러 가지로 해석할 수 있다. 지금부터는 내 나름의 해석인데, 「찔레꽃 공주」에서 사춘기를 맞은 소녀의 성장통이 개인적인 사건을 넘어 어떻게 세상으로 확대되는지를 보여주고자 한다.

소녀는 열다섯 살에 사춘기를 맞아 자기 안으로 꽁꽁 숨는다. 마치 씨앗 한 알이 땅속에 깊이 숨되 땅을 뚫고 나올 때는 어른이 돼서 꽃도 피고 열매도 맺는 것처럼, 소녀도 그런 자연의 순리를 따르고 있다. 이것은 소녀가 의도한 것이 아니다. 요정의 저주, 곧 필연으로

인한 것이다.

소녀가 자기 안에 숨어 있는 동안 성안의 모든 것은 활동을 멈춘다. 성은 소녀의 자기 세계다. 소녀는 아직 바깥세상을 생각하지 못하는 나이다. 소녀가 잠들어 있는 동안 성안도 모두 잠들어버린다. 소녀한테는 자기 세계만이 우주인 것이다.

성안에 있는 어느 누구도 소녀를 잠에서 깨울 수 없다. 백 년 동안은 바깥세상 사람도 소녀를 깨울 수 없다. 저주가 풀릴 때까지는 외부의 구원자도 모두 가시덤불에 걸려 죽게 된다. 이 시기에는 오직 잠만 잘 수밖에 없으니, 인긴의 의지가 무용한 지점이라 하겠다. 운명을 거부하는 자라도 죽음을 거부할 수는 없는 것처럼, 열다섯 소녀의 잠(성장통) 또한 아무도 거부할 수 없다.

꿈은 소녀가 꾸지만, 잠에는 소녀의 의지가 털끝만큼도 미칠 수가 없다. 이 옛이야기에서는 소녀가 무슨 꿈을 꾸었는지에 대해 일언반구도 언급이 없다. 스토리 전개에 불필요하기 때문이다. 나도 소녀의 성장통을 '과정'으로서 언급하고 있는 지금, 소녀가 자기 안에 꼭꼭 숨어 무슨 생각을 했는지, 라디오 음악을 들으며 불면의 밤을 지새웠는지, 발가벗은 자아와 대면하고 있었는지 아무 관심이 없다.

중요한 건 소녀가 깨어났는가, 그리고 어떻게 되었는가 하는 것이다. 소녀는 때가 되어 성안의 사람이 아니라 성 밖의 왕자가 입을 맞추자 깨어났다. 소녀의 잠을 깨울 사람은 반드시 소녀의 자기 세계 밖에 있는 사람이어야 한다. 소녀가 자기 세계에만 둘러싸여 있으면 영원히 깨어날 수 없는 것이다.

성장통을 겪는 것은 운명이지만 깨어나기 위해서는 타자의 도움이 반드시 필요하다. 그가 꼽추건 난쟁이건, 소녀를 깨운 사람은 소녀에게는 특별한 타자他者다. 찔레꽃 공주 텍스트에서 왕자는 '특별한 타자'를 상징한다. 이 왕자는 소녀와 소녀의 세계, 즉 부모도, 친구도, 정원도, 아궁이의 불도, 벽에 붙은 파리까지도 모두 다시 깨어나게 했다.

무릇 사람은 깨어나는 순간 자기만 깨어나는 것이 아니다. 모든 것이 새로워지고 생동감 넘치며 아름다워진다. 마치 사랑을 시작할 때처럼. 그러나 소녀는 아직 사랑을 시작하기 전이므로, 이 텍스트는 사랑 이야기가 아니다. 소녀의 세계는 타자를 통하여 타자가 있던 성 밖의 세상으로까지 확대된다. 깨어난 소녀는 왕자와 결혼을 하고 비로소 어른이 되었다.

어른은 자기 세계 안에서 나와 세상 속에서 세상을 대하는 사람이다.

난관에 봉착하면 이 경험을 거울 삼아 의연히 겪어낸다. 여기에서 반드시 필요한 사람이 타자다. 이 타자는 자아의 바깥에 있는 사람이다. 그는 동료일 수도 있고 어린애일 수도 있고 이미 죽은 사람들일 수도 있고 태어나지 않은 후손일 수도 있으며, 거지나 부자나 정신병자일 수도 있고 새나 나무일 수도 있다.

현대는 자아 속에 잠든 나를 깨우는 타자가 없는 세계다. 성년식 같은 통과의례마저 없어져버린 나머지 자기 바깥으로 나오는 것은 꿈도 꾸지 못하며, 자꾸만 자기 안으로 기어들어가 결국 임종 때 이르러서는 완전한 에고 덩어리로 최후를 맞는다.

이 에고 덩어리를 어른이라고 부를 수는 없다. 현대는 어른이 되어보지도 못하고 숙는 불행한 시대다. 소비시대의 미학은 인간이 어른으로 살 수 없게끔 찔레꽃 공주의 교훈마저 왜곡한다. '찔레꽃 공주'는 '자아를 찾아가는 성장 이야기'라고, 자아 외에는 아무도 잠자는 공주를 깨울 수 없다고, 왕자도 결혼도 깨어난 자아가 선택하는 거라고 말이다.

자아가 그처럼 주체적이라면 광고에 대해서는 왜 그토록 무력할까? 똑같은 맥주에 여러 상표를 붙여놓고 실험할 경우, 현대인은 광고에 따라 맛을 다르게 느낀다. 마케팅학에서 가장 중시하는 소비자의 니즈needs라는 게 자아의 욕구다. 당신의 자아는 당신이 아니라 기업체가 죽기 살기로 연구하고 있다. 태어나서 죽을 때까지의 자아가 다 연구되어 있고, 게다가 당신의 자아를 새롭게 만들어가고 있다. 여기서 핵심기술은 '사춘기의 정신적 원형성'에 주파수를 맞춘 '시적 이미지로 포장된 이야기'다.

이제 그들이 준 자아를 가지고 당신은 반응만 하면 된다. 그렇기 때문에 당신은 소비시대를 자각할 수 없다. 현대인은 모든 것을 다 바쳐 자아로 들어갔건만, 자기도 모르는 새 자아를 잃어버린 것이다.

유언비어의 사회학

언론을 통제하고 억압하는 것은 군사독재정권이 아니라 '합리성의 메커니즘'이라고 하면 어안이 벙벙할 것이다. 그러나 내친 김에 더 이야기하면, 민주주의 이상으로 언론을 잘 통제할 수 있는 사상과 제도는 세상에 나타난 적이 없다. 무릎을 치는 독자도 있으리라 생각하는데, 아무튼 이 방면의 학자들은 이 진실의 문턱에 거의 다다른 것으로 보인다. 다만 이를 명시적으로 주장하기엔 민주주의라는 절대이념의 권위가 이들을 너무나도 압도하고 있을 뿐이다.

루마니아 작가 게오르기우의 『25시』에 나오는 '잠수함 토끼'처럼 숨 막혀 죽을 것 같은 자가 저 스스로 절대이념의 심연을 헤치고 나올 수밖에 없다. 독재정권의 가시적인 통제는 공포의 대상으로서 공적公敵으로 인식되지만, 통제가 내면화하면 모든 이에게 그것을 자발적으로 요구하기 때문에 더욱 무섭다.

그런 점에서 외부의 통제보다는 자기검열이라는 통제의 내면화가 자유로운 생각을 방해하는 주역이다. 강제는 항체를 길러주어 건강한 저항을 하게 하지만, 자기검열이 계속되면 자가면역에 걸리게 되고 마침내는 항체가 자신을 적으로 인식해 공격한다.

냉전체제가 무너진 뒤로 세계는 자가면역질환의 위기에 맞닥뜨렸다. 적이 없어진 자본주의가 자신을 공격해 자멸하는 것이다. 이를 막으려면 항체가 적을 인식할 수 있도록 일부러 적을 만들지 않으면 안 된다. 기생충에 감염되면 오히려 알레르기(자가면역질환)가 줄어들듯이, '북핵'(한국) 또는 '테러'(미국) 등의 기생충을 체제 내로 끌어들임으로써 자본주의(우리 논의에서는 '합리성의 메커니즘')는 피할 수 없는 자기붕괴의 위기를 지연시키고 있다.

말을 통제하는 것은 곧 생각을 통제하는 것이다. 보도나 거래·

계약·토론 등 언어생활의 공적인 부분은 '생각'이 아닌 '팩트', 곧 '사실'을 요구한다. 팩트는 증명체계에서 근거로 작용한다. 누가 대학등록금이 비싸다는 의견을 말할 때 '팩트'가 아닌 '생각'을 얘기하면 그것은 공적 효력을 상실한 채 사적인 견해로 떨어져버린다. 공적인 부분이 이성理性의 영역이라면, 사적인 부분은 이성의 성城 바깥에 있는 천민구역처럼 취급당한다.

팩트와 증명에 의지하는 것은 '현재'를 살지 않겠다는 결과를 초래한다. 가장 최근의 예로는 천안함 사태를 들 수 있다. 근거 있는 사실을 말해야 하므로 지금 낭장 자신의 생각을 얘기하지 않고 증명될 때까지 기다린다는 것은 생각을 통제당하고 있는 것과 마찬가지다. '합리성의 메커니즘'이 요구하는 증명작업은 언제나 뒷북을 치게 마련이다. 할리우드 영화를 보면 주인공의 활약으로 악당들이 다 죽고 상황이 끝난 뒤에야 사이렌 울리며 몰려오는 군경軍警처럼.

"여러분은 생각을 자유롭게 말하고 싶니까?"

공포가 느껴지는 정치적인 사안 등은 제외하고 물어보는 것이다. 잘 모르겠다면, 구체적으로 물어보겠다.

"미나리가 얼마나 몸에 좋아요?" 이렇게 물으면,

"향이 좋아 식욕을 돋우고, 매운탕 끓일 때 넣으면 숙취에 좋고, 아마 간에도 좋다는 것 같던데……."

이렇게 평소 생각한 것 또는 아는 것을 말하더라도, 상대가 조금만 전문적인 지식을 꺼내면 그만 주눅이 들어 더는 말을 잇지 못하는 게 현실이다. 아주 세세한 분야에까지 오만 가지 전문가가 있어서, 일반인의 말은 살아 있는 나무에서 떨어져 나뒹구는 초라한 낙엽 신세다. 자기 생각을 활기차게 표현하지 못한 말은 이미 죽은 말이다. 그래서 현대인의 말에는 생명이 없다.

인간에게 사물은 말을 매개로 해서만 인식된다. 예컨대 돌은 '돌이라는 말'을 떠나서는 동물 수준에서 인식될 수밖에 없다. 이처럼 인간은 말의 세계에서 살고 있는 것이다. 그런데 말은 의미이므로 자연히 인간은 의미의 세계에서 살 수밖에 없는데, 의미란 다름 아닌 가상이다.

가상에는 근거가 있을 수 없다. 따라서 '말의 세계'를 근거를 명확히 하는 증명체계로 움직이려 하는 것은 '기만'인데, 지금 이 역할을 담당하고 있는 것은 바로 지식이다. 교육을 받은 현대인은 모두 합리성에 입각해 사회활동을 하고 있어서, 합리적이지 않은 것은 스스로가 배척한다. 세상이 확고한 근거 위에서 움직인다고 착각하고 있는 우리는 그 착각이 일종의 신앙(믿음)에서 온 것인데도 '객관적 사실'로 믿고 있다. 말의 세계를 증명체계로 움직이려 하는 근대체계를 위해 우리는 자신과 타인을 불철주야 감시하며 통제한다.

말을 지배하면 인간을 지배하는 것이 된다. '펜이 칼보다 강하다'는 잘 알려진 경구가 미진하게 들릴 만큼 현대의 언론은 기능적인 측면 때문이 아니라 '합리성의 메커니즘'을 가동시키는 표제라는 점에서 그 영향력이 상상을 초월한다. 예컨대 '합리성의 메커니즘'이라는 책이 있다고 가정한다면 그 표제에 해당한다는 것으로, 입법·사법·행정에 이어 언론이 제4부의 권력이라든지 하는 문제와는 다른 차원이다.

사전적으로 '언론'에는 '개인의 생각을 표현하는 말이나 글' 또는 '언론기관을 통한 활동', 이렇게 두 가지 뜻이 있다. 전자와 관련해서는, 사회의 개인들 스스로가 자신들의 말을 언론으로 생각하지 않는다. 후자만이 언론 행세를 하는 사이, 전자는 사회의 사각지대에서 유랑자처럼 떠돈다. 말이 힘을 잃은 시대는 육체도 영혼도 없고 그림자만 있는 시대다.

현대인은 자기 생각을 말하는 능력이 거의 폐인 수준에 가깝다. 팩트를 말하도록 길들여진 데다가, 팩트를 말하느냐 아니면 그러지 못하고 자기 생각을 떠드느냐가 사회적인 우열을 가르는 기준이 되어 있기 때문이다. 하층민은 중·상층보다, 촌사람들은 도시인보다, 일반인은 전문가보다, 아이는 어른보다 '팩트로 말하는 능력'이 훨씬 떨어지는 게 현실이다.

의미란 다름 아닌 가상이다.

팩트를 말하는 목소리는 재미없고 무미건조하다. 풍부한 육질이 느껴지지 않아 씹는 맛이 제로다. 교육받은 사람일수록 말을 할 때도 논문투를 연상시키는 문어체를 사용하는 까닭에 마치 표준화한 공산품처럼 느껴진다. 말의 다양성은 사라지고 모두들 비슷비슷한 말을 하고 있다. 녹음기에서 흘러나오는 제품 매뉴얼을 읽는 기계음 같은 말과 별로 다를 바 없다.

한동안 어느 케이블 TV의 「롤러코스터」라는 프로그램에 나온 내레이터의 목소리와 말투가 유행했다. 어느덧 현대인들은 감정이 배제된 소리를 더 편하게 받아들이고, 사람이 아니라 기계와 말하는 것을 더 좋아하는 상태를 반영한 것이라 하겠는데, 합리성의 메커니즘을 추종한 나머지 생물성을 상실하게 된 것이다.

날이 갈수록 말끝에 "~인 것 같다" "~해 보인다" "~일지도 모른다" 같은 말을 많이 쓰는 것도 합리성의 메커니즘에 길들여진 결과다. 자신의 생각을 팩트화하려면 '증명을 기다리는 어투'(~일지 모른다)가 객관적으로 보여 자기도 모르게 쓰게 되는 반면, '단정하는 말'(~이다)은 독단적인 성격 또는 일반화의 오류를 범하는 비합리적인 인격으로 낙인찍히기 쉬우므로 피하게 된다. 덕분에 세상은 구더기 무서워 장 못 담그는 인간들로 넘쳐나고 있다.

각 개인의 육체가 내뿜는 생명의 에너지는 합리적인 어법으로는 전혀 만족할 수 없고 되레 억압될 뿐이다. 그것은 사물과 자유자재로 소통·변신하고, 시공을 넘나들며, 기적을 일으키는 마법과 합리적인 어법 바깥에 있는 웃음과 익살과 풍자와 열변과 쾌변, 그로테스크한 과장 같은 야생의 표현 속에서만 만족할 수 있다. 현대인은 육체가 내뿜고 싶어 하는 '에너지로 충만한 말'을 이성이 통제하는 기형적인 상태에서 살고 있다.

억제된 에너지가 '합리성의 메커니즘'을 강화하는 쪽으로 왜곡되면서, 현대인의 언어생활은 그 '형태'와 '아름다움'이 가꾸는 자의 손에 달려 있는 분재盆栽가 되었다. 여기서 가꾸는 자는 과연 누구일까? 합리성의 메커니즘을 운영하는 자다. 분재의 이상형은 분재가의 손에 의해서 창조되는, 자연성에 조금도 기대지 않은 완벽한 '합리성의 메커니즘'(원리) 위에 핀 황금꽃이다. 언론자유는 '합리성의 메커니즘'을 강화하느냐 저해하느냐의 구도 속에 놓이게 되고, 그 결과 언론의 자유를 추구할수록 언론의 자유를 잃게 되는 아이러니에 빠지고 만다.

무슨 말인지 궁금할 터인데, 이 아이러니에 대해 수학의 예를 빌려 살펴보도록 하자. 수학에 '리샤르 패러독스'라는 것이 있다. 간단히 말하면 "n이 리샤르적的이지 않을 경우, 오로지 그럴 경우에만 n은 리샤르적이다. 따라서 'n이 리샤르적이다'라는 명제는 참인 동시에 거짓이다"[1]라는 내용이다. 이것은 수학이 합리성의 메커니즘 안에서 자신을 완전하게 정초하려 할 때 필연적으로 발생하는 이율배반이다.

좀 더 자세히 살펴보면, 러셀에 이어 힐베르트는 수학에서 '무모순의 절대적 증명'을 시도하려 했다. 그러나 이 '이율배반'을 교묘하게 피해가서 마치 이를 해결한 것처럼 보이게 할 뿐이었다. <u>자연수의 도움을 받지 않고는, 즉 n이 리샤르적이거나 않거나 하는 것이 논리적인 형식에 의해서가 아니라 실제 상황에 의해서 먼저 정의되지 않으면 안 되는 것이었다.</u> 당시 무명이었던 청년 수학자 괴델이 나타나 기라성 같은 수학자들의 망상을 뒤집고 아주 간단한 '이 사실'(위의 밑줄 친 부분)을 수학식으로 정리한 것이 저 유명한 '괴델의 증명'[2]인데, 그 증명조차도 모순을 안고 있는 추론규칙을 사용해야 했다. 이것이 1세기 전에 수학에서 일어난 대사건이다.

'자연수의 도움을 받지 않는, 추상으로만 구성되는 완벽한 수학의 형식체계' = '무모순의 절대적 증명'이라는 것은 자연을 완벽하게

---

1. 어니스트 네이글, 제임스 뉴머, 『괴델의 증명』, 강주헌 옮김, 경문사, 2003, 81쪽.
2. '괴델의 불완전성정리'. 제1정리 "어떤. 산술공리계도 증명도 되지 않고 반증도 되지 않는 명제를 가지고 있다." 제2정리 "어떤 산술공리계가 모순이 없음을 증명할 수 있는 필요충분조건은 그 산술공리계가 모순이 있다는 것이다." http://blog.naver.com/hjszero2/50078496536 참고.

이성으로 지배하고자 하는 합리주의자들의 망상이다. 여기서 자연 대신 사람을 대입하면 시대의 진실이 적나라하게 드러난다. 수학자 들이 무모순성을 증명하려던 당시는 19세기 말~20세기 초 제국주의가 극성을 부리던 시기로, 그들은 '절대이성이 지배하는 하나의 세계정부'를 위해 이성의 기초인 수학에서 그 근거가 발견되리라고 믿었다. 이를 토대로 파시즘의 학문인 인종학·우생학·사회진화론 등이 융성했던 것이다.

앞서 말한 '언론자유의 이상형'이 '절대적 증명'과 동일한 욕망임은 두말할 나위가 없다. 후자와 마찬가지로 전자('합리성의 메커니즘' 위에 핀 황금꽃으로서의 언론)도 세상, 즉 말의 세계를 가상이 아닌 실체로 대한다. 그러나 후자('절대적 증명에 의한 무모순의 체계')가 세상을 실체적 토대 위에 완벽하게 구축하려 했지만 실패한 것은 괴델의 증명 외에도 철학의 비트겐슈타인, 건축학의 크리스토퍼 알렉산더 등 여러 분야에서 다각적으로 행해져 이미 잘 알려져 있다. 그 뒤 구조주의는 타격을 받았으며, 해체론이 탄력을 얻게 되었다. 해체론(포스트모더니즘)은 세상, 즉 말의 세계를 가상으로서 대한다. 그러나 우리의 주제인 언론의 합리적 메커니즘은 아직까지 세상을 실체로 대하면서도 비판받지 않은 상태로 건재를 과시하고 있다.

거듭 말하지만 인간이 말로 산다는 것은 의미로 산다는 것이다.

그런데 언론의 자유를 위해 '합리성의 메커니즘'을 완전하게 만들려 할수록 (수학의 절대증명에서 본 것처럼) 형식화에 올인하게 됨으로써 필연적으로 의미의 배제를 초래한다. '합리성의 메커니즘'은 본질 추구의 결과물인데, 그 본질 추구가 의미의 배제라는 이율배반을 낳은 것이다. 이것이 앞서 살펴보겠다고 한 아이러니(언론의 자유를 추구할수록 언론의 자유를 잃게 되는 아이러니)의 실체다.

그래서 '말의 자연성'을 '합리성의 메커니즘'으로 방해하거나 억압해서는 안 되는 것이다. 물 흐르는 대로 내버려두어야 한다. 4대강 사업 같은 것은 '말의 세계'에서도 하면 안 된다. 말의 다채로움은 사람이 생명력을 향유하고 있다는 징표다. 자기 생각을 '팩트나 증명', 곧 '합리성의 메커니즘'에 구애받지 않고 마음껏 자신 있게 말할 수 있어야 막혀서 썩지 않고 잘 흘러간다. 앞서 말한 구도, 즉 언론의 자유를 '합리성의 메커니즘'을 강화하느냐 저해하느냐로 나누는 구도를 해체할 때에만 말의 다채로움이 실현될 새로운 길이 열린다.

독재정권의 언론탄압은 이 구도를 강화하는 좋은 구실이 되어주었다. 옛날과는 견줄 수 없을 정도로 언론의 자유가 보장되고 말 못 해 죽은 귀신이 없을 만큼 인터넷을 통한 소통이 발달했음에도 불구하고, 생각은 논리에 갇혀 과거보다 여러 측면에서 자유롭지 못하고 말의 다채로움 또한 사라졌다. 당연히 자신감도 죽었는데, 이것이야 말로 가장 큰 비극이 아닐 수 없다.

내 생각에, 논리적으로 하는 말은 대체로 자기의 말이 아니다. 지식에 종속된 '죽은 시인의 사회(말)'라고 할 수 있다. 사상가 존 로크는 언어의 가장 엄격한 사용을 추구했지만, 역설적으로 그의 저작은 '자연언어'로 읽을 때에야 비로소 제대로 이해할 수 있다고 한다.[3]

지금 우리 사회에서는 '합리성의 메커니즘'을 기준으로 하는 이 구도를 떠맡고 있는 제도언론의 기자들부터가 이른바 민주화 시대로 접어들면서 가시적인 언론통제가 사라지자 자신들이 스스로 언론을 통제하고 있다. 기득권층을 자발적으로 옹호하는 현상이 나타난 것이다. 정치적으로 강력한 진보적 입장을 취하고 있다 해도(이마저도 결정적인 한계를 드러내고 있지만), 자본에 허약하며 이익단체나 기득권층의 입김에서 자유롭지 못하다. 정치가 경제의 손아귀에 잡힌 상황에서 내적으로는 보수화해가고 있는 것이다. 그 예로는 최근 김용철 변호사가 쓴 책 『삼성을 생각한다』에 대한 광고 거부라든가, 한의사 업계의 반발을 의식해 구당 김남수 선생의 책을 보도하기 꺼리는 풍

---

3. "로크는 밖으로 드러난 진술(객관적 진술—필자)에 의해서가 아니라 텍스트의 수사적인 몸짓에 의해서 읽혀져야 한다. 그 몸짓은 의도나 확인 가능한 사실로 단순하게 환원될 수 있는 성질의 것이 아니다." 가라타니 고진, 『은유로서의 건축』, 김재희 옮김, 한나래, 1998, 112쪽에서 재인용.

토 따위를 들 수 있다.

조·중·동의 경우는 1970년대의 동아투위나 조선투위 같은 저항이 다시는 일어날 수 없게 됐는데, 회사 쪽의 장악력이 커졌다기 보다는 기자들 스스로 기득권층이 되면서 합리성을 실현한다는 사명감이 더 크게 작용한 결과다. 합리성은 보수에게나 진보에게나 공통분모이기 때문에, 이쪽이든 저쪽이든 자신들의 이데올로기에 따라 자유언론을 실천하고 있다는 생각으로 무장하게 한다. 독재시절의 죄의식 같은 것은 없다. 누가 누구를 비난하는 것은 그쪽 입장일 뿐이다. 이것이 새는 좌우의 날개로 난다는 이른바 '합리적인' 근대언론관이다.

좌우 날갯짓으로 나는 새의 비상은 '합리성의 메커니즘'을 실현하는 것인 동시에 운영자의 목적에 부합하는 것이다. 재주는 '좌우의 날개'가 부리고 돈은 되놈이 먹는 이 체계를 이상으로 삼는 것이 근대언론이며, 여기에서 그 모델은 이른바 선진국의 언론이다. 그런데 한국은 비정상적인 좌우 구분과 독재의 유산 따위 때문에 아직은 좌우를 균형 있게 받아들일 처지가 아니다.

근대언론의 모델은 궁극적으로 '합리성의 메커니즘'을 강화하기 위한 것이다. 언론의 자유가 확고해질수록 근대언론의 모델은 견고해진다. 장기를 둘 때처럼 파란 말, 붉은 말 이외의 어떤 말도 개입을 불허한다. 게임의 룰에 어긋나기 때문이다.

장기놀이는 오직 장기 말을 가진 언론만이 노는 놀이다. 이 룰에 따라 소시민들은 장기 말을 가질 수 없으므로 구경꾼이며, 훈수꾼이며, 청팀이거나 홍팀이며, 팬이며, 아니면 기껏해야 불평분자다. 몇 달 전 치러진 2010년 6·2 지방선거에서 언론이 여론조사를 내세워 살아 있는 민심을 정확히 읽지 못한 것은 말〔言語〕의 실제 주인들을 말〔言語〕의 장기판에서 제외시켰기 때문이다.

언론의 장기놀이는 이미 소시민들의 놀이가 아니게 되었다. 이 모델이 완전하면 할수록 (사전적인 의미의 첫 번째에 해당하는) 소시민들의 언론은 완전히 무시당할 뿐 아니라 유언비어조차 발붙일 곳이 없다. 유언비어가 존재하려면 그도 장기 말을 가지고 있어야 한다. 독재정권 때는 관보官報 대對 유언비어가 각각 흰 말과 검은 말을 가진 의사擬似장기놀이의 상대였다.

드디어 유언비어 이야기를 할 차례가 되었다. 유언비어에 관한 글을 쓰려고 생각하자, 20대에 읽으려 했던 책 한 권이 떠올랐다. 책 제목은 이 글의 제목과 같은 『유언비어의 사회학』(원서 출간 1946년, 번역 출간 1977년)이며 저자는 시미즈 기타로清水幾太郎, 옮긴이는 이효성이다. 이 책에 나오는 몇 가지 내용을 간략히 검토하면서 내 이야기를 계속해가겠다.

먼저 이 책에서는 '보도'와 '유언비어'를 사실과 일치하느냐의 여부로는 구별할 수 없다고 보았다. 그 둘을 지식으로 구별하는 것은 불가능하고 오직 신앙으로만 가능하다고 했는데, 그 이유는 '내용'이 아니라 '형식'에 대한 사람들의 신뢰 때문이라는 것이다. 여기서 '내용'은 다 아는 바처럼 사실(팩트)이다. '형식'은 구체적으로 다음과 같이 나뉘는데, 보도는 정보의 출처가 분명하며 기자가 사실을 취재해 문자로써 객관화한 형식인 반면, 유언비어는 소문의 출처가 분명하지 않고 다중에 의해서 사실이 구두로 불안정하게 전달되는 형식이다. 사람들은 보도의 형식을 믿기 때문에 신뢰하는 것이지, 내용에 대한 지식 때문에 신뢰하는 것이 아니다. 그래서 신앙이라는 것이다.

다음으로, 보도가 사회라는 환경에서 벌어진 일을 전달할 때는 사실 자체가 아니라 이미지를 전달한다는 것이다. 저자는 '환경-이미지-인간'이라는 관계를 설정하여, 인간이 환경에 직접 관계하지 않고 이미지를 통해 관계하는 것으로 보았다. 보도도 직접적인 사실이 아닌 이미지로 전달하고, 이미지를 만드는 역할을 한다. 유언비어는 이 이미지가 신뢰를 잃었을 때 당국이 통제하면서 생겨난다.

마지막으로, 인간과 환경 사이에 성립하는 지식은 스스로 이미지를 만들어내는 반면, 인간과 이미지 사이에 성립하는 신앙은 정지

된 이미지를 토대로 질서를 유지한다는 것.

나도 언론이 사실의 세계가 아닌 이미지의 세계를 대상으로 한다고 주장하지만, 『유언비어의 사회학』의 저자 시미즈 기타로와는 결정적인 차이가 있다. 그것은 이미지에 대한 인식에서 비롯된다.

시미즈 기타로는 이미지가 실제의 모상 같은 것으로 원상인 실제가 존재한다는 입장을 취하고 있다. (그는 플라톤의 이데아와 모상의 관계를 염두에 두고 있음이 틀림없다.) 그러나 그가 보기에 지식에 의해 실제에 다다르는 경우는 극히 드물기 때문에, 이미지에 의존하는 언론의 진실은 사실상 실제와는 거의 관련을 맺지 않는다. 그럼에도 지식이 이미지를 생산하는 만큼 언론에서 지식이 차지하는 비중은 언론을 조종할 수 있을 정도로 막대하다.

이에 반해 나의 이미지론은 '실제' 자체가 '가상'이고 '이미지'라는 것이다. 나는 사회환경은 실제인 자연환경과 달리 인간의 '말'이 만들어낸 가상의 세계라고 주장한다. 이 차이는 외형상 시미즈 기타로와 비슷할지라도 극단적으로 상반된 결과를 불러온다.

그러면 내 견해를 좀 더 구체적으로 말해보겠다.

'실제'로 인식되는 가상은 본질을 추구하는 지식이 도달하는 곳이 아니라 실제 말들의 쓰임이 모여 교환되는 시끌벅적한 장터다. 언론은 가상의 세계 그 자체다. 통제나 조정이 필요 없다. 말과 말이 서로 부딪치며 이 물결 저 물결이 엎치락뒤치락 뒤섞이면서 아름다운 조화를 이룬다. 합리적 언론관이 우려하는 것 같은 혼란과 파괴·퇴보·멸망은 있을 수 없다. 오히려 그것은 '계획도시'처럼 합리성의 메커니즘에 따라 조종되는 언론에서 일어난다. 가상의 언론은 '계획도시'의 대척점에 서 있는 '자연마을'에 해당한다. '자연마을'의 가장 큰 특징은 아름답고, 일반적인 고정관념과 달리 '계획도시'보다 몇만 배나 많은 교차점을 가지고 있어 그만큼 더 소통이 잘 이루어지며, 훨씬 '편리하다'는 점이다.[4]

　가상의 언론은 '모는 섯을 재단하는 절대기준'을 가지고 있지 않다. 따라서 다양성이 넘쳐나며 자유롭다. '팩트'나 '증명'은 개인 언론의 장터 속에서 살기 때문에, '팩트'나 '증명'이 낮이라면 개인 언론은 밤이라 할 수 있다. 이들은 촛불처럼 공존하지 않을 수 없다. 반면 합리적 언론관은 전깃불처럼 어둠을 완전히 일소하려 달려든다 (이 책 1부 「산조정신과 애니미즘 미학」 참고).

　그러므로 가상의 언론에서는 '팩트'나 '증명'이 다양성의 바다에 떠 있는 부표처럼 '상대적 기준'을 형성하게 된다. 원론적으로 말하면, 가상에는 근거가 있을 수 없으므로 '팩트'나 '증명' 자체가 존

---

4. Christopher Alexander, "A City Is Not a Tree," *Architectural Forum*, 122, no. 1 참고.

재할 수 없다. 다만 언론의 다양한 쓰임을 원활하게 하기 위해 축제 때의 가장행렬처럼 맡은 역할을 놀 뿐이다. 축제가 혼란-죽음-재생을 재연하듯이, '팩트'와 '증명'도 철저히 죽음을 맞아 우주가 재탄생하는 기쁨 속에서 끊임없이 새롭게 태어나야 한다.

현대적인 의미에서 '가상의 언론'이 출현하기는 요원하지만, 근대의 합리적 언론이 등장하기 전만 해도 '가상의 언론'이 세상을 움직였다. '가상의 언론' 중에서 가장 강력한 것이 유언비어다. 태평천국의 난, 프랑스혁명 등 세계역사에서 수없이 드러나듯 유언비어는 세상을 뒤바꾸는 힘을 가지고 있다.

일제 강점기와 독재시절에 가장 무서운 진실의 힘을 발휘한 것 또한 유언비어였다. '유언비어流言飛語'는 '말이 흘러다니고 말이 날아다닌다'는 뜻인데, 말의 속성을 이보다 더 잘 표현할 수는 없다고 생각한다. 이 어의語義는 말의 자유로운 흐름을 막을 경우를 전제한다. 언론의 자유를 억압하면 말은 어디로든 흘러가고 날아가게 되어 있다. 유언비어가 있기 때문에 말을 가두어둘 수 없는 것이다.

그런데 말을 막는다는 생각을 아예 지워버리고서 말을 통제하는 것이 현대의 합리적 언론 시스템이다. 첫머리에서 이야기한 바와 같이, 현대인은 자기검열이라는 통제의 내면화를 통해 말은 고사하고 생각마저도 자유롭게 하지 못한다. 이런 상황에서는 유언비어도 나올 수 없고, 유언비어가 나온다 해도 맥을 못 춘다.

'합리성의 메커니즘'은 현실적으로 보면 유언비어를 없애는 것으로 완성된다. 따라서 유언비어를 소생시켜야 '합리성의 메커니즘'과의 대결구도를 마련할 수 있다. 유언비어는 반드시 '지금' 그리고 '바로 여기서' 자신을 억압하는 것에 대해 발언한다. 유언비어의 특징은 현재성이다. 미래로 이월시키면 유언비어는 힘을 잃고 만다. '합리성의 메커니즘'이 증명체계를 동원하여 사태에 관한 발언을 자꾸만 미래로 이월시키는 것과는 정반대다.

내가 유언비어를 중시하는 섯은 바로 이 현재성 때문이다. 이 글의 주제도 말이 현재성을 상실한 오늘날의 언론 현실에 대한 비판이다. 말의 현재성은 숙명적으로 권력과 부딪칠 수밖에 없고, 그 때문에 살아 있는 소시민(민중)의 언론으로서 유언비어를 열린 자세로 대할 필요가 있는 것이다.

예를 들어 신화·전설·옛이야기·시·소설 따위를 가상이 아닌 실제라고 주장하면, 그래서 사람들이 믿기 시작하면, 통치권력은 이를 유언비어라고 엄단한다. 이처럼 현재의 세상에 관여해야만 유언비어가 되는 것이다. 관여는 세상의 권력과 충돌하는 것을 말한다. 인류사에서 가장 뚜렷한 예가 있으니, 예수가 십자가에서 처형당한 이유는 유언비어를 유포한 죄 때문이었다.

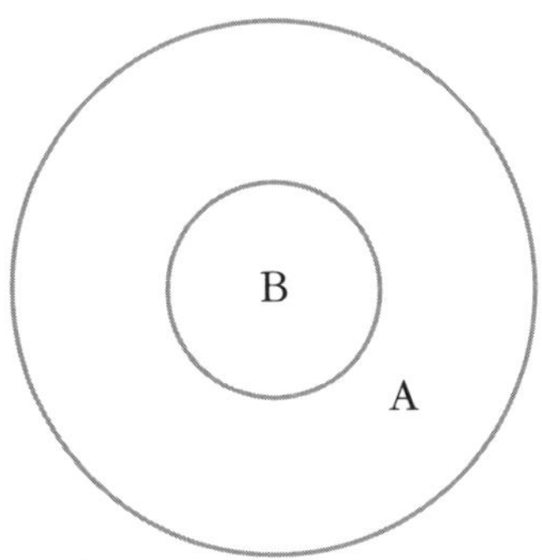

유언비어는 '세상 바깥의 말'(A) 속에 있는 '세상과 충돌하는 말'(B)이다. 그러니까 A의 부분집합인 것이다. A를 헛소리라고 한다면, 유언비어(B)는 헛소리 중에서도 세상을 뒤집는 전복의 축제자다.

"내 복에 무슨 난리야"라는 말이 있다. 난리가 복이라는 것이다. 8·15해방이라든가 4·19혁명, 5·18광주민주화운동, 6월항쟁 등을 기념하면서 축제를 벌이는 것은 난리가 축제임을, 유언비어가 축제임을 보여주는 대표적인 사례다.

그러면 먼저 헛소리(A)에 대해 이야기해보자. 여러 학문 중에서도 헛소리(A)를 가장 배제하는 '역사'와 '과학'에서 헛소리(A)가 얼마나 위대한 것이었는지를 간략히 소개하겠다.

　　사마천은 우리도 잘 알고 있는 『사기史記』를 집필하면서 권두를 오제五帝에서 시작한다. 사마천이 살던 기원전 2세기에도 지식인들은 삼황오제가 황당무계한 전설이라며 언급하기를 꺼렸다. 문장이 우아하지 않고 이치에 맞지 않는다 하여 배척한 것인데, 사마천은 그것을 보고 견문이 좁고 생각이 깊지 못한 소치라고 비판했다.

　　20세기 초 과학적 사고로 무장한 학자들[5]도 『사기』를 포함한 고문헌의 신빙성에 근본적인 의문을 제기했다. 그들도 사마천 당시의 지식인들과 마찬가지로 '오제'가 가공의 역사라고 배제한 것이다. 그런데 은나라 땅에서 발견된 갑골문자를 조사한 결과, 『사기』에 기록된 왕들의 계보가 사실이었던 것으로 드러났다. 얼마나 놀라운 일인가!

　　이 시기 중국 최고 지식인들의 실증정신과 합리적 태도는 자기 나라의 정신적 원천인 고대(하·은·주)를 실종시킬 만큼 지식계에서 폭군 이상이었다. 당시 실크로드를 통한 '문화전파론'에 경도된 중국 학자들은 청동기 기술, 한자, 천문역법, 심지어 정치제도까지, 은나라 땅에서 출토된 유물들의 기원을 모조리 서아시아에서 찾았다.[6]

---

5. 청대 고증학의 전통과 서구 근대사학의 문헌고증학적 방법을 계승·수용한 학자들. 이들은 '고사변古史辯'을 중심으로 활약하였다. 『강좌 중국사Ⅰ』, 서울대학교동양과학연구회 편, 지식산업사, 2006 가운데 이성규, 「중국문명의 기원과 형성」, 25쪽.
6. 위의 논문 「중국문명의 기원과 형성」, 27쪽. 실크로드상의 문화전파론에 관한 포괄적인 이해는 졸저, 『실크로드, 길 위의 역사와 사람들』, 사계절출판사, 2009 참고.

지금 시각에서 보면 정말 어처구니없는 일이 학문의 이름으로 버젓이 자행된 것이다.

사마천이 사료를 대하는 태도는 시공을 초월하여 가장 훌륭한 모범으로 꼽힌다. 헛소리 속에 진실이 있음을 간파한 사마천의 능력은 궁형이라는 처절한 개인적 고통이 있었기에 가능했을 터인데, 이것은 이 글의 주제를 벗어나므로 언급하지 않겠다. '헛소리 속에 진실'이 있다는 것은 내가 공부한 '실크로드 탐험사' 자체가 웅변으로 말하고 있다. 전문 학자이자 탐험가들은 실크로드의 유적과 유물 대부분을 그 지역에서 나도는 도굴꾼들의 '소문'에 의존해 발굴한 것이다.[7]

과학 분야도 마찬가지다. 일반인들이 아는 것과 달리 서양의 근대과학은 마술사상의 지대한 영향을 받았다. 흔히들 르네상스를 맞아 아리스토텔레스 철학 등이 소개되면서 이성 중심의 사고가 자리 잡아 근대과학이 탄생했다고 하지만, 이성 중심의 사고가 마술·점성술·연금술 등 이른바 황당무계한 헛소리(A)와 주거니 받거니 하는 관계가 아니었다면 근대과학은 태어날 수 없었다.[8]

근대물리학을 대표하는 케플러나 뉴턴을 봐도 그렇다. 케플러

---

7. 졸저, 『실크로드, 길 위의 역사와 사람들』, 제14장 「실크로드 탐험이야기」 참고.
8. "근대과학의 형성과정에서 과학은 마술로부터 자극을 받았고, 특히 힘 개념을 형성하는 데 중추적인 개념인 원격력의 개념은 마술과 점성술로부터 이어받았다." 야마모토 요시타카, 『과학의 탄생』, 이영기 옮김, 동아시아, 2005, 870쪽.

는 점성술사였고 뉴턴은 연금술사였다. 이러한 사실은 합리성을 생명으로 하는 과학마저도 '합리성의 메커니즘' 바깥에서 그것과 대립하는 헛소리(A)의 열린 사고와 지식 없이는 가능하지 않다는 것을 반증한다.

헛소리(A)는 '근거' 없음을 본령으로 한다. 그러나 바로 이 '근거' 없음 때문에 생명력을 보장받는다. 신화·전설·옛이야기·시·소설·음악·미술 등 모든 예술이 '근거'를 명확히 두는 순간, 그 생명력은 사라지고 만다. 혹자는 예술의 고유한 특성을 사회 전체로 일반화해서는 안 된다고 할지 모른다. 그러나 내 생각은 다르다. 앞서 설명한 '가상의 언론'을 상기하기 바란다.

헛소리(A)의 토양을 기름지게 하려면 일상에서 쓰는 민간의 말을 활성화하는 일이 시급하다. 도스토옙스키의 주인공들처럼 내 말은 그게 아니라면서 끝없이 떠들어대는 것을 비롯해 '노가리' '구라' '횡설수설' '야부리' '수다' '말놀이' '허풍' '황당무계' '잡담' '우스개' 따위로 말의 아수라장을 만들어야 한다는 것이다. 이렇게 하여 말의 축제가 벌어지면, 현대인의 창백한 얼굴에 연분홍치마 휘날리는 봄날 같은 혈색이 돌 것이다.

다음으로 유언비어(B)에 대해 이야기하겠다.

'헛소리'에 대비되는 것은 '바른 소리'〔正論〕다. 바른 소리는

‘합리성의 메커니즘’을 대표하는 언론이다. ‘허튼가락 대 정악正樂’의 대비를 빌린 것이다(이 책 1부 「산조정신과 애니미즘 미학」 참고). ‘바른 소리’가 세상을 지배하는 말이라면, ‘헛소리’는 세상 바깥의 버림받은 말이다.

헛소리가 세상 안으로 들어와 대접받으면 문학이 되고 예술이 된다. 나아가 기적이 일어나 경전이 될 경우에는 오히려 ‘바른 소리’의 절대기준으로 등극해 황금률이 되기도 한다. 예수의 말은 당시에는 유언비어라 하여 처단받았지만, 세상 안으로 화려하게 입성한 뒤에는 ‘세상의 황금률’이 되었다. 그러자 예수의 말은 헛소리로서의 생명을 거두게 되었으며, 마침내 그것은 예수를 영원히 죽게 하고 말았다.

‘합리성의 메커니즘’이 지배하는 오늘날, 유언비어 없는 세상은 죽은 세상이나 마찬가지다. 『유언비어의 사회학』의 저자 시미즈 기타로는 유언비어 없는 세상을 유토피아로 그렸다. 「유토피아야말로 지옥이다」(이 책 2부)라는 글을 쓴 내가 볼 때, 그가 그런 결론을 내린 것은 아주 당연한 귀결이다. ‘바른 소리’는 유토피아를 지향하여 미래에 살지만, 유언비어는 전적으로 ‘지금’ 그리고 ‘여기’에 살기 때문에 세상과 대결할 수밖에 없다.

현실을 한번 보자. 어떤 큰 사건이 터졌을 때 정부는 맨 먼저 과학적인 조사를 들고 나온다. 미국산 수입 쇠고기 파동 때, 서해안 삼성유조선 사건('바른 소리'인 '보도'는 '태안 기름유출사건'이라고 표현한다) 때, 삼성 용산뉴타운 사건(보도는 '용산사건') 때, 노무현 죽음 의혹 사건(보도는 '노무현 서거 사건') 때마다 정부와 언론과 오피니언 리더들은 좌건 우건 할 것 없이 공정하고 과학적인 조사를 강조했으며, 그 뒤를 이어 방송과 신문에서 활발한 토론이 진행되었다.

이렇게 당국이 사건의 원인을 찾는답시고 과학적인 절차를 밟는 동안, 시민들은 아무 대책 없이 기다려야만 한다. 시민들이 기다리는 이유는 근거 때문인데, 과학적인 조사가 이루어지는 동안 시민들은 구경꾼의 처지로 떨어진다. 시간이 지니면서 분노는 점점 사그라져 버린다. 이를 막는 것은 불가항력이다.

매스컴에서는 매일 전문적인 내용이 쉬운 말로 설명되고, 도표가 만들어지고, 알기 쉬운 그림이 그려지고, 이렇게 해서 예비과학도가 된 시민들 앞에 모든 문제점이 일목요연하게 정리된다. 어느덧 시민들의 목소리는 추측에 불과해진 대신, 전문가의 발언만이 공식적인 견해가 된다. 전문가들의 견해는 대체로 정당의 수만큼이나 갈린다. 시민들은 전문가들의 견해를 근거로 자기 생각을 말한다. 이때쯤이면 공식적인 견해와는 다른 목소리는 근거 없는 것으로 취급받아, 인터넷 등의 사적인 공간을 잠시 떠돌다가 사라진다.

현대의 합리적 언론 시스템이 지배하는 사회에서는 과학적 조사에 참여한 전문가의 양심선언이 없는 한 진실은 사장死藏되고 만다. 지난 1987년의 박종철 고문치사사건은 양심선언 덕분에 그 진실이 세상에 알려진 아주 특별한 경우다. 모든 사건에서 양심선언을 기대한다는 것은 낙타가 바늘구멍으로 들어가기를 바라는 것보다 더 어렵다. 따라서 진실을 밝히는 문제는 요원해진다.

거듭 말하거니와, 사건의 현재성보다 더 중요한 것은 없다. 불이 나면 당장 불을 꺼야지, 원인을 밝히고 나서야 불을 끌 수는 없다. 이 현재성을 사멸시키는 것이 바로 '합리성의 메커니즘'인 반면, 현재성을 생명으로 하는 것이 '유언비어'다. 유언비어는 즉각적으로 진실을 밝힐 것을 요구한다. 시간이 오래 지나면 진실이 힘을 잃어서 결국 진실이 되지 못한다는 것을 아는 유일한 현자賢者는 유언비어다.

현대인의 가장 잘못된 생각은, '합리성의 메커니즘'은 진실을 추구하는 데 반해 '유언비어'는 거짓 소문을 퍼뜨린다는 것이다. 이것은 완전히 중상모략이다. 유언비어가 중시하는 것은 '진실' 하나밖에 없다. 유언비어야말로 진실의 배후다. 유언비어는 들개처럼 진실에 굶주려 있어서 어마어마한 폭발력을 내포하고 있다.

예컨대 인혁당 사건의 경우, 고문으로 조작된 사건이라는 사실이 40여 년 만에 밝혀짐으로써 ('합리성의 메커니즘'에 따라) 관련 당사자들과 그 가족들이 명예를 회복하고 나라에서 보상은 받았지만, 가해자들에 대한 단죄나 사회의 변화까지 가져오지는 못했다. 진실이 힘을 잃어 이미 진실이 되지 못했기 때문이다. 바꾸어 말하면, 유언비어의 현재성이 사라졌기 때문이다. 이 같은 일은 역사 속에서 비일비재하게 마주치는 비극이다.

민족문제연구소가 공개한 다음과 같은 내용도 이 비극의 대표적인 사례다.

이번에 민족문제연구소가 공개한 문건들은 NARA(미 국립문서보관소) 소장문서로, 1965년 한일협정 체결을 전후하여 전개된 한미일 3국 간의 비밀협상 과정과 불법정치자금 수수, 독도문제 등 충격적인 내용을 담고 있으며, 주로 미 CIA의 정보보고 및 주한·주일 미 대사관과 미 국무성 간에 오고 간 전문, 주한미대사관 비망록, 미 국가안전보장회의 문서 등으로 구성되어 있다.

이 문서들은 지난 1993년 비밀해제 문건으로 분류되어 일반인 열람이 가능하다. 그러나 실제로는 문서 가운데 일부가 여전히 비공개 처리돼 있어 외교 관계상 치명적인 사안이 많이 남아 있음을 시사해주고 있다고 하겠다.[9]

---

9. 오마이뉴스, 2004년 8월 12일.

사건의 현재성보다 더 중요한 것은 없다.

위의 '비밀문서 해제'를 통해 박정희 정권이 한일협정 뒷거래로 5년간 일본 기업에서 6,600만 달러를 제공받았다는 진실 등이 알려졌지만, 이것도 인혁당 사건과 마찬가지로 진실이 현재성을 상실해 힘을 잃은 경우다. 꽤나 민주적인 절차로 보이는 '비밀문서 해제'라는 것도 따지고 보면 유언비어의 싹을 없애기 위한 고도의 편법에 불과한 것으로, 이 또한 '합리성의 메커니즘'의 자기완결성에 지나지 않는다.

진실의 배후인 유언비어가 살아 있는 한, 시간은 현재성을 상실하지 않는다. 헛소리(A)가 비옥하고 풍요로워야만 그것이 가능하다. 세상을 장악하고 있는 '바른 소리'는 헛소리에 둘러싸여 있지 않으면 안 된다. 근대 이전까지 인류는 그런 삶을 살아왔고, 그래서 세상은 생기와 활력을 잃지 않았다.

창조-혼돈-재창조는 우주의 생리다. 혼돈 없는 창조가 있을 수 없는데도 현대는 그것을 부정함으로써 우주의 생리를 정면으로 거스르고 있다. '헛소리(A)를 혼돈이라 하여 싹부터 완전히 제거하는 것'과 '우주를 인간의 이성으로 장악하기 위해 우주의 바깥을 없애는 것'은 '합리성의 메커니즘'이라는 수레의 양대 바퀴다.

우주는 반드시 바깥을 필요로 한다. 여기서 옛사람의 지혜를 잠시 빌려보자. 만다라를 보면 우주를 나타내는 원 바깥에 사각형의 우주가 또 있다. 우주가 들어갈 자리가 없으면 우주를 그릴 수 없기 때문이다. 탑의 기단도 그렇게 되어 있다. 우주는 겹겹으로 이루어졌으며, 우주의 바깥은 무한하다.

그 무한한 우주를 유한한 모형으로 만든 것이 현대의 과학이다. 현대수학은 유한한 우주를 위해 모순 없는 절대적 증명의 '체계', 즉 형식을 만들고자 했다. 그런데 그 과정에서 그것이 불가능하며, 동시에 무한의 바깥이 존재하지 않으면 안 된다는 사실이 밝혀졌다. 과학은 스스로 자신의 토대를 파괴한 것이다.

한국의 언론 환경과 관련해서 말하면, 모순 없는 절대적인 증명 체계를 지향하는 '합리성의 메커니즘'은 이제 대중의 눈에 점점 짜고 치는 고스톱으로 비치고 있다. 아마도 이것은 자신을 방해하는 적을 소탕하는 데 (어느 정도 마음을 놓을 만큼) 성공했기 때문에 '합리성의 메커니즘' 스스로 자신의 토대를 파괴할 위험을 드러낸 결과일 것이다. 그럼에도 '합리성의 메커니즘'은 건재하다. 여전히 북한의 위협을 거론할 수 있음으로써 '합리성의 메커니즘'이 계속 유지될 수 있는 것이다(첫머리에 말한 바와 같이, 기생충을 체제 내로 끌어들여 자기붕괴의 위기를 지연시키기 때문이다).

이를 무력화하는 길은 '합리성의 메커니즘'의 생존전략인 좌우 대결의 구도에 말려들지 않는 것, 즉 헛소리(A)가 '합리성의 메커니즘'을 직접 상대해서 우습게보고, 비웃고, 풍자하고, 농락하고, 간질이고, 꼬집고, 때리고, 오리발 내밀고, 가장 높은 곳까지 올려줬다가 바닥을 치워버리고, 진작에 내 그럴 줄 알았다고 놀리고, 저거 얼마 안 남았다고 호언장담하고…… 이러한 떠들썩함 속에서 말의 축제를 벌이는 것이리라.

2
부

용산참극
과
파우스트

전혀 어울리지 않는 두 단어가 만나서 제목을 이루고 있다. 독자는 기묘한 인상을 받을 것이다. 나 또한 두 단어를 신속히 용해시켜 직설적이고 상투적으로 말하고 싶다. 단어들의 생경한 조합이 주는 충격을 즐기기에는 사태가 너무나 엄중하기 때문이다.

"우리 모두가 죄인임을 고백하고 회개하자."

나는 한마디로 이 말을 하고 싶다. 여기에 쓴 글은 내 나름의 고백과 회개라고 할 수 있다. 부끄러움을 무릅쓰고 이 글을 쓰는 데에는 인터넷에 올라온 용산참극 관련 시국미사 안내문이 계기가 됐다. 지난 2009년 2월 2일 저녁 7시 천주교정의구현사제단이 청계광장에서 용산참극을 기억하는 시국미사를 연다는 공지 아래, 제1독서라고 하여 「열왕기」 상권 21, 1–16의 내용이 나와 있었다. 나는 정말 깜짝 놀랐다. 그것은 파우스트와의 관련 때문이었다.

아마도 지구상에서 '성경 본문'과 '용산참극'과 '파우스트'를 동시에 생각한 사람은 거의 없을 것이다. 내가 몇 해 동안 심혈을 기울여 쓴 『심씨부녀전』에 파우스트가 등장하는데, 바로 이 『심씨부녀전』 때문에 나는 용산참극이 벌어진 순간부터 파우스트를 떠올렸다. 괴테의 원작에서 파우스트는 용산참극과 똑같은 사건을 저지른다. 이 사건은 '파우스트'를 이해하는 난관이자 관건이다.

『파우스트』의 위대성은 근대 전체를 포괄한다는 데 있다. 그러므로 파우스트를 넘어서면 근대를 넘어서는 것이 된다. 내가 용산참극을 파우스트와 관련지어 보려는 것은 바로 이 때문이다. 용산참극은 근대 너머에서 봐야만 우리가 보지 못한 '진실'에 다가갈 수 있는 것이다.

『파우스트』에서 악마 메피스토는 관객을 향해 이렇게 외친다.

"옛날에 있었던 일이 여기서 일어나는군요. '나봇의 포도원'이라는 게 벌써 있었지요."

이 말은 바로 내가 외치고 싶은 말이다. 그리고 사제단도 외치고 싶은 말이리라. 21세기 대한민국의 수도 서울 한복판에서 이런 야만적인 일이 벌어지다니!

'나봇의 포도원'은 시국미사 안내문에서 제1독서로 지정한 성경 본문의 내용이다. 좀 길지만 아래에 그대로 옮겨보겠다.

○옛날에 나봇이라는 사람이 포도원을 하나 가지고 있었는데 그 포도원은 사마리아를 다스리고 있는 아합 왕의 별궁 근처에 있었다. 어느 날 왕이 나봇을 만나 말하였다. "그대의 포도원은 내 별궁 근처에 있으니 나에게 양도하게. 그것을 정원으로 만들고 싶네. 그 대신 그대에게는 더 좋은 포도원을 마련해주지. 만약 그대가 원한다면 그 값을 시가로 따져서 현금으로 계산해줄 수도 있네." ○그러나 나봇은 왕의 청을 거절하였다. "선조들에게서 물려받은 이 포도원을 임금님께 드릴 수는 없습니다. 천벌을 받을 짓입니다." ○나봇이 선조의 유산이란 이유로 요구를 거절하자 왕은 침울한 심정이 되어 별궁으로 돌아가 자리에 누워 이불을 얼굴까지 뒤집

어쓰고 음식도 들려고 하지 않았다. ○그러자 아내 이세벨이 들어와서 물었다. "무슨 일로 이렇게 상심이 되시어 음식까지 물리치십니까?" ○왕이 말하였다. "내가 나봇이란 자에게 그의 포도원을 시가대로 팔거나, 아니면 다른 포도원과 바꿔달라고 하였소. 그런데 그자가 포도원을 내놓지 못하겠다는 것이오." ○그랬더니 아내가 말하였다. "당신은 이스라엘의 왕답게 처신하십시오. 제발 일어나셔서 기분을 돌리고 음식을 드셔요. 내가 나봇의 포도원을 당신께 선물로 드리리다." ○여자는 왕의 이름으로 밀서를 써서 옥새로 봉인하고 그것을 성읍 시의회에서 나봇과 한자리에 앉아 있는 원로들과 지방 어른들에게 보냈다. ○밀서의 내용은 이러하였다. "단식을 선포하고 백성들 앞에서 나봇을 상석에 앉힌 다음, 무뢰배 둘을 그 맞은편에 앉혀 나봇이 하느님과 왕을 욕하였다고 고발하게 하여라. 그러고는 그를 밖으로 끌어내어 돌로 쳐서 죽여라." ○성읍의 원로들과 지방 어른들은 이세벨이 밀서에서 지시한 대로 하였다. 그들은 나봇을 성 밖으로 끌고 나가 돌로 쳐 죽인 다음, 이세벨에게 보고하였다. 이세벨은 왕에게 말하였다. "일어나셔서 나봇이 팔지 않겠다고 한 그 포도원을 차지하십시오. 나봇은 이제 이세상 사람이 아닙니다." ○나봇이 죽었다는 말을 듣자, 왕은 일어나 나봇의 소유였던 포도원을 차지하기 위하여 내려갔다.

읽어본 소감이 어떠한가? 그때나 지금이나 똑같다는 생각이 들지 않는가? 나봇, 아합 왕, 이세벨 왕비, 원로들과 지방 어른들, 무뢰배들. 이들은 용산참극에서 어떤 역을 맡은 걸까?

악마 메피스토의 외치는 소리를 다시 한 번 들어보자.

"옛날에 있었던 일이 여기서 일어나는군요. 나봇의 포도원이라는 게 벌써 있었지요."

관객들은 '용산참극'을 방불케 하는 연극 「파우스트」 5막을 관람하면서 무슨 생각을 했을까? —관객들은 지금 간척사업을 하는 파우스트가 노부부를 강제로 이주시키다가 불에 태워 죽인 사건을 보고 있는 것이다. —나는 정말로 그게 궁금하다.

나는 여태껏 파우스트가 저지른 만행을 비난하는 사람을 단 한 명도 보지 못했다. 괴테의 『파우스트』가 아무리 위대하다 해도 사태가 이 정도면 인류 전체가 집단적으로 최면에 걸려 있다고밖에 볼 수 없다. 현대인이 파우스트적 가치관에 마법이 걸려 있지 않고서야 어찌 이럴 수가 있을까?

그러면 파우스트가 과연 어떤 만행을 저질렀는지 간단하게나마 알아보자. 죽기 직전 파우스트는 황제한테 하사받은 해안지대를 매립해 개간지를 만든다. 그곳에 유토피아를 건설하겠다는 인류애 가득한 계획을 세운다. 개간지를 한눈에 바라볼 수 있는 곳에 전망대를 세우려 하는데, 거기에는 노부부가 평생을 두고 살아온 오두막이 있다. 파우스트는 저 오두막 하나 때문에 자신의 유토피아를 망친다며 악마 메피스토를 불러 개간지 중에서 좋은 땅을 떼어주고 거기로 옮겨 살게 하라고 명령한다. 악마가 깡패 부하들을 데리고 오두막집으로 갔지만, 노부부는 아무 데도 갈 수 없다고 완강히 거절하며 문을 열어주지 않는다. 악마와 깡패들이 강제철거를 시작하자 숯불이 짚으로 옮아붙어, 노부부와 그 오두막에 머물러 있던 나그네가 함께 불타 죽는다.

이 장면을 보고 어느 누가 분노하지 않겠는가? 그러나 그렇지 않다. 분노는커녕 오히려 훌륭한 일로 미화되고 있다. 이것이 고급문학계의 현실이자 현대문명의 자화상이다. 이에 관해서는 뒤에 다시 언급하겠다.

우리 모두가 죄인임을 고백하고 회개해야 한다면 '파우스트 만행'에 대한 평가를 반드시 통과해야 한다. 어렵기로 악평이 난 『파우스트』를 모든 국민이 알아야 한다는 그런 무모한 이야기가 아니다. 근대적 거인상을 갈망하는 우리의 가치관을 비판하자는 것이다. 그러지 않고는 '용산참극'에 대한 고백과 회개가 초라한 것에 그칠 수밖에 없기 때문이다.

자, 이쯤에서 '나봇의 포도원' 이야기와 함께 살펴보자. '나봇의 포도원'을 요약하면, 이스라엘의 아합 왕이 나봇의 포도원을 빼앗을 욕심으로 나봇에게 하느님과 왕을 욕했다는 누명을 씌워 죽였다는 내용이다. 요즘 식으로 보면 하느님과 왕을 욕한 죄는 이데올로기에 관련된 법을 어긴 용공반체제 범죄에 해당한다.

아합 왕이 나봇의 포도원을 빼앗듯 파우스트는 노부부의 오두막 집을 빼앗았다. 자신의 유토피아를 방해하기 때문이다. 유토피아는 개인의 탐욕이 아니라 만인의 행복을 위한다는 점에서 이데올로기다. 아합 왕도 하느님을 들먹거리며 빼앗았으니 이 역시 이데올로기다. 용산참극도 다르지 않다. 뉴타운 건설이라는 게 뭔가? 그것이 이데올로기가 아니라면 사람을 그렇게 참혹하게 죽여놓고도 법과 질서 운운할 수 있겠는가.

파우스트가 정당하다면 현 정권도 정당하다. 나는 여기서 이 정당성을 세 가지 수준으로 나누어 분석하고자 한다. 첫째는 진실의 정당성, 둘째는 합리적 정당성, 셋째는 기술적 정당성이다.

파우스트를 고통스럽게 한 것은 기술적 정당성이었다. 부하들에게 노부부를 개간지의 좋은 땅으로 이주시키라고 했는데 그들이 과잉철거를 해 사람을 죽이고 말았다. 철거상의 '기술적 문제'가 사태를 초래한 것이다. 현 정권은 그것마저도 정당하다고 우겨대는 파

"옛날에 있었던 일이 여기서 일어나는군요.
'나봇의 포도원'이라는 게 벌써 있었지요."

렴치한이라는 차이가 있긴 하지만, 파우스트건 현 정권이건 자신이 저지른 범죄의 '합리적 정당성'에 대해서는 눈곱만큼도 의심하지 않는다.

아합 왕의 경우도 똑같다. 아합 왕은 나봇에게 포도원을 달라고 하면서 더 좋은 포도원으로 바꿔주겠다고 한 것을 조금도 잘못됐다고 생각하지 않는다. 오히려, 시혜를 베푸는데도 고맙게 받아들이기는커녕 고집불통으로 거부하는 것을 몹시 괘씸하게 여길 따름이다.

이 이야기를 토대로 우리는 '합리적인 정당성'이라는 게 얼마나 자기중심적인지 알 수 있으며, 또한 그것은 이데올로기를 빌려서만 힘을 발휘한다는 점도 알 수 있다. 아합 왕도 파우스트도 현 정권도 자신들의 정당성을 '합리적 거래'와 '이데올로기(하느님=유토피아=선진화)'에서 찾는다.

그러나 진실은 어떠한가? 노부부도 나봇도 평생 살아온 정든 집에서 떠날 수 없고 선조한테 물려받은 유산이라며 그 제안을 거부하였다. 용산참극 희생자들도 정부와 시공업체인 삼성, 조·중·동에서 선전하는 것과는 정반대로, 인간 이하의 취급을 당하고 '삶의 터전'에서 이렇게 내쫓길 수는 없다는 극한의 절규 속에 타협을 거부하였

---

1. 괴테, 『파우스트』, 정서웅 옮김, 민음사, 2009.

다. 이들은 모두 '진실의 정당성'을 가지고 있는 것이다.

그런데 혹시 우리가 현 정권의 책임을 묻는 수준이 엄격히 말하면 두 번째(합리적 거래의 정당성)나 세 번째(기술적 처리의 정당성) 수준에 머물러 있는 것은 아닐까?

솔직히 말하면, 우리는 모두 파우스트 편에 서 있다는 게 내 생각이다. 파우스트의 만행이 문학계 내에서나 사회적으로나 한 번도 거론된 적이 없을뿐더러, 어떤 작품 해설서건 파우스트를 근대의 거인상으로서 '심오성 그 자체'—괴테가 60여 년에 걸쳐 썼으니 두말할 나위가 없다—로 평가하여 그의 만행을 심오성의 한 부분으로 이해할 뿐이니 말이다.

한 예로 시중에서 가장 판매가 활발한 출판사의 옮긴이 해설을 소개해보겠다.[1]

자연아로 돌아온 파우스트에게 메피스토펠레스는 다시 한 번 욕망과 정열의 즐거움을 마련해주려 한다. 그러나 파우스트는 그의 제안을 단호히 물리친다. 선행의 가치를 깨달은 그는 황제로부터 받은 해안지대를 비옥한 땅으로 만들도록 독려한다(이 과정에서 강제철거가 일어나고 노부부가 불타 죽는다 – 필자). 이것은 창조적 욕구의 구현이며, 사회적 책임을 다하려는 결단인 것이다. (2부 399쪽)

결국 인간 파우스트의 승리는 타인에 대한 헌신적인 사랑에서 기인한다. 버려진 땅을 일구어 만인을 위한 복지낙원을 만들려고 했을 때(이 과정에서 강제철거가 일어나고 노부부가 불타 죽는다 – 필자), 그의 의지는 악마와의 계약을 초월한 것이다. (2부 401쪽)

요약하면, 파우스트가 선행의 가치를 깨달은 뒤에 행한 개간사업은 타인에 대한 헌신적인 사랑에서 나온 결단이며, 이 사업으로 일궈질 땅이 만인을 위한 복지낙원이라는 것이다. 파우스트로 표상되는 근대적 욕망이 이처럼 미화되고 선망이 되는 한, 용산참극을 바라보는 어떠한 시선도 '합리적 거래의 수준'과 '기술적 처리의 수준'을 넘어설 수 없다. 여기에는 좌와 우가 없다. 모두 '진보'라는 근대의 이념 안에 갇혀 있는 것이다. (이 점에 대해서는 뒤의 「진보는 퇴보의 다른 이름」에서 자세히 밝힌다.)

그런데 파우스트의 욕망이 미화되는 데에는 이유가 있다. 파우스트가 세속적인 욕망을 비웃기 때문이다(여기서 자본주의 정신이 금욕의 윤리 위에 서 있음을 밝힌 막스 베버의 명저 『프로테스탄티즘의 윤리와 자본주의 정신』이 떠오른다). 파우스트는 한순간도 멈추지 않고 인생의 아름다움을 추구하며, 자신의 자아를 인류의 자아로까지 무한히 확대하고, 비록 이룰 수 없는 유토피아라 해도 끝없이 추구하는 데서 인간적인 의의를 찾는다. 이 모든 것의 출발점은 자아다. 이것은 근대적 인간의 전형이 추구하는 지고의 가치관이다. 특히 이 가치관은 문학과 예술을 비롯해 근대의 정신세계를 완벽하게 지배하고 있다.

파우스트는 더 나아가 자아실현을 통해 신이 되고자 한다. 그는 인식한 것은 손아귀에 잡을 수 있다고 호언장담한다. 파우스트가 과거 전통시대의 위인과 가장 구별되는 특징은 바로 이것, 즉 행동이 아닌 인식을 통해 신이 되려 한다는 점이다. 작품 속에서 행동하는 것은 악마 메피스토이고, 파우스트는 오직 인식을 위해 악마가 이끈 대로 행동할 뿐이다.

개간사업에서 만행을 저지르고, 애인을 파멸시키며, 부정한 정치사건에서 맹활약(황제한테 해안지대를 받은 것도 그 덕분이다)을 하는 등, 파우스트가 어떤 행동을 하더라도 그것이 인식을 신의 경지로까지 드높이기 위한 노력일 때는 마침내 구원받고 천당에 간다. 이것이 파우스트 극의 중심사상이다.

이 사상은, 현대문명이 인식에 따라 세계를 건축하는 과정에서 수많은 만행을 저지른다 해도 그 건축물이 결과적으로 높은 인식을 보여주기만 하면, 신이 건축주인 현대문명을 용서하고 구원하는 것과 똑같다. 대표적인 사례로는 원주민을 쓸어버리고 신대륙에 세운 미국이라는 건축물을 꼽을 수 있다. 현대인은 '진보'라는 이 이데올로기에 사로잡혀 있다. 현대를 탈이데올로기 사회로 규정하거나 MB 정권이 탈이데올로기 실용주의를 표방하는 것은 모두 이 진실을 오도하기 위한 신자유주의의 음모에 지나지 않다.

들여다보면 합리적 거래를 앞세워 용산참극을 빚은 배후에 이 이데올로기가 있다. 사실 뉴타운의 청사진은 파우스트가 그의 개간지에 부여한 의의로 가득 차 있다. 가해자들은 희생자들이 돈을 더 받아내려고 떼를 쓰다가 사고가 터졌다고 가증스러운 주장을 편다. 그런데 문제는 가해자들이 실제로 그렇게 믿고 있다는 점이다. 뿐만 아니라 뉴타운 사업을 파우스트의 복지낙원에 버금가는 선행이라고 생각한다는 것이다(아마도 가해자들 중 교회에 나가는 사람들은 뉴타운 사업이 낙후된 도시를 구제하려는 헌신적인 사랑에서 비롯된 것이라고 생각할 것이다). 이런 생각과 믿음이 다 이데올로기인데도 가해자들은 희생자들을 도우려는 정의구현사제단이나 시민단체·정당들이 이데올로기로 사회분란을 조장한다고 오히려 적반하장으로 몰아붙인다.

그들의 눈에 이데올로기 세력은 오로지 좌파다. 그들은 좌파를 이데올로기 세력으로 비방함으로써 탈이데올로기 세력의 지위를 차지한다. 탈이데올로기의 지위는 실증주의처럼 '객관적이고 공정한 위치'인 듯한 환상을 불러일으킨다. 이런 수법으로 가해자들은 자신들의 이데올로기를 이데올로기가 아닌, 마치 판관의 정의봉인 양 사용한다.

　어떻게 하면 이를 저지할 수 있을까? 둘째 수준과 셋째 수준으로 대항해서는 첫째 수준인 '진실의 정당성'은 요원하기만 하다. 용산참극은 이데올로기 또는 합리적 정당성을 넘어서서 봐야 할 사건이다. 뉴타운의 적합성, 보상과 철거 방식 따위는 모두 부차적인 문제다. 사람들은 뉴타운 사업의 성공이 얼마나 공정하고 모든 이에게 유익하게 진행되느냐에 달려 있다고 입을 모은다. 그러나 이것은 공범자의 의식에 불과하다. 허름한 집보다 새 아파트에 살고 싶게 만들어 경쟁시키고, 낙후된 도시의 개발을 발전이라 믿게 하는 현실에서 용산참극은 우리에게 어떠한 반성도 촉구할 수 없다. 그러한 참극은 반성과 상관없이 언제든지 일어날 수 있기 때문이다.

　우리는 언제든 파우스트의 만행을 미화하는 데 동조할 수 있다. 현실을 보면, 우리는 모두 파우스트의 만행을 본받으려 하고 있다. 현대문명은 한마디로 파우스트의 만행으로 구축된 구조물이다. 우리의 모든 가치는 앞서 말한 '파우스트의 추구'로 집약된다. 못 믿겠으면 다시 반복하겠다. '어느 순간에도 멈추지 않고 인생의 아름다움을 추구하며, 자신의 자아를 인류의 자아로까지 무한히 확대하고, 비록 이룰 수 없는 유토피아라 해도 끝없이 추구하는 데서 인간적인 의의를 찾는다.' 천사들은 이처럼 인생의 아름다움과 유토피아를 추구해온 파우스트의 영혼을 천상으로 인도하며 "언제나 갈망하며 애쓰는 자, 그를 우리는 구원할 수 있다"고 찬양한다.

사람들은 고기를 사 먹으면서 푸주한을 경멸한다. 살생이 싫으면 고기를 사 먹지 말아야 할 것이다. 그러나 사람들은 고기를 사 먹지 않을 수 없다. 그러한 사회문화가 아니기 때문이다. 채식주의자의 삶을 살지 않으면 푸주한을 아무리 경멸한들 도살은 결코 줄지 않으며, 도살된 가축을 아무리 애도하고 반성해도 상황은 조금도 변하지 않는다.

첫째 수준인 '진실의 정당성'은 예를 들어 전체 사회문화를 채식주의로 바꾸려 할 때 확보된다. 그것은 근대적인 가치를 벗어나 '삶 자체'를 되찾기 위해 사회적으로 노력할 때만 찾아온다. 모든 생명은 우주다. 그 자체로 가장 멋지고 아름답고 훌륭하다. 이것은 내가 줄곧 주장해온 애니미즘의 세계다.

용산참극 희생자들의 생명은 그 무엇과도 바꿀 수 없다. 보상이나 명예회복으로도 그 귀한 생명들이 부활하지는 않는다. 우리가 희생자들의 생명을 자연의 순환에 따라 아름답게 순행하도록 돕고, 사회 전체를 그 순행에 맡기려고 노력할 때에야 비로소 부활할 것이다. 이것은 역사 밖으로 우리의 몸과 영혼 전체를 해방시키는 일인 동시에 역사 속에서 그것이 가능한 사회를 형성하는 일이다.

집이
우주인
사진

자궁 속의 태아가 천장에 탯줄로 매달려 있는 사진이다. 재개발로 철거될 산동네의 빈집들이 배경을 이루고 있다. 합성사진이 아니다. 설치작업을 해서 찍은 사진인데, 작가의 촬영 위치가 명확한 덕분에 이미지를 조작한 사진과는 확연히 다르다. 작가는 사진기로 사실을 찍는 게 아니라 이야기를 만들고 있다.

졸저 『난곡 이야기』에서.

집은 태아가 들어 있는 엄마의 몸이라는 사실이 전율로 다가온다. 엄마와 태아는 시시각각 살해당할 때를 기다리고 있다. 공포의 시간이다. 저 건너 보이는 수많은 집들이 같은 운명 속에 있다. 한순간에 다 사라지게 될 것이다. 사진은 집들을 부동산으로 볼 수 없게 만든다. 집이 생명체로 보인다. 이것은 예술의 힘이다.

사진을 조금만 찬찬히 들여다봐도 집이 우주라는 게 읽힌다. 태아에게 엄마의 자궁은 우주이기 때문이다. 집에 살았던 사람들의 우주가 파괴되는 고통이 느껴진다. 재개발사업은 거주자들의 우주를 파괴하는 범죄라는 생각이 뒤따른다.

보는 이는 생각해볼 것이다. 재개발사업이라는 게 이런 것인가? 그러나 이 사진에서는 분노도 비참함도 전면에 나서지 못한다. 새로운 진실은 '밖'에서 나온다는 사실이 그 자리를 대신하고 있다. 사진작가 로버트 프랭크는 모든 변화는 중심에서 일어나지 않고 주변에서 일어나기 때문에 주변을 찍는다고 말한다. 이 사진 또한 새로운 진실이 가장 비참한 곳에서 생겨나고 있음을 보여준다. 동시에 제도의 밖, 자본주의의 밖, 나의 밖, 부동산의 밖, 정치의 밖, 이데올로기의 밖, 향수의 밖에서만 가능한 새로운 이미지를 보여준다.

집이 생명체라는 것은 새로운 이야기다. 이 사진은 이야기만이 새로운 실제를 창출한다는 것을 보여준다. 사진 이외의 어떤 것으로도 이 사진이 창출한 실제를 이처럼 효과적으로 표현할 수 없다. 사진만의 고유한 실제성이 허구를 통해 훼손되기는커녕 새로운 실제를 만들어내고 있다. 모든 사진이 허구[1]인 까닭에 우리에게 실제성을 주는 요소만 살리면 사진의 본성은 조금도 약화되지 않는다. 작가는 필드카메라로 그가 원하는 새로운 실제를 찍은 것이다. 그래서 합성사진과는 천양지차가 난다.

인류는 출현할 때부터 눈앞의 것들에 의미를 부여하지 않으면 살 수가 없었다. 그래서 이야기를 만들어 의미망을 구축했다. 우리가 사실이라고 믿는 것들도 의미망 속에서만 사실이다. 새로운 이야기를 만드는 것은 새로운 의미망을 짜는 일이다. 예술이 감동을 주고 사람을 변화시키는 것도 바로 이 때문이다.

어떤 작가는 집에서 향수가 느껴지게 찍고, 또 어떤 작가는 사회상이 보이게 집을 찍는다. 그러나 이 작가는 집을 생명체로 찍었다. 그는 새로운 의미망을 짠 셈이다. 이 한 장의 사진은 용산참극을 전혀 다른 시선으로 볼 것을 제안한다. 불에 타 죽은 희생자들의 집을 부동산이 아니라 우주로 볼 것을 제안하는 것이다.

---

1. 심지어 증명사진도 똑같은 사진은 단 한 장도 나오지 않는데, 이것은 증명사진조차 허구라는 사실을 말한다.

사진에서 태아가 들어 있는 자궁은 구球로서 평행선이 만나는 지면이다. 평행선이 만나는 지면에서만 각자가 우주의 중심이 될 수 있다. 각자가 우주의 축을 세워도 위의 무한극점에서 모두 만나기 때문에 소통에 아무 지장이 없는 아름다운 사회가 된다. 그 사회는 근대의 사정거리인 파우스트 밖에 있다. 그러나 인류의 미래를 역사의 발전에서 찾을 필요는 느끼지 않는다. 원시미술이나 야생의 문화를 보면 인류가 이미 그런 사회에서 살았다는 사실을 알 수 있기 때문이다.

우파의
가면을 쓴
모리배

─그들은 언어 조작술로 성공하였다

현 정권은 용산참극을 이데올로기화해서 색깔론으로 몰아갔다. '나봇의 포도원'의 사례에서 봤듯이, 살인행위를 정당화하기 위해 하느님을 파는 짓을 한 것이다. 좌파정권 10년간 떼잡이 문화를 양산해 법과 원칙이 무너진 결과라며, 좌파가 희생자들의 목숨을 정치공세에까지 이용한다고 강변한다. 용역과 경찰이 합동작전을 편 결과라는 사실이 만천하에 드러났는데도 정당한 법집행이라고 우기면서 말이다. 당시 텔레비전에서 김석기 전 서울경찰청장이 퇴임하는 장면을 봤는데, 공권력을 너무나 사랑한 나머지 주르륵 눈물 흘리던 그 모습은 아주 가관이었다.

이데올로기를 통한 진실의 조작은 비단 어제오늘의 일이 아니다. 그것은 한국사에서 긴긴 역사를 자랑한다. 쉽게 말해서, '도둑이 되레 매를 드는 적반하장'이 이데올로기를 통해 정당화되는 일이 멀리는 상고시대로까지 거슬러 올라가니까.

여기서는 아주 가까운 20세기만 돌아보자. 『동아일보』를 창간하고 고려대를 세운 김성수는 친일파인데두 민족주의자로서 우익의 대표적인 인물이 되어 있다. 친일파가 어떻게 민족주의자가 될 수 있는가? 그런데 이런 말도 안 되는 일이 백주대낮에, 그것도 근 100여 년 동안 전 국민이 보는 가운데 아주 당당하게 행해지고 있는 것이다.

도둑이 주인이 되어 외려 주인을 도둑으로 몰 수 있었던 것은 '언어를 통한 조작'이 가능했기 때문이다. 이 조작은 '언어에 대한 인간의 오해'에 기반하고 있다. 20세기 들어 철학계에서 코페르니쿠스적 전회轉回를 일으킨 비트겐슈타인은 바로 그 점을 탐구하였다. 그의 사상은 전후기로 갈리는데, 전기를 대표하는 『논리철학논고』에서 '이름의 의미는 그것이 지칭하는 대상'이라고 한 명제를 스스로 뒤엎고, 후기의 『철학적 탐구』에서 '이름과 명명된 사물은 별개이며 전혀 다르다'는 것을 논파하였다.

한편에는 이름이 있고, 한편에는 명명된 것이 있다. 여기에 나무라는 말이 있고 저기에 실제 나무가 있다. 두 사물은 완전히 다르다. 그래서 그것들을 연결하는 어떤 자연적 관계도 없다. 그럼에도 그것들은 어떻게 해서든 밀접히 연관되어 있다. 왜냐하면 전자는 후자를 지칭하고 후자의 이름이기 때문이다. 그러나 어떻게 이 연관성이 이루어지는가? 어떻게 종이 위의 글씨에 불과한 말이 그 자신을 넘어서 그 자신과 전혀 다른 대상과 관련을 맺는가? 그러면 이름과 명명된 것—혹은 간단히 언어와 세계 사이의 이러한 이상한 관계는 무엇인가? 이 질문은 전기와 후기의 비트겐슈타인의 모든 저작을 관통하는 주제이다.[1]

전기의 비트겐슈타인은 이름의 '의미'는 이름이 나타내는 대상이라고 주장했다. 이때 의미라는 정신적 행위는 대상에 어떤 본질이 숨어 있다는 전제 아래 이루어지므로, 이름(언어)은 대상(세계)의 본질과 필연적으로 관련을 맺는다. 반면 후기의 그는 "의미하는 것을 정

---

1. 죠지 핏처, 『비트겐슈타인의 철학』, 박영식 옮김, 서광사, 1990, 306쪽.

신적 행위라고 부르는 것보다 잘못된 일은 없다”고 단호히 말한다. 이름의 의미는 쓰임에 있다. 그러나 지금까지 철학자들은 쓰임을 배제한 채 언어를 무균의 실험실에 고립시켜 추상적으로 고찰하였다. 이는 본질을 찾으려는 열망, 즉 '일반성에 대한 열망' 때문이다.[2]

바로 여기서 철학적 혼동이 일어나고 언어에 대한 오해가 발생한다. 이를 바로잡으려면 말(또는 이름)을 '문맥'과 '실제 상황' 속에서 고찰하지 않으면 안 된다. 실험실을 박차고 나와 삶 속으로 들어가면, 단일성이 아니라 다양성, 즉 말의 다양한 의미가 활기차게 나타난다. 이 다양성, 다양한 쓰임새[3]야말로 말(또는 이름)이 본질(단일성)을 가리키지 않는다는 뚜렷한 반증이다. 말들은 오직 쓰임use 속에서만 생명을 얻는다.

모든 기호는 혼자서는 죽어 있는 것으로 보인다. 무엇이 기호에 생명을 주는가? 사용될 때만 기호는 살아난다.[4]

하지만 우리는 여전히 전기의 비트겐슈타인처럼 이름이 어떤 대

---

2. "이 열망이 너무 강해서 우리는 모든 것이 실제로 본질을 갖는다고 가정하게 된다." 위의 책, 241쪽.
3. 비트겐슈타인은 말의 의미와 말의 쓰임use을 동일시한다. 또한 말의 의미를 마음속에 일어난 무엇으로 보지 않기 때문에, 의미가 정신적 행위로 말미암아 생기는 게 아니라고 주장한다.
4. 루트비히 비트겐슈타인, 『철학적 탐구』, 이영철 옮김, 책세상, 2006, 432절.

상의 의미를 가리킨다고 알고 있는데, 이 오해를 없애지 않으면 이데올로기를 통한 진실의 조작에서 결코 빠져나올 수 없다. 언어에 대한 오해의 예를 하나 들어보자. 만약 이름이 실제와 같다면, 눈앞에 있는 이 실제의 의자가 영어로 chair, 중국어로 倚子, 스와힐리어로 kiti 등 왜 이렇게 다양하게 불리는가? 이것은 마치 사물에 이름표를 붙인 것과 같지 않은가? 이름표에 적힌 이름은 의미와 상관없는 기호에 해당하며, a·b·c·d……로 표기된 기호보다 더 의미 있는 어떤 것도 아니다. 그런데도 우리는 '이름 – 의자'가 '실제 – 의자'에 내재한 본질적인 요소를 지칭한다고 생각한다.

후자가 파괴되어도, 전자는 의미를 잃지 않는다. 우리는 여기서 이름의 소지자와 이름의 의미가 별개임을 알 수 있다. 그러나 아직도 여러분이 각각의 이름에 대응하는 본질이 있다고 믿는 한, 플라톤(이데아론이 대표적이다) 이래 수천 년 동안 철학이 저질러온 미혹에서 벗어날 길이 없을뿐더러, 철학이야 어찌 됐건 관심 없다고 도리머리를 쳐도 현실적으로 날마다 부딪치는 것들과 어떤 의미를 교환하며 살 수밖에 없는 마당에야 여러분은 이데올로기의 조작에 놀아나는 꼭두각시에 불과하다.

사람들은 말하기를, 중요한 것은 낱말이 아니라 낱말의 의미라고 한다. 그리고 그때에 의미를 낱말과 다르기는 하지만 낱말과 같은 종류의 사물로서 생각한다. 여기에는 낱말, 여기에는 의미. 돈, 그리고 그것으로 살 수 있는 암소. (그러나 다른 한편으로 : 돈, 그리고 돈의 이용.)[5]

이 내용은 매우 중요하다. 쉽게 말해서, 기호에 해당하는 이름표는 사용가치가 아니라 의미를 구입할 수 있는 화폐라는 것이다. 낱말은 돈이고, 의미는 돈으로 살 수 있는 암소이거나 돈의 이용이다. 자, 그렇다면 '이름-의자'라는 돈으로 살 수 있는 '의미-의자'는 무엇일까? 의미-의자는 비유컨대 구두일까 염소일까? 나는 실제로 의자의 의미를 의자라는 말이 사용되는 일상 속에서 취득하지만, 의자의 의미를 곰곰이 또는 철학적으로 생각하자마자 의자의 의미는 단숨에 하찮은 일상을 박차버리고 모든 문맥을 떠난다. 나는 '절대적으로 단순한 것'(사물의 본성 속에 있는 존재론적 신비)을 의미로서 추구하지만 이렇게 해서 발견한 의미는 '환영'에 불과하다.

이들 곰곰이 또는 철학적으로 생각하는 자들, 그러니까 '의자'의 본질을 탐구하는 자들은 온갖 기기묘묘한 환영을 만들어내어 그

---

5. 위의 책, 120절.

환영[6]이 진정한 의자의 의미라며 판매한다. 판매가 이루어질 때, 의미라는 환영은 시장에서 교환가치의 형태를 띤다. 교환가치는 사용가치에 기반을 두지 않고서는 홀로 존재할 수 없다. 물신物神[7]이라는 환영이 사용가치에 빙의되어 시장에서 활동하는 것이 교환가치다. 화폐는 '이름', 사용가치는 '실제 – 의자', 교환가치는 '의미 – 의자'에 비유할 수 있다. 시장에서 가격은 교환가치이므로, 이름(=화폐)은 언어시장에서 의미(=교환가치)가 된다.

실제 물건(=의자=사용가치)을 교환가치로 만드는 환영(물신)은 실제 물건을 정신적인 분위기로 에워싼다. 그리하여 우리는 이름(낱말 또는 문장)의 의미를 물신숭배한다. 당신이 '이름 – 의자'(화폐)로 산 '의미 – 의자'는 구두나 염소, 또는 악마가 앉는 자리이거나 천사가 앉는 자리다. 의미가 실제(사용가치)를 떠나서 당신에게 마술을 걸면 마술에 걸린 당신은 의미에 무릎을 꿇고 복종한다.

이렇게 해서 친일파가 민족주의자로 둔갑한다. 김성수 일파가 자신들이 행한 실제의 사실(친일행위=사용가치)을 환영을 통해 조작해 만든 상품이 '의미 – 민족주의'인바, 이는 마치 발암물질로 만든 상

---

6. 칸트는 『순수이성비판』에서 철학자의 임무는 오해에서 비롯된 환영을 제거하는 일이라고 하였다. 그러나 오늘날까지 대부분의 철학자들은 오해를 통해, 특히 언어에 대한 오해를 통해 환영을 만들어왔다.
7. 물신숭배는 인간이 상품을 생산했음에도 불구하고, 상품이 인간과 관계없이 고유한 힘을 가지고 활동하는 것처럼 생각하여 상품 등 인간의 생산물을 숭배하는 현상을 말한다.

품을 항암제품이라고 선전해 파는 것과 똑같은 반사회적·반윤리적
행위다. 여기서 이중의 질곡이 나타난다. 정상 제품이라 해도 '환영'
의 문제가 제기될 터에 반사회적인 제품을 만들어 사업을 해도 처벌
은커녕 오히려 존경과 인기를 누리는 '시장'이 한국이라는 것이다.
이 이중의 질곡은 앞서 말한 대로 멀리 삼국시대로까지 거슬러 올라
가는 이데올로기 조작의 비옥한 토양이다.

　　지금까지 아무도 눈여겨보지 않았지만, 언어 조작술이야말로 이
들이 성공한 비결이었다. 구체적으로, 김성수 일파가 민족주의라는
이름으로 항일독립운동의 정통을 내세울 수 있었던 것도, 이름과 대
상이 일치한다는 오해가 존재했기 때문이다. 지금도 이름은 대상의
본질을 가리킨다고 모두들 굳건히 믿고 있지 않은가. 실제의 사용에
근거해서 이름을 부르는 것만이 근본적인 처방이다. 김성수 일파의
활동을 볼 때, 친일파 또는 기껏해야 민족개량주의라는 이름이 알맞
다. 그들이 가슴에 달고 다니는 민족주의라는 이름의 훈장은 한시바
삐 떼어내 수거돼야 한다.

　　한 사회에서 국권론을 옹호하는 세력을 우파라 하고 민권론을
옹호하는 세력을 좌파라 할 때, 친일파나 민족개량주의자가 우파일
수 없는 것은 당연하다. 이들은 그저 매국노일 뿐이다. 그러면 이자
들이 우파로 행세하는 데 이용한 환영들을 알아보자.

민족이라는 낱말은 근대 식민지사회에서 신과 같은 아우라를 가지고 있다. 근대란 근대국가 없이는 존립할 수 없기 때문에 식민지 인민들은 자주적인 근대국가 수립을 열망하는 것이며, 따라서 민족주의 진영이든 사회주의 진영이든 민족개량주의 진영이든 민족[8]의 이름을 걸지 않을 수 없다. 일례로, 중국 공산주의나 북한 공산주의도 기실은 민족주의에 뿌리를 두고 있다.

이때 민족은 핏줄과 혈통을 본질—본질은 환영이다—로 하므로, 우리의 경우 자연히 단군이 부각될 수밖에 없게 된다. 하지만 국권론에 목숨을 거는 우파와 민권론을 생명으로 하는 좌파가 민족을 이해하고 거기에 부여하는 의미가 서로 다를 것은 자명하다. 여기서는 그 차이를 설명하는 게 목적이 아니므로 개량주의자들이 '민족'을 자기들의 특허상표로 차지하게 된 사정에 집중하겠다.

대종교와 임시정부 등 민족주의자들의 항일투쟁이 얼마나 가열苛烈했는지는 두말할 필요가 없다. 그러니 개량주의자들이 느낀 열등감과 콤플렉스와 증오가 어떠했을지는 짐작하기 어렵지 않을 것이다. 이들은 민족주의자들을 국수주의자, 테러리스트 또는 사회주의자라고 부르면서 세계성과 과학성을 결여했다느니, 사회주의자들과

---

8. 서구에서는 근대국가의 구성원을 국민, 근대사회의 구성원을 시민이라고 부르는데, 식민지에서는 민족과 민중이 이를 대신한다.

한패가 되어 계급투쟁으로 민족을 분열시킨다느니 맹비난을 퍼부으며 자기들만이 진정한 민족주의자라고 자처한다.

친일로 부귀영화를 누리는 이들은 민족주의라는 간판밖에는 살 길이 없으므로 거기에 사활을 거는데, 그 간판은 그들의 활동과는 정반대인 까닭에 환영을 통한 조작 말고는 달리 뾰족한 수가 없었다. 그렇게 하여 그들은 언어 조작에 온 힘을 쏟는다. 그들은 빨갱이라는 말을 탄생시키고, 정국을 민족주의 대 빨갱이로 양분하는 구도를 만든다. 반대 세력은 모두 빨갱이로 몰아붙여야만 오직 그들만이 민족주의 세력이 될 수 있다.

그들의 민족주의는 빨갱이를 통해서 만들어졌기 때문에 단독으로는 존립할 수가 없다. 그것은 빨갱이처럼 실체가 없는 '환영'이다. 환영이 햇빛 속으로 사라지면 빨갱이 없는 그들의 실체가 친일파라는 사실이 백일하에 드러나기 때문에 그들은 죽자 살자 장막을 가리고 있다.

빨갱이는 민족사회를 분열시킨 악마이므로 대척점에 선 그들은 당연히 민족일체의 수호자가 된다. 단군과 홍익인간이 민족일체의 이념으로 등장한다. 외관상 전혀 손색이 없을뿐더러 이름과 대상이 일치한다는 사람들의 믿음 위에서 '환영'은 '실제'의 위력을 발휘한다. 이 모든 것이 언어를 조작함으로써 이루어졌다. 이들에게는 환영을 생산하고 유통시키기 위해 언론과 교육과 문화가 절대적으로 중요하였다.

언론의 호도 탓에 실상이 제대로 드러나지 않은 대한민국 교육은 완전히 이들의 이념을 전파하는 곳이다. 교육법 제1조는 교육이념으로 홍익인간을 내세운다. 안호상은 홍익인간 이념을 기본으로 일민주의一民主義("뭉치면 살고 흩어지면 죽습네다")를 주창함으로써 이승만 독재의 철학을 제공했다. 이는 이미 "1928년 최남선이 동아일보 지상을 통해 단군의 건국이념으로 홍익인간을 내세우고, 조선의 구원久遠한 생명에 이것이 뿌리이며 조선인의 무궁무진한 창조 진화적 생활에 이것이 추진기라고 한"[9] 말의 연장선상에 있다.

일제 강점기 이들 민족개량주의자들은 단군을 이용해 친일행위와 민족분열행위[10]를 민족운동으로 전도하고 미화하였다. 단군의 민족주의는 고려 중기 이래 오랜 역사를 가지고 있을 뿐 아니라, 항일독립투쟁에 몸 바친 나철·신채호를 비롯한 민족주의자들의 핵심사상이기 때문에 당시 식민지 소비자에게는 오랫동안 사용해본 중에 충분히 검증된 최고로 안전한 제품이라고 여겨질 수밖에 없었다. 바로

---

9. 김경택, 「1910·20년대 동아일보 주도층의 정치경제 사상 연구」, 연세대 사학과 박사학위 논문, 1998, 184쪽.
10. 개량주의자들은 민족의 단결은 고사하고 민족의 이름으로 민족을 분열시킨 주범이다. 위 논문 참고.

이 약을 민족개량주의자들이 발암물질을 넣어 똑같은 이름으로 제조·판매하였으니, 소비자는 폭력적인 시장에서 다른 것을 사면 맞아 죽으니까, 아니면 그게 그거려니 하고, 아니면 우선 먹기는 곶감이 달다는 식으로 독이 든 유사제품을 계속 사 먹은 것이다.

유사제품을 거의 일생 동안 먹어온 소비자들은 이제 자기들 스스로 지금 복용하는 약이 정상제품임을 믿어 의심치 않게 되었다. 바야흐로 도둑이 오히려 매를 드는 적반하장이 완성된 것이다. 그리하여 친일파요 민족분열주의 세력이 민족주의라는 이름으로 우파 노릇을 하기에 적어도 언어시장에서만큼은 아무런 거리낌도 없게 되었다.

민족개량주의자의 사회발전이론도 그들의 민족이념과 궤를 같이하여 조작된 것이다. 대표적으로 김성수 일파는 당시 제국주의적 세계질서를 옹호하고 있던 '사회진화론'을 받아들여 일제의 침략을 정당화하고, 민족의 진로가 일본 자본주의의 이식에 달려 있다고 믿었다. 가히 지금 한국 사회에서 뉴라이트가 주장하는 '식민지근대화론'의 선구라 할 만하다.

이들은 약육강식과 우승열패를 특징으로 하는 사회진화론을 사회발전의 모델로 삼아 민족이 개조되어야 하며(민족개조론), 독립을 위해서는 그만한 실력을 갖출 만큼 진화해야 한다(실력양성론)는 논리

빨갱이야말로 우파의 가면을 쓴 모리배들이 자기 존립을 위해
만들어낸 환영 그 자체로만 이루어진 유령이다.

를 펼쳤다. 이는 바로 제국주의자들이 주장하는바, 민족주의와 정면으로 대립하는 견해다. 그런데도 민족주의의 외피를 쓸 수 있었던 까닭은 '발전'과 '선진화'를 향한 사회의 열망이 그만큼 컸기 때문이다. 언어 조작을 통해 환영이 위세를 떨칠 수 있는 좋은 토양이었던 것이다.

민족개량주의자들은 이런 기름진 토양을 활용해 사회발전론에서도 좌파의 계급투쟁론과 대항하는 구도를 만들어냄으로써 반사적으로 우파의 자리를 확보했다. 좌파의 계급투쟁론을 빨갱이의 민족분열책동으로 맹비난함으로써 매판자본이 민족자본으로 둔갑한 것이다. 교과서에서 김성수 일가의 경제활동을 민족자본으로 규정하는 것이 그 좋은 예다.

그러면 시대를 건너뛰어 뉴라이트에 대해 살펴보자. 이들의 핵심이론인 식민지근대화론이 일제 강점기 민족개량주의 이론의 현대판이기 때문이다. 한국의 신보수라면 얼마든지 장밋빛 이념을 내놓을 수 있었을 텐데, 하고많은 이론 중에서 왜 하필이면 이 이론을 들고 나왔을까? 낡아빠지고 친일파를 옹호하는 이 이론은 이른바 보수 우파의 거짓 없는 자기 고백이라는 점에서 중요한 의의가 있다. 말하자면 이제 조작을 그만두고 정확한 이름을 찾겠다는 의지(!)로 보인다. 그만큼 세상이 변한 것이다.

뉴라이트는 냉전의 종식과 함께 불어닥친 세계화의 물결, 신자유주의와 네오콘(미국의 신보수주의자들)의 득세, 민주정부 10년이라는 객관적인 조건 속에서 자신을 무장했다. 이 시기에는 '민족'이라는 화두가 쇠퇴하고 '선진화'가 급부상하기 좋은 분위기가 흐르고 있었다.

민주정부 10년 동안, 정권이 민족에 대한 콤플렉스가 없는 덕분에 민족주의에서 자유로울 수 있는 공간이 열렸다.[11] 게다가 민주정부는 '세계화'와 '신자유주의'를 추구하는 데 앞장섰다. 이런 흐름 속에서는 이념보다는 전문성이 각광을 받았다. 동시에 고급교육에 대한 수요도 폭발적으로 늘었다. 이 같은 분위기에서 뉴라이트는 이념에 구애받지 말고 한국 사회의 여러 문제, 특히 역사문제를 객관적인 사실을 통해 구명하자는 논리를 들고 나왔다. 여기에는 높아진 국민의 교육수준—그 결과, '합리성'이 가치척도의 기준이 된다—이 한몫해 새로운 의미 조작의 토대가 마련된 것이다.

합리성·전문성·객관성 등이 사회운영의 원리로 자리 잡으면서 뉴라이트는 그들 선배들이 명분으로 내걸었던 민족의 짐을 벗어

---

11. 친일파를 기반으로 한 이승만과 일본군 장교였던 박정희가 민족에 대한 콤플렉스 때문에 그것을 보상하기 위해 민족을 전면에 내세우지 않을 수 없었던 것과 비교가 된다.

던지고, 과거의 역사를 오직 ‘발전’이라는 객관적 사실에만 근거하여 민족감정에 치우침 없이 실증적으로 구명하겠다고 나섰다. 이들은 그것만이 사회발전의 발목을 잡는 이념에서 벗어나 한국 사회를 선진화할 수 있다고 주장한다. 같은 선상에서 MB정권은 사회발전의 방향을 ‘선진화’로 확정한다.

이처럼 한국 사회가 세계화와 신자유주의의 흐름을 내면화하는 과정에서 ‘선진화’는 가장 식욕 좋은 ‘욕망’이 된 것이다. 과거에 ‘민족’이 그랬던 것처럼, 지금은 그 자리를 ‘선진화’가 차지하고 있다. MB정권과 뉴라이트는 옛 선배들의 전례를 본받아 적반하장 식으로 이 단어를 선점했다.

어떻게 적반하장인지 간단히만 보자. 군사독재에서 민주화로 나아가는 선진화를 가로막은 게 누구인가? 그리고 자신들이야말로 산업화의 주역이라고 금과옥조처럼 말하는데, 과연 그 진정한 주역은 누구인가? 독재가 아닌 민주주의를 기준으로 판단하면 그 주역은 ‘민民’임에도 불구하고, MB정권과 뉴라이트는 ‘산업화의 청사진’에 따라서 ‘민’을 조직하고 끌고 간 지도력이 중요하다는 이유로 그 공功을 자신들(군사독재 세력)에게 돌린다. 이름 하여 개발독재.

이런 의식이야말로 치졸함과 무식의 소치인데, 그 이유로 세 가지를 들겠다. 첫째, 건물이 청사진에 따라 지어진다는 생각은 그릇된 환상이라는 사실이 20세기 학문의 성과로 밝혀졌다. 건물은 건축가가 짓는 것이 아니라 관련된 사람들의 커뮤니케이션이 이루어낸 결과다. 둘째, 이러한 수구세력의 허위의식은 권위주의 문화, 대규모 도시빈민의 양산, 폭력과 사회갈등 등 어마어마한 사회적 문제를 야기했다. 그 사례는 하도 많아서 일일이 꼽을 수조차 없다. 셋째, 그러한 흙탕물을 민氓이 삶 속에서 정화했다.

이처럼 적반하장으로 MB정권과 뉴라이트는 그 공을 가로채서 '선진화'라는 단어를 마치 자신들의 전매특허인 양 채택했다. 선진화를 내세운 이들의 언어 조작은 벌써 도를 넘은 지 오래다. 공기업 민영화를 비롯해 가스·수도·전기·의료보험 부문 등의 민영화 계획이 국민여론의 벽에 부딪치자 이를 '선진화'로 이름만 바꿔 시행하려 하고 있다. 심지어 시위문화의 선진화라는 말까지 만들어낸 마당에, 아마 조금 있으면 언론 통제를 위해 국민여론의 선진화라는 말도 만들어낼 것 같다.

MB정권과 뉴라이트한테 '선진화'를 선점당한 민주진영은 '선진화'에 대항할 '진지'(단어)를 구축하지 못하고 속앓이를 하고 있다. MB정권이 실제의 진상을 오도한다고만 할 뿐이다. 즉 "선진화는 그게 아니다"라는 말만 되풀이하고 있는데, 그렇다면 민주진영이 '진정한 선진화'라도 추구하고 있다는 건가? 정치판을 '가짜 선진화'

대 '진짜 선진화'의 구도로라도 짜야 한다는 건가?

이처럼 선진화의 내용은 정파에 따라 서로 다르면서도, 선진화라는 말은 정파를 불문하고 한국 사회의 방향타가 되었다. 이를테면 민주노동당이나 진보신당에서조차 선진화라는 말을 무슨 수로 부정하겠는가? 우리 사회가 선진화돼서는 안 된다고 말할 수 있겠는가?

그런데 여기서 꼭 짚고 넘어가야 할 점이 있다. 김석기 전 경찰청장이 눈물 흘리며 용산참극을 거룩한 성전에 제물로서 바친 하나님이요, 이명박 대통령이 경제를 살리고 법과 질서를 지켜야 했기에 용산참극을 초래한 잘못에 대해 결코 국민 앞에 사과할 수 없었던 하나님이요, 수구세력이 용산참극을 색깔론으로 몰아갈 수 있었던 하나님, 그 하나님의 실체가 바로 지금 우리 한국 사회의 '선진화'라는 사실이다.

지금 대한민국에서는 민족을 제치고 돈이 최고의 가치가 되었다. 이 나라에서 선진화의 실제 기능은 '부자 되게 해주는 것'이다. 더욱이 이 나라는 선진화라는 의미를 조작하거나 왜곡할 필요도 없이 거짓 선진화를 기꺼이 받아들인다. MB정권과 뉴라이트는 이런 사회 분위기에서 이른바 '이념을 제거한 실용주의'를 주창하면서 좌파를 선진화의 발목을 잡는 이데올로기 세력으로 매도한다. 그래서 이들은 민주정부 10년을 '잃어버린 10년'이라고 비난하는 것이다.

그러나 떠올려보라. 민주정부 10년 동안 개인주의가 얼마나 팽배하고 '부자 되세요'와 '웰빙'이 얼마나 붐을 이루었는지. 이것이야말로 신자유주의의 활약상이 아니고 무언가? 바로 이 기름진 토양 위에서 핀 꽃이 현 정권이 내거는 '선진화'다. 이들은 오직 돈이 목적인 사업을 계획하면서 여론의 반대에 부딪치면 선진화라는 말로 비켜가고 있다. 선진화가 무소불위의 힘을 발휘하고 있는 것이다.

'민족'만 해도 그렇다. 이중질곡의 시장에서 의미를 왜곡하려면 독재가 필요했는데, '선진화'에 이르러서는 의미의 왜곡이 불필요해지면서 사회 구성원 대다수가 자진하여 왜곡된 의미를 진정한 의미로 받아들이고, 더 나아가 그렇게 주장하는 사태가 벌어졌다. 수많은 희생을 통해 쟁취한 민주화의 내용이 그 알량한 다수결 원칙 말고는 아무것도 제대로 확보되지 못한 상태에서 우리 사회는 가짜-선진화의 독무대가 되기에 안성맞춤인 토양을 제공한다. 이렇게 해서 우리 사회는 말 그대로 돈이 판치는 세상이 되었다.

이러한 비옥한 토양에서 뉴라이트는 '식민지근대화-박정희의 개발독재에 의한 근대화-선진화'라는 한국 근현대사의 뼈대를 새 교과서에서 주장하고자 하는 것이다.

이것은 (재벌을 물적 기반으로 하는) 파시즘을 향한 이론구축 작업이다. 이대로 가면 민주주의는 종언을 고하게 된다. 그러나 지난

이 조작은 '언어에 대한 인간의 오해'에 기반하고 있다.

6 · 2 지방선거에서 보았듯이 아직은 우리 국민에게 이를 저지할 힘이 있다. 문제는 정치세력이다. 민주세력이 파시즘에 대항해 어떠한 민주주의를, 어떠한 사회발전을 대안으로 제시할 수 있을지 몹시 궁금하다. 그 대안을 제시하면서 선진화의 허구를 정면으로 돌파해야만 하는데, 과연 정면 돌파란 무엇일까?

이에 대한 대답은 이 글의 주제도 아니려니와 내 능력을 벗어난다. 다만, 선진화의 허구와 관련해서는 바로 다음에 이어지는 글 「진보는 퇴보의 다른 이름」에서 내 나름대로 철저히 비판했음을 말해둔다. 그리고 '선진화'에 대항할 민주진영의 '진지'(단어)로서 '자연화'를 제안한다.

펜이 칼보다 무섭다고 했다. 지금까지 살펴본 것처럼 언어는 어마어마한 힘을 가지고 있다. 우파의 가면을 쓴 모리배들은 언어 조작술을 통해 권세를 누려왔다. 그들의 가장 빛나는 업적은 빨갱이라는 말을 생산한 것이다. 국어사전에는 빨갱이가 공산주의자를 속되게 이르는 말이라고 나와 있지만, 실제로 사용되는 것을 보면 전혀 그렇지가 않다.[12] 오늘날 우리 사회에서 빨갱이는 반드시 처단해야 할 악마와 같

---

12. 이른바 우파들이 현대 중국공산주의자들을 빨갱이라 하기는커녕 얼마나 잘 모시는지를 보라.

은 존재로 취급받는다. 그러니까 아합 왕이 나봇의 포도원을 빼앗을 욕심에서 나봇이 하느님을 욕했다고 누명을 씌워 죽일 때와 같은 상황에서 쓰는 말인 것이다. 이 빨갱이야말로 우파의 가면을 쓴 모리배들이 자기 존립을 위해 만들어낸 환영 그 자체로만 이루어진 유령이다.

이 유령 때문에 한국의 정치판은 아주 기형적이 되었다. 우파를 기준으로 정파들의 위치가 자리매김 되는 한국의 정치지형에서 우파가 없다는 사실은 참혹한 비극이다. 가짜-우파는 허상의 좌파를 설정하여 DJ와 노무현을 임의적으로 그 자리에 세우고서 '좌빨', 즉 좌파 빨갱이라는 이미지를 덧씌웠다. 그러나 전세계적인 우파 정책인 신자유주의를 추진한 그들 두 사람이 과연 좌파일 수 있을까? 정치인과 정당의 성향을 정책을 바탕으로 평가하지 않는다면 도대체 무엇을 토대로 한단 말인가! 더욱이 DJ는 김성수 일파의 한민당을 계승한 옛 민주당의 신파新派 출신 아닌가? 그리고 그가 이끈 정당에서 나온 노무현은?

이들이 이끄는 세력을 사람들이 좌파라고 부르는 순간, 우파 활동이라는 이름이 가리켜야 할 실제 대상(민주정권의 정치활동)을 좌파 활동으로 받아들이는 기형적인 사태가 벌어지고 만다. 또한 신자유주의 정책 탓에 빚어진 심각한 양극화가 마치 좌파가 내놓은 정책이 잘못되었기 때문인 것처럼 간주되면서 실제 좌파의 정책은 그 그늘에 묻히게 될 가능성이 높다.

지금 한국 사회에서는 정명正名을 찾는 일이 무엇보다 중요하다. 가장 시급한 것은 'MBC에 정명을 찾아주는 일'[13]이 아니라 이데올로기와 관련된 이름들의 정명을 찾아주는 일이다. 이데올로기 조작은 이름의 의미가 지닌 정신적인 분위기를 만들어낸다. 오피니언 리더들은 의미의 공급자이기 때문에 자의든 타의든 이데올로기 조작의 주역을 맡고 있다. 그러므로 오늘날과 같은 공급자 일변도의 언어 시장에서 가장 시급하고 중요한 일은 소비자운동이다. 정명은 사용자가 붙여줄 수밖에 없다. 이때의 대원칙은 실제 쓰임새와 일치하는 이름만을 구매하는 것이다. 어느 누구도 아닌 소비자가 모든 불량품과 허위제품을 반품하고 불매운동에 나서야 한다.

---

13. 지난 2008년 방송문화진흥회 20주년 기념식장에서 최시중 방통위원장이 MBC를 비난하기 위해서 한 말. "MBC는 공영방송인가 공민영방송인가 민영방송인가. 과연 MBC의 정명은 무엇인가를 돌아볼 시점이다."

진보는
퇴보의
다른 이름

진보란 무엇일까? 한번 설명해

보시라. 혹시, 묻지 않으면 알지만 설명하려면 알지 못하는 게 아닌

지? 그게 사실이라면 왜일까? 예컨대 자연과학, 즉 수소의 비중을 묻

는 물음에는 공식만 알면 대답할 수 있다. 그러나 진보에 대해선 어

떠한가? 뭐라고 한 마디로 설명할 수 없다. 여러 마디라면 어떨까?

그러니까 진보가 사용되고 있는 여러 용례를 말하면? 그것은 정의定

義의 형태를 띠지 않기 때문에 시험 답안에 정답 처리가 되지 않는다. 사회에서 통용되는 문답의 규칙에 맞지 않는다. 그래서 아예 시도조차 하지 않는다.

대신 상기하려고 애쓴다. 진보에 관해서 알고 있기 때문에 그 알고 있는 바를 상기해보는 것이다. 하지만 정확하게 그것이다, 라고 초점이 모이지는 않는다. 우물쭈물 지어내 말하는 것이 아니라면, 당신은 진보를 알지 못하므로 설명할 수 없다. 여러 용례를 관통하는 '공통된 무엇'(본질)은 세상에 존재하지 않는다. 상기는 이 존재하지 않는 것에 매달려 있다. '공통된 무엇'은 언제나 구체적인 쓰임과 결별함으로써 순수해지긴 하지만, 그 순간 존재하지 않는 환영이 되고 만다. 애당초 진보·사랑·행복 따위의 추상명사는, 그 추상명사가 쓰이는 예를 떠올려보지 않고는 그 자체만으로 상기할 도리가 없다.

그럼에도 순수하게 상기할 수 있다고 믿는다면, 그건 환영에 붙잡혀 있는 것이지 상기할 수 있는 것이 아니다. 상기는 실천이지만 믿는 것은 실천이 아니다. 예컨대 그 자장면은 맛있다는 경험을 상기하는 것과 그 자장면은 맛있을 거라는 믿음을 상기하는 것은 전혀 다르다. 쓰임use을 떠난 본질이라는 것은 지상에 존재하지 않으므로, 쓰임을 떠난 본질로서의 진보가 무엇인지는 말할 수 없다. 말을 한다면, 어떤 환영을 지껄이는 것, 즉 헛소리를 하는 것에 불과하다.

마법은 신용에서 일어난다.

그런데 우리가 "진보란 무엇인가?"라는 질문에 대답하려는 진보는 여러 용례에 공통된 무엇, 즉 본질로서의 진보다. 바지나 콩나물국 같은 낮은 차원이 아닌 고차원의 의미가 부여된 진보! 도대체 그게 무엇이냔 말이다. 알지 못하는 그것—의미 생산자인 엘리트의 헛소리—때문에 인생을 망치고 있다면 그것에서 탈출해야 하지 않을까?

"그러므로 시간이란 무엇인가? 아무도 나에게 묻지 않으면, 나는 안다; 그 물음을 설명하려 하면, 나는 알지 못한다"(아우구스티누스, 『고백』 XI.14)—우리는 자연과학의 물음, 예컨대 앞에서 말한 수소의 비중을 묻는 물음에 대해서는 그렇게 말할 수 없을 것이다. 아무도 우리에게 묻지 않으면 알지만, 우리가 그것을 설명해야 할 때는 더 이상 알지 못하는 것은 우리가 상기해내야 하는 어떤 것이다.[1]

진보의 경우에도 '실천'한 진보를 상기하는 것(이 경우에는 사례를 떠올리게 된다)이 아니라 진보에 대한 '믿음'을 상기하는 것(이 경우에는 본질을 떠올리게 된다)이기 때문에, 여기에서 탈출하려면 진보가 일상 속에서 어떻게 실천되고 있는지를 알아야만 한다. 그런데 현대인은 진보를

---

1. 비트겐슈타인, 『철학적 탐구』, 이영철 옮김, 책세상, 2006, 89항.

'믿음'의 환영 위에서 '실천'하므로 자신이 '현재'를 살고 있지 않다는 사실을 전혀 깨닫지 못한다. 만약 당신이 이 점에 의문을 제기한다면 그것은 진보를 '믿음'의 환영 위에서 '실천'하고 있다는 반증이다. 믿음의 환영은 당신이 현재를 살지 못하게 만들면서 동시에 현재를 아주 열심히 살고 있다는 착각을 불러일으킨다. 이 환영을 제거하지 않는 한 우리는 탈출할 수 없다.

현대인은 죽었다 깨어나도 현재를 살 수 없다. 왜냐하면 자본주의가 그런 삶을 결코 허용하지 않기 때문이다. 더 나은 미래의 삶을 위해서, 즉 진보를 위해서 현재를 저당잡힌 사실은 돈의 메커니즘을 보면 잘 드러난다. 종이 쪼가리에 불과한 돈이 어떻게 사회 전체를 지배하는가?

마법은 신용(미래의 약속)에서 일어난다. 돈은 신용을 약속한 종이 쪼가리다. 신용은 어디에서 발생하는가? 경제학의 이론이야 어찌 됐든 소수 금융권력이 사회적 합의를 앞세워 법률로 강제하는 데서 생긴다. 이것을 법화法貨라고 하는데, 사전에는 '통화의 원활한 유통을 위하여 법률에 의해 강제로 통용시킨 화폐'라고 나온다. 그런데 왜 강제로 돌려야 하는 걸까? 그 까닭은 마법을 일으키기 위해서다. 여기서 잠시 파우스트의 마법을 살펴보는 것도 좋을 듯하다.

재무장관 폐하께서 선선히 서명해주셨고, 이날 밤 즉시 마술사(파우스트)를 시켜 수천 장을 인쇄하였습니다. (중략) 십, 삼십, 일백 크로네짜리 지폐가 마련된 것입니다. 그것이 얼마나 백성들을 기쁘게 했는지 상상도 못하실 겁니다. (중략) 다른 글자는 이제 무용지물이 되었고, 폐하께서 서명하신 글자 속에서만 행복을 느끼게 되었습니다.

황제 백성들 사이에 그것이 금화 대신 통용되고 있단 말이냐? 군대와 궁중의 급료도 그것으로 다 치를 수 있단 말이지? 너무 놀라운 일이라 이해가 가지 않지만 인정할 수밖에 없구나.[2]

이해가 가지 않는 이 일을 존 로(John Law, 1671~1729)가 해치웠다. 연극 무대가 아닌 현실에서 말이다. 재정파탄에 직면한 루이 15세의 프랑스를 구해낸 것은 놀랍게도 금이 아닌 인쇄기였는데, 존 로의 지폐 아이디어가 바로 그것이다. 그는 도박의 천재이자 현대금융의 창시자다. 그의 아이디어가 실현되어 지폐가 화폐로서 인정받은 것은 국가의 약속과 국민들의 믿음 덕분이었다. 지폐 경제의 생명은 약속

---

2. 괴테, 『파우스트』, 정서웅 옮김, 민음사, 2009..

과 믿음, 이 두 개로 이루어진 신용이다. 존 로의 대도박 같은 아이디어야말로 시간에 대한 인류의 관념을 획기적으로 바꾸어놓은 대사건이다.

신용은 거래한 재화의 대가를 앞으로 치를 수 있음을 보이는 능력이다(표준국어대사전). 즉 미래에 약속을 지킬 수 있다는 것을 믿음으로써 가능해지는 것이다. 이게 지폐다. '미래에 약속을 지킬 수 있다는 것을 믿음', 바로 이것이야말로 지폐를 쓰고 있는 당신의 삶을 규정하는 법칙이다. 따라서 지폐를 사용하는, 현대를 살고 있는 당신에게 현재는 없다. 아직도 당신은 이해가 잘 가지 않을 것이다. 당신의 골수까지 이 사기, 이 거짓 약속, 그리고 이 강요된 믿음에 세뇌당해 있기 때문에.

여기서 「시대정신Zeitgeist」이라는 다큐멘터리 영화[3] 한 편을 소개한다. 이 다큐멘터리를 통해 우리는 세계기축통화인 달러의 생산과 유통에 관한 희대의 사기를 보고, 현대인이 어떻게 자발적으로 돈의 노예가 되었는지를 깨닫게 될 것이다. 이 글의 이해를 돕기 위해 영화의 내용 가운데 일부를 소개한다.

---

3. http://video.google.com/videoplay?docid=-5691856346955590274와 그 속편인 http://bbs1.agora.media.daum.net/gaia/do/debate/read?bbsId=D115&articleId=620193의 '금융' 부분 참고.

1. 기존의 통화체계는 종교처럼 가장 의심받지 않는 믿음의 대
   상이다. 돈이 어떻게 만들어지고, 어떤 정책을 따르고, 사회
   에 어떻게 영향을 주는지 대부분 모른다. 세계의 1%가 40%
   의 부를 차지하고 있고, 날마다 3만 4천 명의 아이들이 가난
   과 (치료할 수 있는) 병으로 죽어가고 있으며, 전 세계 인구의
   50%가 하루 2달러 미만으로 살아가고 있다. 우리가 알든 모
   르든, 우리의 살아 있는 피로 이루어진 모든 제도, 그리고 그
   러한 사회 자체가 돈이다. 우리의 삶이 이렇게 된 이유를 알
   려면 통화제도를 이해해야 하지만, 경제학은 복잡한 금융 용
   어와 무서운 수학으로 도배되어 있어서 우리를 곧 포기하게
   만든다. 그러나 금융체계의 복잡성은 가면에 불과하다. 역사
   상 사람들을 가장 무력하게 만드는 제도라는 것을 감추기 위
   해서다.

2. 미 중앙은행 연방준비제도가 「현대통화흐름Modern Money
   Mechanics」이라는 문서를 만들었는데, 이 문서는 전 세계 상
   업은행망을 떠받치는 연방준비제도가 돈을 만드는 과정을 보
   여준다. 첫 장, 이 문서의 목적에는 지불준비제도 안에서 돈
   을 만드는 기본 과정이 나온다. 이를 알기 쉽게 설명하면 다
   음과 같다.

① 미국 정부가 돈을 찍어내기로 결정하면, 그 결정에 따라 연방준비제도에 연락해서 100억 달러를 요청한다.

② 연방준비제도가 승낙하는 과정을 거쳐 100억 달러의 재무부 채권을 사들인다.

(여기서 정부와 연방준비제도의 거래 관계를 다시 보자.

- 정부가 종이를 사서 거기에 공식적으로 보이는 그림을 그려넣고 '재무부 채권'이라고 이름 붙인다. 그러면 100억 달러의 가치가 생긴다.

- 이 채권을 연방준비제도에 보낸다. 그 대가로 연방준비제도는 자신이 만든 인상적인 종이 다발을 건넨다. 이 상태의 종이를 연방준비권이라고 하며, 재무부 채권과 마찬가지로 100억 달러의 가치가 있다. 연방준비제도는 연방준비권과 채권을 교환한다.)

③ 교환이 끝나면 정부는 100억 달러의 연방준비권을 갖게 되고, 그 액수를 은행 계좌에 입금한다. 그러면 공식적으로 법정통화가 되어 미국 통화는 100억 달러 늘어난다. <u>난데없이 100억 달러의 돈이 생긴 것이다.</u>

(그런데 여기서 예로 든 이 교환은 종이를 전혀 쓰지 않고 전자적으로만 일어난다. 미국 화폐량의 3%만이 실제 화폐로 존재하고 나머지 97%는 컴퓨터에 있다.)

재무부 채권은 본래 채무증서다. 연방준비제도가 느닷없이 만들어낸 돈으로 이 채권을 구입하면 정부는 그 돈을 연방준비제도에 갚기로 약속하는 것이다. 갚기로 약속하는 것, 이것이 돈이다. 조금 더 알아보면, 돈이 빚(채무)에서 생겼다는 어처구니없는 사실이 분명해진다.

아무튼 교환이 끝나면 100억 달러가 시중은행 계좌에 들어간다. 여기부터 재미있어진다. 지불준비제도 때문에 그 100억 달러 예금이 순식간에 은행의 준비금이 되는 것이다. 모든 예금이 마찬가지다. 「현대통화흐름」에서 말하는 지불준비율이란 은행이 규정된 예금비율에 맞게 법적 준비율을 맞추는 것인데, 현재 규정에 따르면 10%다. 즉 100억 달러의 예금이 있으면 그 10%인 10억을 준비금으로 보유하고 나머지 90억은 초과 준비금이 되어 대출자금으로 쓸 수 있다는 말이다.

이렇게 하면 100억 달러 예금에서 또 느닷없이 90억 달러가 생기는 것이다. 그리하여 돈은 100억＋90억＝190억…… 이런 식으로 계속 늘어난다. 「현대통화흐름」에 나온 내용처럼, 당연히 은행들은 예금으로 받은 돈에서 생긴 대출금을 갚지 않는다. 만약 갚아버리면 추가적인 돈이 생기지 않는다 (후술하겠지만, 갚아버리면 현대의 금융은 그 즉시 동결돼버린다. 한마디로 망해버리는 것이다).

대출할 때 은행은 약속어음(대출증서)을 받는다. 그 대가로 차용자에게 신용(돈)을 준다. 단지 지불준비율을 맞추는 100억 달러가 있고, 그런 대출 요구가 있기 때문에 난데없이 90억 달러가 생기는 것이다. 이제 사람들은 은행에 가서 새로 생긴 90억 달러를 빌린다. 그들은 돈을 받아 자기 계좌에 예금한다. 이 과정이 반복된다. 그 예금이 또다시 지불준비금이 된다. 10%를 떼어내고 90억 달러의 90%(81억 달러)가 새로 대출할 수 있는 돈으로 생긴다. 물론 81억 달러는 대출되었다가 예금되어 72억, 65억, 59억……으로 이어진다.

이렇게 예금으로 대출을 만드는 과정이 이론상 무한정 반복된다. 원래 100억 달러에서 생길 수 있는 돈은 최대 900억 달러가 된다. 즉 은행에서 발생하는 모든 예금에 대해 불쑥 9배의 돈이 생긴다. 돈이 급한 사람은 당장 돈을 빌리기 위해 미국은행을 찾아가 편리한 개인대출형태로 ‘돈’을 받는다. 이제 우리는 지급준비제도로 돈이 어떻게 생겼는지를 알았다.

이처럼 세계 대부분의 은행에서 시행하고 있는 지불준비금제도는 사실 현대판 노예제도다. 생각해보라. 돈은 빚에서 나온다. 빚을 지면 사람들은 어떻게 하는가? 빚을 갚기 위해 고용된다. 돈이 빚에서 생기는데 사회가 어떻게 빚에서 자유로울 수 있겠는가? 불가능하다. 그것이 요점이다. 여기서 다시 한 번 강조하자. 현대금융체계에서 돈은 빚이고 빚은 돈이다. 이 돈은 대출을 통해서만 생긴다는 사실을 기억하자. <u>그래서 정부를 포함하여 모든 사람이 모든 빚을 갚을 수 있으면 단 1달러도 돌지 않게 된다.</u> 연방준비제도 총재 머리너 에키스는 "우리 통화체계에서 빚이 없으면 한 푼의 돈도 없다"고 말했다(1941년 9월 30일).

'빚의 자가 재생산 시스템'(현대통화체계)—이 완벽한 시스템의 최종 생산물은 노예다. 모든 사람들이 재산을 지키고 잃지 않으려는 두려움 속에서 자발적으로 노예가 된다. 그래서 임금노예가 줄을 서게 만든다. 다람쥐 쳇바퀴 돌듯 인류 전체가 쳇바퀴를 돈다. 이들은 피라미드 정상에 있는 엘리트에게만 이득이 되는 제국을 강화하기 위해 생존하고 있다.

이런 놀이를 영속하려면 빚이 사라져서는 안 된다. 또한 그러기 위해서는 갚기로 한 약속이 무한히 유예될 수 있어야 한다. 앞서 말한 존 로는 천부적인 수학 계산능력을 발휘해 '약속의 무한 유예'를 가능케 하는 지폐경제체계를 구상, 이 아이디어를 프랑스에서 실현했다.

현대금융은 바로 이 존 로의 구상[4] 에 기초한다. 그는 경제의 시

---

4. 존 로, 『화폐와 교역』, 1705.

간을 현재에서 미래로 옮겨놓았다. "지금 당장 금은보화가 없더라도 국가는 미래의 수익을 근거로 화폐를 발행하여 국고를 채울 수 있다"는 존 로의 주장이 성립하기 위해서는 시간 개념의 변경이 전제되어야 했다. 신용은 미래의 시간이 전제되지 않고서는 성립될 수 없기 때문이다.

신용의 본질은 현재의 위기를 미래의 어느 시점으로 연기하는 데 있다. 신용체계 아래서 자본의 자기운동은 저축을 위한 욕망 때문이 아니라 지불결제를 기약 없이 연기하려는 절망적인 요구 때문에 발생하게 된다. 그 결과, 지불결제를 계속해서 무기한 연기하지 않으면 안 된다. 차이(잉여가치)를 보장하기 위해서 자본의 운동은 끊임없이 차이짓기를 필요로 한다. 이런 맥락에서 보면, 기술혁신이 진보 이데올로기에 의해서 생겨나는 것이 아니라, 진보 이데올로기 그 자체가 자본운동의 한 결과로서 발생하는 것이라고 말할 수 있다. 그러나 신용의 입장에서 생각해보면, 자본의 운동은 더 이상 단순히 이윤 창출을 위해 없어서는 안 될 것이 아니고, 지불결제를 위해 하지 않으면 안 될 그런 것이다. 끊임없는 차이짓기의 과정 속에서 분명히 드러나는 <u>자본주의의 시간성은 결코 무한한 미래를 향한 진보가 아니며, 기약 없는 미래로 지불결제를 끊임없이 연기하는</u>

현대인은 죽었다 깨어나도 현재를 살 수 없다.

<u>것이다.</u>[5] (밑줄은 필자)

자본주의 사회에서 시간이란 이런 것이다. 현대인은 정말 필사적이라 할 만큼 노력하고 있다. 유년기, 소년기, 청소년기, 청년기를 영어와 입시와 취직시험에 완전히 소진하고 있다. 이 꽃다운 시기의 생명이 피워내는 아름다움의 결정체를 무엇을 위해 그토록 학대하는가? 엘리트가 되기 위해서, 인간다운 삶을 살기 위해서, 남한테 무시당하지 않기 위해서, 제 밥벌이는 하기 위해서…….

그렇게 해서 사회에 나오면 목적은 이루어지는가? 또다시 경쟁이고, 줄 세워진 서열에서 탈락하지 않기 위한, 그리고 하나라도 위로 올라가기 위한, 현재 삶의 희생이다. 아니, 학살이다. 당신은 임종을 맞아 당신의 삶이 학살당했다는 것을 깨달을 수 있을까? 그러지 못할 것이다. 미래를 위해 현재를 학살하는 의지를 '인간이 취할 가장 훌륭한 태도'라고 교육받아왔으니까. 그래서 당신은 기꺼이 노예가 됐으며, 임종 때 이르러서는 더 노예이지 못한 자신의 인생을 후회하며 죽어가는 것이다. 역사상 어느 노예가 이런 적이 있었던가!

노예이기 위해서 필사적으로 노력하는 노예. 이것이 현대인의

---

5. 가라타니 고진, 『은유로서의 건축』, 김재희 옮김, 한나래, 1998, 259~260쪽.

자화상인데, 주님 앞에 노예이기를 간청하는 것과 같은 종교적인 트랜스 상태가 아니고서야 어떻게 가능하겠는가? 이 종교의 이름은 '역사의 진보'라는 종교다. 자본의 운동이 만들어낸 진보 이데올로기는 시간의 진행방향 자체를 바꾸어버렸으며 동시에 현재를 거세해버렸다. (시간의 방향에 관한 이야기는 뒤에 다시 하겠다.) 전 세계가, 전 사회가 역사의 진보를 향해 엔진을 돌리고 있기 때문에 인류는 역사에 갇히고 기약 없는 미래에 농락당하고 있다.

이때의 역사는 인간이 자연을 지배하고, 나아가 신의 능력을 가지려는 이른바 문명의 역사다. 이 불가능한 일인 '역사 속의 유토피아'는 '빚의 자가 재생산 시스템'과 궤를 같이한다. 역사 속의 유토피아는 최대다수 최대행복이라는 공리주의적(=행복주의적) 성격을 띠며, 심지어 공산주의가 붕괴된 원인도 이러한 행복주의를 거슬렀기 때문이다. 월러스틴은 공산권의 붕괴 원인이 사회에 작동되고 있는 '가치법칙'과는 다른 논리로 국가를 운영했기 때문이라고 했다.[6]

행복주의는 자본주의 경제의 원리인 '가치법칙'에 아주 잘 호응하는 철학이다. 자본주의에서 최고 가치로 내세우는 자유는 행복주의에서 말하는 자유로, 타인에게 피해만 주지 않는다면 무엇을 해도

---

6. 이매뉴얼 월러스틴, 『유토피스틱스』, 백영경 옮김, 창작과비평사, 1999, 23쪽 참조.

되는 자유를 뜻한다. 그러나 "자유는 행복을 배제하는 데에 존재한다"(칸트).

　행복주의의 행복은 이익이다. 자유는 나의 이익을 참고 함께 사는 사회(타자)에 기반을 두지 않으면 안 되는 가치다. 개인의 이익을 위한 자유를 자유라 한다면 우리는 모두 호모에코노미쿠스(=경제적 동물) 그 이상도 이하도 아닌 존재다. 그러나 실제로는 그렇다. 우리가 믿고 있는 '역사의 진보'는 인간이 미래를 위해 살도록 하면서 행복을 미끼로 만인에 대한 만인의 투쟁을 불러일으켜, 마침내 인간을 노예로 마드는 이데올로기다.

　이와 같이 우리의 생활이 화폐 위에서 이루어지기 때문에 화폐의 정체를 밝히는 것이야말로 우리의 삶을 아는 지름길이다. 이 돈 위의 삶은 다른 말로 하면 어떤 무엇인데, 이제 그 무엇―'진보'에 대해 알아보도록 하겠다.

　다시 한 번 '진보란 무엇인가?' 사례나 종류가 아닌 그것들에 공통된 것으로서의 진보를 말할 수 있을까? 아리스토텔레스는 말하기를, 개별의 꽃에 대해서는 몰라도 꽃들에 공통된 것으로서의 꽃에 대해서는 알 수 있다고 했다. 그의 스승 플라톤은 『메논』에서 그것이 상기로써 가능하다고 설파했다. 『메논』은 '덕이란 가르쳐질 수 있는가?'라는 주제를 놓고 소크라테스와 메논이 대화한 내용을 뒷날 플라톤이 기록한 책이다. 진보의 허구를 근원적으로 밝혀내는 데 『메논』은 매우 적합하다.

『메논』에서 소크라테스는 덕은 지식이 아니기 때문에 가르쳐질 수 없고 오직 상기해야 한다고 설득한다. 이때 상기는 전생前生에서 배운 것을 상기하는 것이다. 여러분은 놀랍지 않은가. 갑자기 웬 전생? 잘 알려진 '소크라테스의 문답법은 합리적인 방법과 공정한 규칙에 의해 규제되는 기술'[7]이다. 그런데 소크라테스는 '영혼불멸과 윤회사상'의 근거인 '전생'을 이 기술, 곧 문답법의 출발점으로 삼고 있다. 이른바 증명의 기술이 증명 불가능한 것(= 형이상학)에 의존하고 있는 것이다.

당신도 마찬가지로 진보를 형이상학(=증명 불가능한 것)에 의존하지 않고는 그 본질을 설명할 수 없는 것 아닌가? 할 수 있으면 해보시라. 증명 불가능한 것에 의존하지 않고 증명하기 위해 서양철학은 2500년 동안이나 노력했지만 실패했다.[8] 괜히 헛수고하지 말고

---

7. 플라톤, 『메논』, 이상인 옮김, 이제이북스, 2009, 15쪽.
8. 그 실패는 현대에 들어와 다음과 같이 입증되었다. "괴델의 불완전성 정리는 더 이상 기초를 필요로 하지 않는 어떤 수학적 실재라는 것이 존재하지 않음을 증명한다. 이 증명은 형식 체계를 그 안에서부터 붕괴시키는 것이다. 반면, 비트겐슈타인의 탐구는 '증명' 자체를 그 뿌리에서부터 의심한다. 그리하여 괴델과 반대로 밖에서 붕괴시킨다. 그는 증명이란 내놓기만 하면 그냥 자동적으로 받아들여질 수 있는 그런 것이 아니라 오히려 그 규칙에 복종하겠다고 나선 사람들에 의해서만 받아들여질 수 있는 것이라고 강조한다." 가라타니 고진, 『은유로서의 건축』, 182~183쪽.

국어사전에 나온 대로 진보를 말해보자. ① 정도나 수준이 나아지거나 높아짐. ② 역사발전의 합법칙성에 따라 사회의 변화나 발전을 추구함. 이게 진보라고? 이것은 진보의 겉, 즉 형식만을 설명하는 것이다. 내용이 빠져 있으니 엿장수 마음대로고, 코에 걸면 코걸이 귀에 걸면 귀걸이다.

소크라테스는 '덕은 가르쳐질 수 있는가?'를 알려면 반드시 먼저 '덕이란 무엇인가?'를 알아야 한다고 했는데, 산파술maieutikē이니 비판적 검토elenchos니 대화법dialektikē이니 온갖 장기를 다 부려서 알아낸 결과가 무엇인가? '덕은 앎이다'[9]라는 것이다. 얼마나 옹색한가? 덕은 덕이고 앎은 앎인 거지, 어떻게 생각했기에 이런 결론을 냈을까?

그 과정을 한번 들여다보자. ① 덕은 뛰어난 것이다. ② 뛰어난 것은 유익한 것이다. ③ 그러므로 덕은 유익한 것이다. ④ 그런데 유익한 것은 앎이다. ⑤ 그러므로 덕은 앎이다.[10] 여기에 대해 왈가왈부하고 싶지 않다. 다만, 앎으로 귀결됨으로써 덕의 내용이 사라져버렸다는 사실은 짚고 넘어가야 한다. 애당초 덕의 내용은 사례와 종류임에도 소크라테스가 그것을 거부하고 공통된 본질을 원했기 때문이다. 그

---

9. 『메논』 89a.
10. 『메논』, 작품 해설 26쪽. 옮긴이는 '덕'을 '탁월함'이라고 번역했다.

것도 저 유명한 방법론—대화법, 산파술, 비판적 검토—을 세상에 확고부동하게 정초하기 위해 자신의 소중한 목숨까지 버리면서.

그런데 소크라테스는 아무래도 찜찜했던지 다시 질문을 던진다. "앎이라면 당연히 가르칠 수 있어야 하는데, 도대체 누가 덕을 가르쳤거나 가르치고 있는가?" 아무도 가르친 적이 없었고 또 없기 때문에 다시금 덕은 가르칠 수 없는 것이고, 오직 참된 확신을 통해서만 덕을 가질 수 있다고 결론 내린다.

그러면 이 확신은 어디에서 오는가? 신적인 섭리에 의해서 생긴다는 것이다. 이것이 메논이 던진 최초의 질문('덕은 가르칠 수 있는가?')에 대한 최후의 답인데, 소크라테스는 대화를 처음 시작할 때 "덕은 지식이 아니기 때문에 가르칠 수 없고 오직 상기해야 한다"고 메논을 설득했었다. 우리가 소크라테스의 최초의 답과 최후의 답을 가장 적절히 정리해 이해하면 아래와 같다.

덕을 가지려면 전생에서 배운(또는 얻은) 내용을 상기해야 하는데, 이 내용은 지식이 아닌 믿음(확신)으로 되어 있으며 이 믿음을 얻는 경위는 신적인 섭리에 따라서이다. 그런 까닭에 상기를 원활하게 돕는 대화법(논리적 형식)을 거쳐야 덕을 잘 알 수 있다.

여기서 분명해진다. 내용을 알려면 확신과 신적인 섭리를 통해야 하고, 내용을 '잘' 알려면 논리적 형식인 대화법을 거쳐야 한다는 것이다. 즉 내용과 방식(형식)의 분리를 통해 인간의 탐구 대상이 신의 관할인 '내용'이 아니라 '방식'임을 설파하고 있다.

소크라테스는 대화의 전제조건으로 '먼저 덕이 무엇인지를 규정'하자고 제안하고 그렇게 하기로 동의를 받아낸 뒤 계속 비판적으로 검토해나가는데, 그 결과 덕은 수식어('잘' '확연히' 따위)로 전락해버리고 만다. "메논에게 덕은 내용의 문제이고, 소크라테스에게 그것은 방식의 문제다. 덕은 무엇을 행하는가에 따라 결정된다고 생각하는 메논에게 모든 것에 공통되는, 한 가지 의미의 덕은 없다. 다양한 종류의 덕들이 있을 뿐이다. 그러나 소크라테스에게 덕은 부사적('잘 well')으로 기능한다. 그것은 다른 여러 활동을 한 가지 의미로 수식한다. 소크라테스는 메논이 그 한 가지 의미를 찾도록 돕는다."[11]

부사적으로 기능하는 것은 다름 아닌 덕의 수행방식에 대한 강조다. 이처럼 소크라테스의 대화 목적은 본질을 탐구하는 것인데도 그 귀결점은 내용의 수식('잘 well')이 된다. 이것은 소크라테스 방식의 아이러니다.

---

11. 박재주, 「플라톤의 『메논』에 나타난 도덕교육론」 11쪽.

가라타니 고진은 "소크라테스는 증명을 하나의 대화로 도입하면서 동시에 대화 그 자체의 본래 목적을 제거해버림으로써 그 이전의 체계를 견고하게 만들었다"고 말한다. 뒤에 자세히 설명하겠지만, 체계[12]를 견고하게 만드는 것이—소크라테스의 방식이며—바로 '잘'이다. '덕' 대신 '진보'를 대입시켜도 지금까지 살펴본 내용은 똑같다.

우리의 주제인 '진보'가 영혼도 입도 다 마비시켜 잡아먹어버리는 '전자가오리' 같은 이념이라는 점을 폭로하지 않고선 현대인이 노예상태에서 풀려날 길이 없다. '전자가오리'는 메논이 소크라테스에게 붙여준 별명인데, 소크라테스가 대화를 할 때 상대를 호리고 현혹하여 난관에 빠뜨리는 주술사 같다고 해서 그렇게 불렀다. 그러면 진보가 '전자가오리' 이념임을 보여주기 위해 '진보 이념=소크라테스 방식'이라는 사실을 '직선의 시간관'이 거듭난 것과 관련하여 구체적으로 설명해보자.

본질로서가 아닌 쓰임에서 보면 진보는 '역사의 진보' 아래에서만 생명을 부지한다. 역사의 진보는 '역사는 자연을 정복하면서

---

12. 본문에는 '수학'으로 나오는데, 이것을 내가 '체계'로 바꾸었다. 『메논』에서 소크라테스가 기하학을 잘 모르는 한 젊은이에게 어떤 정리를 증명하도록 강요하고 그 과정에서 이전의 수학(기하학)을 견고하게 만들었다는 내용을 염두에 두고 한 말이므로, 이렇게 바꾸어도 본문의 취지에 어긋나지는 않는다고 본다. 『은유로서의 건축』, 183쪽.

시작되었다'는 근대적 역사관 그리고 문명관에 입각해 있다. 역사 속에서 이룩한 진보는 자연을 정복한 대가, 즉 문명화를 뜻한다. 진보의 이념 아래 인간은 자연을 분리해낼 뿐 아니라 자연을 지배의 대상으로 삼는데, 이를 실현시키는 힘은 '이성'에 있다.

진보가 추구하는 이상은 이성의 힘으로 사회와 자연을 재-디자인하는 것이다. 진보는 애초에 유대-기독교의 엘리트들이 창안한 개념이다. 이들만이 유일하게 여타 종교와 달리 '직선의 시간관'[13]을 사용하였다(이에 대해서는 뒤에 이야기할 것이다). 근대적 진보의 역사적인 출발은 유대-기독교적 시간관이 르네상스 시기에 그리스·로마의 고전문화를 만나 물질세계까지 장악하기 위해, 즉 이성의 힘으로 사회와 자연을 재-디자인하기 위해 거듭 태어난 '직선의 시간관'에 있다. 다시 태어난 진보는 '천국' 대신 이성에 의해 운영되는 이상적인 사회로서 '유토피아'를 제시했다.

가장 대표적인 것으로 토머스 모어의 『유토피아』를 들 수 있는데, 그것은 플라톤의 이상국가를 계승한 것이다. 다른 글에서 따로 다루겠지만, 유토피아는 근대가 역사 속에서 이루려는 진보의 추동력이요 도달하려는 신이었다. 유토피아의 건설은 자유주의·민주주

---

13. 이들은 다른 종교의 '원형의 시간'을 거부하고 유일하게 '직선의 시간'을 만들어냈다. 미르치아 엘리아데, 『영원회귀의 신화』, 심재중 옮김, 이학사, 2003 참고.

의·파시즘·공산주의·사회주의·군사독재 등 현대의 모든 정치체제에 '보이지 않는 손'으로 작용한다. 체제와 정파에 따라 이념도 다르고 구호도 다르겠지만, 모두 유토피아의 건설을 추구하지 않을 수 없다. 그러지 않으면 현대의 어떤 사회도 돌아가지 않기 때문이다. 그런 의미에서 다양한 정치체제를 창조하고 돌보는 세계자본주의는 유토피아를 천국으로 하는 종교라 할 수 있다. 이 종교의 이름은 앞서 말한 '역사의 진보'이며, 여기에서는 유토피아(천국/성부)와 이성(성령)과 세계자본주의(성자)가 삼위일체를 이룬다.

유토피아를 추구하는 근대의 직선의 시간관은 재생한 '소크라테스의 상기론'에 입각해 있다. 여기서 '재생'은 르네상스를 통해 거듭 태어난 것을 뜻하는데, 재생－상기론은 이 '거듭난' 상기론을 말하고 원原－상기론은 원래의 소크라테스 상기론이다. 재생－상기론은 신비주의의 형이상학을 걷어치워버렸다. 원－상기론에서 보면, 상기가 일어나는 곳인 '영혼'은 전생에서 왔다. 전생은 원형圓形으로 된 시간관의 소산이다. 소크라테스가 메논에게 엘레우시스 신비의식에 참여하여 입문하기를 권유했고, 플라톤이 신비의식에 입문했다는 사실로도 원－상기론에서 신비주의 형이상학은 큰 비중을 차지한다.

그러나 소크라테스가 사형당한 이유는, 나라가 믿는 신을 믿지 않고 다른 새로운 다이모니온[14](영적인 것)을 믿은 죄 때문이다. '다이모니온'은 다분히 고대 오리엔트의 냄새를 풍긴다.[15] 소크라테스가 권한 엘레우시스 신비의식이 '나라의 종교'라는 점에서 모순이 일어나지만 이때(『메논』)까지만 해도 소크라테스가 '나라의 종교'와 공존했던 것으로 볼 수 있다.

니체는 「그리스 비극시대의 철학」(이진우 옮김)에서 "플라톤으로 전혀 새로운 것이 시작된다. (중략) 그들(플라톤 이후의 철학자들)은 이단종교의 창립자들이며, 이들이 창립한 이단종교들은 모두 헬레니즘 문화와 전래된 양식의 동일성에 대항하는 반대 기관들이었다"고 비난한다. 여기서 플라톤은 소크라테스로 봐도 무방하다. 그의 저작이

---

14. 나는 다이모니온을 '신의 소리에 응하는'이라는 뜻으로 파악한다. 플라톤, 『에우티프론, 소크라테스의 변론, 크리톤, 파이돈』, 박종현 옮김, 서광사, 2003, 35쪽의 역주 참조. 이렇게 보면 '응하는 자'가 중시되며, 신의 소리를 듣는 '응하는 자의 내면'이 인간의 중심 기관이 된다. 이 내면이 소크라테스가 말하는 혼이다. 혼은 몸과 분리된 존재로, 소크라테스에게 대화는 혼이 혼에게 하는 것이다. 대화를 실어나르는 말(언어)이 로고스다. 로고스는 혼이 혼에게 하는 말이지 혼이 몸에게 하는 말이 아니다. 그런 의미에서 말(=로고스)은 이성(의 산물)이다. 소크라테스/플라톤은 오랫동안 외부의 신과 소통하던 주술적인 성격의 '말'을 내면의 혼이 소통하는 이성적(변증적)인 성격으로 바꾸어버렸다. 이런 변화에는 이란(조로아스터교)이나 이집트(태양신학)의 영향이 큰 것으로 보인다.
15. 나는 다이모니온이 영지(그노시스)와 깊은 관련이 있는 것으로 보고 페르시아에서 온 조로아스터교의 영향이 큰 것으로 생각한다. 다음의 인용을 참고하라. "플라톤은 소크라테스가 죽은 직후 페르시아로 가서 조로아스터교를 직접 연구하려고 했으나 기원전 386년에 발발한 스파르타와 페르시아 간의 전쟁 때문에 뜻을 이루지 못했다……"(J.B. 노스, 『세계종교사』, 윤이흠 옮김, 현음사, 2009, 177~178쪽). 그러나 가라타니 고진은 다이모니온이 이집트에서 온 것으로 보는 듯하다. 다음의 인용 참조. "플라톤은 분명히 그리스 사상가들 가운데 소수파에 속했다. (중략) 그의 신념은 일반적인 그리스 사유의 문맥을 완전히 벗어나서 갑자기 나타났음에 틀림없다. 그것은 그리스의 바깥, 즉 이집트로부터 온 것이 분명하다. 이집트는 영혼의 불멸, 일신교, 계획적으로 통제된 국가라는 개념들이 비롯된 곳이다. 철학자/왕이라는 플라톤적 개념 자체는 이집트로 거슬러 가서 그 흔적을 찾아볼 수 있다." 『은유로서의 건축』, 68쪽.

대부분 소크라테스를 주인공으로 하기 때문이다. 특히 플라톤이 소크라테스에게서 독립해 자신의 사상을 펼치기 시작한 것은 『메논』 이후다.

소크라테스를 죽음으로 몰아넣은 '다이모니온'은 그리스의 전통적인 '다신교의 신'이 아니라 외국에서 들어온 '일신교의 신'과 관련돼 있다. 앞의 주 14에서 설명한 것처럼, 소크라테스가 '로고스'를 '다이모니온'과 관련해 인간 '이성'이라는 의미로 처음 사용했다.

'상기'는 로고스(이성)를 사용하여 전생에 알았던 것을 떠올리는 것이다. 이성(로고스) 속에서 일어나는 작용 역시 로고스(말)다. 나아가 말(대화)을 통해 확실한 지식을 얻는 것도 로고스다. 상황이 이러하므로, 원-상기론이 재생-상기론으로 거듭 태어나기 위해서는 '전생前生'의 시간관인 '원형圓形의 시간'을 폐기하고 '직선의 시간'만 확립하면 되었다. 재생-상기론의 핵심도 로고스, 즉 이성(그러나 전생과는 무관한)이기 때문이다.

이를 달성하는 것은 두 가지 점 때문에 전혀 어려운 일이 아니었다. 하나는 로고스가 이미 기독교(스콜라철학)에서 하느님의 말씀으로, 또 하느님의 아들(성자)로 채용되었다는 점이고, 다른 하나는 그 때문에 사형당했을 만큼 소크라테스가 진리를 추구하는 방식 속에 이미 직선적 시간관의 씨앗이 자라고 있었다는 점이다. 그의 '상기론’이 전생에 심어진 씨앗을 자라게 하는, 즉 배양하는 과정을 앎 자체로 여기므로[16] 최고의 가치인 덕(훌륭함)을 미래에 획득할 것으로 설계해놓은 것이었다. 덕을 탐구하기 위해 현재를 희생함으로써 더 나은 미래가 기다리고 있다!

소크라테스의 철학을 대표하는 “덕은 앎이다”라는 유명한 말을 그런 각도[17]에서 다시 음미해보면, 상기론이 재생의 조건을 충분히 갖추고 있다는 것을 발견할 수 있다. 덕은 원어로 aretē(아레테)라고 하는데, 예를 들면 좋은 눈, 좋은 구두, 훌륭한 농부, 훌륭한 정치가 등 모든 사물의 각 종류에 따른 훌륭하거나 좋은 상태를 말한다.

소크라테스가 든 예를 따라 이해해보도록 하자. 예컨대 훌륭한 제화공은 어떤 사람일까? 그의 훌륭함을 우리는 도대체 어디에서 찾을 것인가? 제화공의 ‘훌륭한 상태’는 구두에 대한 앎, 그리고 구두를 제대로 만들 줄 아는 것과 관련되어 있으니, 그의 ‘나쁜 상태’는 이와 반대되는 경우의 것이다. 구두를 제대로 만들 줄 안다는 것은 구두의 기능이 무엇인지를 알 때 가능한 일이다. 따라서 제화공의 ‘훌륭한 상태aretē’, 즉 제화공으로서 훌륭함은 구두의 기능

---

16. 따라서 소크라테스에게 앎은 내용이 아닌 과정이요 방식이다.
17. 주 16의 각도.

에 대한 앎과 그것을 제대로 만들 줄 아는 앎, 즉 기술이 있어야만 되는 일이요, 그 반대의 경우, 즉 그의 '나쁜 상태'는 구두의 기능에 대한 '무지'와 그걸 제대로 만들 줄 모르는 무지에서 비롯되는 당연한 귀결이다.[18]

이처럼 오늘날의 '지식'과 별반 차이가 없는 소크라테스의 '앎'은 끝없는 기능의 개선을 목표로 하는 미래지향적 과정을 내포하고 있다. 최고의 훌륭함인 덕의 경우에는 그것을 획득하기 위해 죽을 때까지, 아니 죽은 이후에도 노력해야 한다(전생의 것을 이어받아야 하므로). 이는 로고스＝이성＝말(논리)을 통해 달성된다. 소크라테스의 로고스는 방식이기 때문에 이미 '직선의 시간'은 잉태되어 있다.[19] 이렇게 해서 재생－상기론은 힘차게 거듭나는 것이다.

재생－상기론의 진보 이념에 입각한 교양과 지식이 상인·장인 등의 신흥부르주아지가 봉건귀족에 대항해 새로운 시대의 주인이 될

---

18. 『에우티프론, 소크라테스의 변론, 크리톤, 파이돈』, 21쪽.
19. 니체는 이 점과 관련하여 <u>소크라테스의 로고스</u>를 헤라클레이토스의 로고스와 비교해 격렬하게 비판한다. 「그리스 비극시대의 철학」 「비극의 탄생」 등 참조. 헤라클레이토스의 로고스는 직선의 시간에 대립되는 원형의 시간, 즉 영원회귀의 시간을 가능하게 하는 원동력이다. 헤라클레이토스의 대우주년의 일 년은 10,800 태양년을 주기로 모든 사물이 영원히 회귀한다. 헤라클레이토스의 로고스는 신적이지 소크라테스와 같은 인격적인 정신이 아니며, 내재적인 생성의 법칙(대립 투쟁의 변증법)을 특징으로 한다. 요한네스 힐쉬베르거, 『서양철학사』, 강성위 옮김, 이문출판사, 2008 참조.

수 있는 수단이었듯이 원-상기론의 변증법도 소크라테스의 출현과 함께 평민이 귀족에 대항해 상부로 올라서는 수단이었다. 초기에 이들 사회계급은 모두 이윤에 밝은 거상들이 주도했다.

이제 우리는 진보가 '방식'의 형태를 취하는 문제에 집중할 차례다. 진보의 운동이 필연적으로 '방식'을 통해 관철된다는 것을 가장 잘 보여준 사람은 헤겔이다. 진보가 방식이라고 말한다면, 소크라테스가 덕은 앎이라고 한 만큼이나 옹색하다. 그러나 "덕은 앎이다"라는 정의도 내용이 아닌 방식이라는 사실이 벌써 드러나지 않았는가!

진보가 방식이라는 난센스는 우리 삶의 방식으로 벌써 확고하게 자리 잡았다. 특히 엘리트가 되려면 방식에 탁월함을 보여야 한다. 법률가, 회계사, 기자, 건축가, 공학자, 디자이너 그리고 예술가까지도 방식을 다루는 전문가다. (이 책 1부의 「거대담론과 일상에 대한 오해」 중 "앞에서 말한 작가도 일상을 생활동화라는 '방식[형식]'으로 꾸며내자고 이야기하고 다닌다지 않는가. 이 같은 '방식'의 속임수에 대해서는 다른 글에서 상술할 것이다"에서 말한 '방식'이다.)

우리가 교육을 통해서 배우는 것은 방식이다. 심지어 인성 교육까지도 방식이다. 그 대표자가 '덕은 앎'이라고 가르친 소크라테스니까. 방식은 체계 속에 들어 있다. 앞서 "소크라테스는 증명을 하나의 대화로 도입하면서 동시에 대화 그 자체의 본래 목적을 제거해버림으로써 그 이전의 체계를 견고하게 만들었다”고 한 가라타니 고진의 말을 기억하기 바란다. 여기에 ‘방식’과 ‘체계’의 관계가 고스란히 들어 있다. ‘방식’을 통해 본래의 목적을 제거해버림으로써 이전의 ‘체계’를 견고하게 만드는 것—이것이 이른바 ‘진보’의 정체다.

방식은 체계를 견고하게 하고 체계는 방식을 발전시킨다. 방식의 발전이 진보이므로, 진보는 체계를 더욱 공고히 한다. 따라서 방식에 길들어져 있는 한, 체계를 빠져나갈 길이 없다. <u>우리의 논의에서 ‘안’이라는 것은 빠져나갈 수 없는 이 체계의 ‘안’을 말한다.</u>

20세기 구조주의도 소크라테스–플라톤과 마찬가지로 방식의 발전을 거쳐 체계를 공고히 하였다. 화이트헤드의 말처럼 서양철학 2천 년이 모두 플라톤 철학의 주석에 불과하다면, 서양철학은, 플라톤이 철학자를 건축가에 비유했듯 ‘건축 = 체계(형식) = 안 = 유심론’의 철학이다. 이 철학의 임무는 자아와 이성을 위해 체계, 즉 형식을 건축하는 일이다.

이런 건축은 형식화 또는 형식주의를 향한 욕망이다. 형식주의는 형식이라는 말과는 다르게 본질을 추구한다. 마치 소크라테스가 본질을 추구한 결과 그 본질을 방식으로(잘) 표현할 수밖에 없었듯이 똑같은 일이 일어나는 것이다. 그런 의미에서 자본주의는 하나의 건축물이자 방식이다. 돈은 이 건축물의 표상이다. 그것은 종이에 잉크를 발랐을 뿐이지만 정확히 '자본주의 신神'의 대행자이다. 따라서 돈은 물질의 대표 브랜드처럼 보이지만 기실은 형이상학(환영이자 속임수인 본질)을 베일 속에 숨기고 있다. 나는 이 베일을 벗기고 속임수를 폭로하기 위해서『너희들의 유토피아』를 쓰고 있다.

형식주의의 궁극은 '무오류의 체계'를 창조하는 것이다. 때문에 '바깥'을 받아들이지 않는다. 우리는 돈의 바깥에서 살 수 있는가? 불가능하다. 그러나 약점은 있다. 신용의 붕괴는 자본주의의 붕괴를 가져온다. 스태그플레이션과 공황 등이 신용의 붕괴로 갈 수 있는 지름길이긴 하지만, 그것만으로는 자본주의를 붕괴시킬 수 없다. 오지 신용의 붕괴를 통해서만 가능한데, 그것은 체계에 난 균열이 무너져 바깥의 바닷물이 해일처럼 밀려와 휩쓸어버릴 때다. 돈의 바깥은 신용의 바깥, 즉 '돈의 가치를 아무도 믿지 않는 것'이다. 휴지 조각으로 자본주의를 움직일 수는 없지 않은가!

진보를 믿고 따르는 삶은 '바깥'이 없는 까닭에 폐쇄회로에 갇힌 삶이다. 이 폐쇄회로가 다름 아닌 '무한대의 직선으로 뻗은 자본주의의 시간'이다. 얼마나 해괴한 이율배반인가. 이러니 하루 벌어 하루 먹고살기 바쁜 사람들이 이 전도顚倒, 이 도착倒着을 알 도리가 없다. 자본주의는 모든 정당한 가치를 전도시켰다고 해도 과언이 아니다. 앞서 본 것처럼 '본질'이 '잘'이 되고, '형식'이 '안'이 되고,

‘폐쇄회로’가 ‘무한한 직선의 시간’이 되는 등 이루 헤아릴 수 없다.

자본주의의 시간성은 무기한으로 연기된다는 점에서 유대-기독교의 시간성과 유사하다. (중략) 우리를 움직이는 것은 관념도 아니고 현실적 필요나 욕망도 아니다. 우리를 움직이는 것은 오히려 형이상학과 신학이다. 이 형이상학과 신학은 상품 그 자체의 형태 속에 새겨져 있으며, 이것은 또한 우리의 의사소통과 교환 속에 내재한, 근거 없음(예를 들면, 돈은 어떤 근거에서 돈이냐?)과 (근거 없음에서 오는) 위기 속에 뿌리를 두고 있다.[20] (괄호는 필자)

앞서 나는 “원-상기론이 재생-상기론으로 거듭 태어나기 위해서는 ‘전생前生’의 시간관인 ‘원형圓形의 시간’을 폐기하고 ‘직선의 시간’만 확립하면 되었다”고 말한 바 있다. 그만큼 ‘직선의 시간’은 근대의 진보 이념이 성립하는 전제조건이다. 자본주의 역시 ‘직선의 시간’ 위에서 운동하지 않고서는 존립이 불가능하다. 그렇기 때문에 ‘자본주의’와 ‘진보 이념’은 미래를 위한 ‘직선의 시간’을 모태로 해서 태어난 쌍생아인 것이다.

---

20. 『은유로서의 건축』, 263~264쪽.

　　유대-기독교에 내재한 직선의 시간관은 모세로까지 거슬러 올라간다. 하느님은 모세에 의해 처음으로 '야훼'라는 이름을 갖는다. 그 전에 이름을 갖지 않았던 하느님이 이름을 갖게 되었다는 것은 하느님의 의미가 분명해졌음을 뜻한다. 이름(의미/환영)을 통해 본질이 규정된 것이다. 그 본질의 규정이 바로 모세가 시나이 산의 불꽃 속에서 받은 열 가지 계율, 즉 십계다.[21] 십계를 실행하여 하느님의 나라를 이 땅에 세워라! 야훼는 역사 속에 유토피아를 세우라고 유대 백성에게 명령한 것이다. 신의 백성은 야훼의 역사役事를 역사歷史 속에서 이루어야 하며, 대망은 현재가 아닌 미래의 사건이다. 물론 최후의 대망은 종말론이다. 이것이 유대-기독교 엘리트들이 모세한테서 물려받은 직선의 시간관이다.

　　야훼는 모세에게 "나는 스스로 존재하는 자"라고 말한다. 이것은 바깥(타자)이 전혀 필요 없다는 점에서 완전함의 표현이다. '나는 스스로 존재하는 자'는 세계자본주/체계/이성의 특성이다. 예수는

---

21. 모세의 메시아 신학은 그가 이집트에 있을 때 태양신학의 영향을 받아 성립됐을 것으로 보인다. "아켄아톤의 종교개혁(기원전 1375~1350년)으로 유일신이 된 태양신 아톤은 '얼굴을 가린 신' '다른 세계에 숨어 있는 신'이었던 태양신 '라'와는 달리 세상에 완전히 모습을 드러냈다"(미르치아 엘리아데, 『세계종교사상사1』, 이용주 옮김, 이학사, 2005, 172쪽). 이는 야훼가 모세의 종교개혁으로 세상에 완전히 모습을 드러낸 것과 매우 비슷하다. 태양신의 아들 파라오는 마트(máat)의 화신인데, 마트가 '진리·질서·도리·정의'—이것들은 태양신의 존립 기초다—를 뜻하는 것으로 보아, 모세가 백성들에게 마트(십계명)를 주어 스스로를 파라오로 위치 지었을 가능성이 있다.

악덕(배움)의 계단 정상에 최고의 교육을 받은
엘리트들이 자리하고 있다.

‘모세의 체계’(구약)를 파괴하기 위해 마구간/바깥에서 태어났으며, ‘가난한 자, 병신, 거지, 과부’/바깥을 쉽게 말해 혁명세력으로 여겼다. 그러나 체계를 지키려는 자들이 예수를 십자가에 못 박아 죽이고 말았다.

오늘날 체계/세계자본주의의 바깥에서 예수가 태어난다면 어떤 활동을 할까? 가장 먼저 직선의 시간을 휘어서 원으로 만들 것이며, 그런 다음 손을 들어 ‘희망과 기쁨의 시간’을 가리킬 것이다. ‘희망과 기쁨의 시간’은 다름 아닌 미래 없는 현재다. ‘지금! 여기! 기쁨!’ 이 그의 슬로건이다.

직선의 시간이 가리키는 ‘미래의 희망’은 인간을 노예로 만들고 지구를 파멸시키는 최고의 악덕이다. 그것은 진보라는 멋진 언어로 무시무시한 악덕을 은폐한 채 빛나는 상아에 둘러싸여 있다. 인간은 금수가 되지 않기 위해서 배운다고 하지만, 현대는 오히려 배움을 통해 악덕의 계단을 하나씩 올라가고 있다. 어린 시절과 청년기 내내 시험에 나올 지식 따위를 배우느라 푸릇푸릇 싱그러운 생명의 빛을 지옥에 내던지면서까지.

첫머리에 한 이야기를 다시 되풀이하겠다. “빛의 자가 재생산 시스템(현대통화체계)—이 완벽한 시스템의 최종 생산물은 노예다. 모든 사람들이 재산을 지키고 잃지 않으려는 두려움 속에서 자발적으로 노예가 된다. 그래서 임금노예가 줄을 서게 만든다. 다람쥐 쳇바퀴 돌듯 인류 전체가 쳇바퀴를 돈다. 이들은 피라미드 정상에 있는 엘리트에게만 이득이 되는 제국을 강화하기 위해 생존하고 있다.” 악덕(배움)의 계단 정상에 최고의 교육을 받은 엘리트들이 자리하고 있다. 왜 천인공노할 이런 일이 벌어지는가? 직선의 시간 위에 있는 ‘미래의 희망’ 때문이다. 그런데 여기서 그것을 타파할 구체적인 대안을 제시할 수는 없다. 나에게는 그만한 능력이 없다. 더 솔직히 말하면, 대안은 또다시 진보의 이념 안에 갇히고 만다는 것을 알기 때문에 과학적인 대안이 아닌 세속적인 대안을 추구한다. 세속적인 대안에 대해서는 「유언비어의 사회학」 등 몇몇 글에서 드문드문 언급하였다.

자, 이제 ‘진보’의 허위를 벗기기 위하여 사회 속으로 뛰어들자.
사람들은 진보 덕분에 정신없이 바빠졌다. 왜 바쁘냐고 물으면 “더 나은 삶을 위해서” 또는 “잘 살기 위해서” 또는 “목구멍이 포도청이라서”라고 말한다. 그러나 아무도 더 나은 삶이 무엇인지, 잘 사는 게 무엇인지 묻지 않는다. 철학자나 종교인 같은 정신을 다루는 전문가들이 알아서 할 문제로 넘겨버린다. 현대인은 그들에게 돈을 주고 위안慰安을 사면 된다. 슈펭글러가 오늘날의 종교는 위로를 위한 기분전환용이 됐지만 현대문명에 필수적이라고 한 것은 아주 적절한 지적이다. 이것이 비단 종교에만 국한된 현상이 아니라는 사실은 3S(screen, sport, sex 또는 speed) 산업만 떠올려봐도 알 만큼 더 이상 설명이 필요치 않다.

실제로 사람들은 돈을 더 벌고 스펙을 더 쌓고 교양을 더 넓히고 몸을 더 아름답게 가꾸고…… 더 잘하기 위해서 불철주야 여념이 없다. 소크라테스에 따르면 '더 잘한다는 것'은 인간이 추구해야 할 최고의 '덕'이다. 그런데 소크라테스는 "무엇을 '잘'인가?"에서 '무엇'을 신적인 섭리와 확신이라는 형이상학에 넘겨버렸다. 대학에 있는 정신 전문가들은 이 형이상학을 형이하학으로 다루기 위해 사력을 다한다. 그 결과 이들 역시 소크라테스처럼 '잘'로 돌아간다.

대중은 전문가에게 공을 넘기고 전문가는 다시 대중에게 공을 넘긴다. 이 순환은 자본주의체계 속에서 운동하는 상품의 $G(화폐) - W(상품) - G'(G + \Delta G)$의 과정과 정확히 일치한다. 형이상학을 형이상학으로 대하지 않기 때문에 일어난 일종의 사기극이다. 그 결과, 형이상학이 사각지대에 방치됨으로써 일부 거대종교는 사이비종교와 구별하기 힘들 만큼 '사기의 전당'이 되어버렸다.

또 하나 중요한 것은 바로 이 '형이상학으로부터의 도피'가 정당정치에 의해 완전하게 보장된다는 사실이다. 보자. 정치가들이 모인 국회는 법을 만든다. 법은 사회의 근거다. 정치가 사회의 근거를 만드는 것이다. 그런데 이들이 만든 근거, 즉 법은 무엇에 근거하고 있는가? 국민의 의사에 근거한다. 국민의 의사는 무엇에 근거하는가? 법에 근거한다. 이 순환논법 역시 자본주의 상품의 G(화폐) – W(상품) – G′(G + ΔG)의 과정과 정확히 일치한다. 이게 날조가 아니면 무엇이 날조인가? 오늘날 국민들에게 정치는 그것 없이는 살 수 없는 형이상학적 욕구를 위한 대용품에 지나지 않는다. 사회의 근거를 만든다는 신화 속에서.

이 신화 속에서 보수는 체계를 유지하는 역할을 하고 진보는 체계를 발전시키는 역할을 한다. 자신들이 사회를 운영하는 '방식'이 좋은 사회를 만드는 최선의 길이라고 주장한다. 좋은 사회의 내용은 모두 각 정당이 추구하는 '방식'으로 환원된다. 그것이 바로 정강 정책이다. 이들의 좋은 사회는 결국 좋은 방식인 것이다. 따라서 기쁨의 원천 같은 좋은 삶의 내용은 어디에서도 담보되지 않는다(이 점은 현대문명의 비판과 직결되는 것으로, 내가 이 책을 통해 줄곧 제기하는 문제다). 복지국가에서 자살률이 높은 것도 그러한 사실을 반증하는 하나의 예다.

보수는 경쟁과 성장 그리고 상층을 위한 정치를 표방하고, 진보는 연대와 평등 그리고 사회적 약자를 대변하는 정치를 표방한다. 그러나 이들이 하는 정치는 결국 세계자본주의의 두 측면을 대표할 뿐이다. 보수는 경쟁과 이익＝행복이라는 기치 아래 체제를 양적으로 발전시키고(한국에서는 체제의 위기를 가져오고), 진보는 평등과 정의＝방식이라는 기치 아래 체제를 질적으로 발전시킨다(한국에서는 체제의 안정을 가져온다). 이 둘은 자본주의체제가 굴러가는 데 없어서는 안 될 두 축이다.

한국의 경우는 진보세력이 자신들의 이념을 적용할 사회현실이 혼란을 일으키고 있다는 것이 가장 큰 문제다. 참으로 우스꽝스럽게도 한나라당이 보수를 자임하고 있음으로 해서 진정한 의미이 보수가 진보 이념이 아닌 것으로 여겨지고 있는 것이다. 사회진화론을 배경으로 태어나 사회의 진화를 이념으로 하는 보수주의가 어떻게 역사의 진보를 추구하지 않을 수 있겠는가? 보수주의야말로 선진국의 이데올로기다.[22] 선진국이라는 게 뭔가? 가장 진보한 국가를 말하지 않는가.

---

22. 보수주의의 바이블이라 일컬어지는 에드먼드 버크(1729~1797)의 『프랑스혁명에 관한 성찰』(한길사, 2008)을 번역한 이태숙 교수는 『한겨레』와 인터뷰에서 보수주의에 대해 다음과 같이 말했다. "보수주의는 근본적으로 선진국 이데올로기예요. 긍정하고 지켜야 할 제도와 가치가 부재했던 신생국 대한민국에서 보수주의가 강세를 보여온 것은 기이한 현상입니다. 전쟁의 경험과 북한이라는 외부 위협의 존재에서 그 원인을 찾아야 할 것입니다. (중략) 한국에서 보수주의가 세력을 유지할 수 있느냐의 여부는 결국 북한의 위협을 계속 설득력 있게 제시할 수 있느냐에 달려 있습니다. 만약 북한의 위협이 약해지거나 사라진다면, 1990년대 미국의 네오콘이 그랬던 것처럼, 새로운 위협세력을 만들어내야겠지요."

그런데 우리는 보수가 역사의 진보를 뒷걸음치게 만든다고 생각하고 있다. 바로 이것이 보수를 빙자한 한국의 수구세력이 언어의 장난질을 통해 권력을 잡은 탓에 빚어진 '사회현실의 혼란'이다. 한국의 진보세력이 '매국노집단과 군사독재집단'에 뿌리를 둔 세력에게 '보수'라는 이름을 갈수록 더 허용하고 있는 것은, 그래서 한국의 정치지형을 보수와 진보로 정착시키는 것은 가장 결정적인 잘못이다. 이에 관해서는 앞의 글 「우파의 가면을 쓴 모리배」에서 충분히 살폈으므로 생략한다.

진보 이념이 현대생활에 어떻게 작용하는지를 보기 위해 이제부터 우리의 일상이 어떻게 진보의 레일 위를 굴러가고 있는지 살펴보겠다. 세 가지 예를 들어본다.

먼저, 사랑에 대해서.

얼마큼 사랑하느냐고 물었을 때, "너무나 사랑해서 말로 표현할 수 없어." "우리 사랑에는 바닥이 없어." "백번을 다시 태어나도 너만을 사랑할 거야." "너를 위해 죽을 수 있어." "나보다 더 사랑해." …… 그러나 "돈보다 더 사랑해"라고 말하는 사람은 본 적이 없다.

가혹하게 들릴지 모르지만, 당신이 연인을 목숨보다도 사랑할망정 돈보다 더 사랑하기는 거의 불가능하다. 죽으면 돈이고 뭐고 다

소용없는데 무슨 소리냐고 되묻겠지만, 그렇지 않다. 앞서 살펴본 것처럼 돈은 소용이 아니고 형이상학이다. 사랑을 위해서 목숨을 버리는 것은 순간의 결정이지만, 돈은 ('돈 위의 삶'은 체계에 복종하는—진보를 믿고 따르는—삶이라고 했듯이) 당신의 전 존재를 죽음 이후까지도 지배한다.

인류 최초의 서사시 「길가메시」에 나타나는 '사랑과 재물'의 원초적인 관계를 한번 살펴보자.

길가메시, 내게로 오세요. 신랑이 되어주세요.

사랑의 여신 이슈타르가 길가메시에게 반하여 구혼을 하지만, 길가메시는 여신을 모욕하며 거부한다. 여신은 분에 떨며 하늘로 올라가 부모 앞에서 눈물을 쏟는다.

아버지, 길가메시를 쳐부술 수 있는 황소를 제게 주세요.

여신은 하늘의 황소를 몰고 길가메시를 공격해온다. 지상에서 가장 유능한 사냥꾼 길가메시는 하늘의 황소와 싸워 목덜미와 뿔 사이를 칼로 찌르고 목을 베어버린다. 사랑을 거부한 대가로 하늘의 황소를 획득한 셈이다. 5천여 년 전 메소포타미아 지역을 다스린 길가메시 왕의 이 이야기에서 우리는 '사랑의 거부가 황소를 오게 한 것'[23]을 읽을 수 있다.

또 한 편의 서사시를 소개한다. 게르만 서사시를 오페라로 만든 바그너의 「니벨룽겐의 반지」에서 라인의 딸은 이렇게 노래한다.

사랑의 힘을 거부한 자만이,
사랑의 쾌락을 거부한 자만이,
황금을 강요하여 반지로 만들 수 있는
마법을 얻어낼 수 있으리.

여기서 반지는 무제한의 권력과 세계의 상속권을 지닌 반지다.

공교롭게도 세계금융의 중심지라는 미국의 뉴욕 월스트리트 한복판에는 검은 황소의 상이 서 있다. 세상은 월스트리트의 검은 황소 밑에 있는 사냥터일까? 우리는 길가메시의 범례를 따라서 날마다 사냥터로 나가는 것일까? 당신은 어떤가? 일을 위해, 성공을 위해, 사

---

23. 발터 부르케르트, 「그리스 문명의 오리엔트 전통」, 남경태 옮김, 사계절, 2008, 63쪽.

랑을 거부하고 있지는 않은지? 현대인은 황소를 위해 사랑을 거부했으면서도 사랑하는 당신을 위해 사냥터에 나간다고 믿고 있다.

예컨대, 당신과 K씨는 사랑하고 있다. 일에 파묻혀 있는 K씨는 사랑하는 당신을 만나기 위해서 일에 지장이 없는 시간을 고른다. 만약 K씨가 약속을 어길 경우, 일 때문이라면 당신은 이해한다. 하지만 K씨가 약속을 번번이 어기면 당신은 참지 못하고 화를 낸다. K씨는 당신을 분위기 좋은 레스토랑에 데려가 기분을 풀어준다. 당신은 K씨의 변명을 들으며 사랑의 감정을 회복할뿐더러 그를 이해하지 못한 것을 미안해하면서 더 열심히 일하라고 격려한다.

그러고는 라디오 음악 프로그램 같은 곳에 사연을 보낸다. "그 사람을 사랑한다는 건 그 사람의 일까지 함께 사랑하는 것이라는 사실을 깨달았어요. 자기야 사랑해!" 이렇게 사연이 나가고, "참 아름답군요. 일이라는 게 그렇잖아요. 자기도 어떻게 할 수 없을 때가 많으니까 말이죠. 사랑은 연인의 일에 대한 이해 없이는 쉽게 사그라지는 불꽃인 것 같아요" 운운하는 진행자의 멘트와 함께 「험한 세상 다리 되어」 같은 노래가 흘러나온다.

사랑보다 일(돈)을 중시하지 않으면 삶의 터전에서 추방당하는 엄혹한 현실이다. 길가메시든 니벨룽겐 반지의 주인공이든, 이들이 사랑을 거부한 대가로 얻은 부와 권력은 야망 때문이다. 그런데 현대의 소시민은 '빛의 자가 재생산 시스템'(현대통화체계)의 최종 생산물인 노예이기 때문에 사랑을 위해 '빛'(일/돈)을 거부할 권리가 없는 것이다.

둘째, 스케줄에 대해서.

꽉 짜인 스케줄을 보고 숨이 막힐 때도 있고, 시류에 뒤처지지 않았다는 자부심이 들 때도 있다. 전자일 때는 이렇게 살아서 뭐 하나 하는 회의가 밀려와 여행이라도 떠나고 싶고, 후자일 때는 경쟁사회가 안겨주는 희열 속에서 성취를 위해서라면 뭐라도 감수할 것 같다. 이 두 감정이 한 사람한테서 일어난다.

바쁜 스케줄상에서 당신은 주인인가 노예인가? 분명히 스케줄은 당신이 짜는데도 선택의 여지없이 당신은 스케줄의 노예다. 마치 인간이 정해진 운명의 각본대로 살면서도 자신의 의지대로 산다고 여기는 것과 같다. 스케줄에 작용하는 운명의 각본 같은 것, 그것이 바로 진보의 레일이다. 스케줄은 진보의 레일 위를 달리는 열차이자 진보의 레일이 깔려 있는 행선지다.

스케줄이 이 레일에서 벗어날 수 없다는 것은 일상이 그렇다는 얘기다. 우리가 일상을 말할 때는 공기와 같이 자각되지 않는 현상에 주목하는 것이 가장 중요하다. 거기에 일상의 진실이 있기 때문이다.

그렇게 하면 일과 무관한 경우에도 당신이 자신의 스케줄에서 벗어나지 못하는 것을 뚜렷이 보게 된다. 그것은 당신의 스케줄이 진보의 레일 위를 달리는 열차라는 반증이다.

예를 들어, 같이 놀아주기를 원하는 딸이 날이면 날마다 얼마나 외롭게 지내는지를 몰라서 함께할 시간은 내지 못해도, 허구한 날 보는 사람들과 건수 만들어서 보는 모임은 빠지기 힘들다. 또 우울증에 시달리는 늙은 아버지가 오늘 저녁 와달라는 부탁은 거절할망정 노인의 외로움을 다룬 영화 관람 약속은 기꺼이 지킨다. 등산모임, 친목회, 술자리, 미술 전시회 관람, 사진 강좌, 스포츠센터, 영어회화, 인터넷 동아리 활동 등 수없이 많은 스케줄이 당신을 기다리고 있다. 당신은 이것들을 인간적인 일(딸이나 부친)과 바꾸려 하지 않는다. 이는 당신이 원래 비인간적이어서가 아니라 스케줄이라는 게 본디 당신의 의지에서 독립하여 진보의 레일 위를 달리는 존재이기 때문이다.

당신은 스케줄상의 일 하나하나를 사용가치로 대하지 않는다. 모든 상품이 그렇듯, 스케줄도 물신物神이라는 환영으로 인해 당신을 떠나 하나의 독립된 세계를 이룬다. '일과(스케줄)의 세계'와 '당신'의 관계. 여기에는 필연적으로 논리와 방식이 관철된다. 당신은 이 논리와 방식—메커니즘—에 종속된 상태에서 살지 않을 수 없

필자가 안나푸르나의
어느 오두막집에 머무르며 찍은 풍경.

다. 이 메커니즘이 바로 스케줄에 작용하는 운명의 각본 같은 것이자 더 잘 살기 위해 미래의 시간을 향해 깔린 진보의 레일이다.

마지막으로, 여행에 대해서.

복잡다단한 업무와 현실을 떠난다는 것이야말로 여행이 안겨주는 큰 기쁨이다. 그러나 실제로는 대부분 피상적인 기쁨만을 맛보고 돌아오니, 안타까운 일이 아닐 수 없다. 그런데 가장 중요한 '떠남' 이것을 방해하는 장본인은 바로 '진보'라는 괴물이다.

히말라야의 안나푸르나를 여행한 경험을 예로 들어 잠깐 살펴보겠다. 바로 내 눈앞에 펼쳐진 장관에 감탄을 금치 못해 사진을 찍고 일행과 감동을 나눈다. 산에 흠뻑 취하고 싶어 홀로 계곡에도 앉아 있어 보고, 무심한 마음으로 오두막의 베란다에도 앉아 있어 본다. 그러나 정말로 잠시만 산에 집중할 수 있다. 산과 나 사이에 세상의 장벽이 둘러쳐져서 내 머릿속은 세상일로 다시 분주해진다. 이런저런 골칫거리, 크고 작은 스트레스, 창피한 기억들, 떠올리고 싶지 않은 얼굴들, 억울한 일, 분노할 일 따위……. 이 장벽을 벗어나지 않고서는 산과의 교감은 요원할 뿐이다. 벗어나려고 발버둥 칠수록 장벽 안으로 다시 붙잡혀온다.

이 장벽이 왜 진보와 관계가 있다는 것인가? 반대의 경우를 생각하면 답은 훨씬 쉽게 나온다. 나는 서울을 떠나 섬에 와서 사는데, 한 3년 넘어가니까 스트레스, 창피한 기억 등 세상사로 이루어진 장벽이 서서히 걷히는 것을 느꼈다. 그 기간만큼 진보의 레일에서 이탈하기 위한 노력을 기울인 덕분이다. 즉 그 기간 동안 나는 생활 속에서 직선의 시간을 휘어 원형으로 만들려고 애쓴 것이다. 자세한 내용은 생략하고 결론만 말하면 이렇다. '직선의 시간관을 가지고서는 어떤 수행을 해도, 또 어떤 영감으로 가득한 예술혼으로 접근해도, 자연은 당신에게 문을 열지 않을 것이다.'

안나푸르나를 내려와 카트만두 시내에서 쇼핑을 한다. 기념품을 비싸게 샀느니 싸게 잘 샀느니 하며 일행들과 함께 밥을 먹는다. 이 나라는 한국의 5, 60년대 같다고들 이구동성으로 말한다. 어디를 가든 한국의 경제수준과 비교하는 건 필수다. 사정이 이러한데, 우리의 여행이 진보의 레일을 달리고 있지 않다고 말할 수 있을까?

이제 마무리를 하도록 하자. 진보에 대한 비판은 진보 '바깥'에서 이루어져야 한다. 한국의 정치지형에서 진보세력이 거듭 새롭게 태어나려면 제일 먼저 스스로를 비판할 그 바깥이 어디인지를 발견해야 한다. 그 바깥은 결코 보수일 수 없을뿐더러, 보수로 위장한 모리배집단과의 논쟁이나 경쟁 또한 결코 바깥을 발견할 수 없게 만든다는 것은 두말할 필요가 없다. 그것은 자본주의가 원하는 구도만 확고하게 해줄 뿐이다.

나는 진보에 대한 비판을 '바깥'에서 행하였다. 이 '바깥'은 세계 자본주의체제의 바깥이며, 더 멀리 가면 문명의 바깥이다. 또한 인간의 바깥, 사회의 바깥이다. 그리고 개인적으로는 학문의 아웃사이더로서의 바깥이며, 나아가 내가 쓰고 있는 이 '문자' 세계의 바깥이다.

진보세력이 그 '바깥'을 어떤 '사회주의적인 이상' 같은 것에서 찾는 향수, 그리고 그것에 내한 고정관념에서 벗어나지 못한다면 패가망신할 뿐이다. 이를 염려하여 아래 인용과 함께 끝으로 내 의견을 몇 자 덧붙여보겠다.

사회주의는 이른바 '인간의 동일성'이라는 사실에서 출발한다. 마르크스가 그런 종류의 사회주의적 이상가idealist를 철저하게 비판한 것은 말할 필요도 없지만, 그것은 마르크스가 '가치'에 대해 보다 깊이 있는 통찰을 하고 있었기 때문이다. 고전경제학은 두 개의 이질적인 사용가치가 등가일 수 있는 근거를 거기에 포함된 동질의 인간노동에서 구한다. 사실 이것(모든 상품 속에 동질의 인간노동이 들어 있다는, 고전경제학의 노동가치설)은 화폐 형태를 전제로

한 발상이며, 화폐를 각 상품 속에 내재시키는 일이다. 요컨대 화폐의 성립에 의해 비로소 각 상품은 '공통의 실체(동질의 인간노동)'를 지니는 것처럼 보이기 때문에, 그들은 각 상품은 원래 '공통의 실체'를 지닌다고 생각했던 것이다. (중략) 마르크스가 말하는 것은 '인간은 똑같다(평등하다)'는 사고가 선험적인 진리가 아니라 '상품형태가 노동생산물의 일반적인 형태인 사회'에서 가능하다는 것이다. 결국 동질의 인간노동이란 처음부터 있었던 것이 아니라 화폐경제의 확대 속에서 나타난 것이다.[24] (괄호는 필자)

이처럼 상품에 내재한 '공통의 실체'는 모든 인간이 가지고 있는 '인간의 동일성'이라는 '가짜 개념'(=노동가치설), 즉 '본질'의 철학에 입각한 것이다. 아이러니하게도, 이 본질에 기초한 진보는 자본주의 변혁('차이'의 철폐)을 목 놓아 부르짖으면서 실제로는 오히려 '산업자본주의를 옹호하는 고전경제학'(차이의 확대)을 맹렬히 신봉한 꼴이 되었다.

산업자본주의는 시간적인 차이에서 이윤을 얻는다. 즉 기술 개발을 통해 가치체계를 끊임없이 차이짓기 함으로써 잉여가치를 획득

---

24. 가라타니 고진, 『마르크스 그 가능성의 중심』, 김경원 옮김, 이산, 1999, 47~48쪽.

한다. 이것은 시간적 차이가 가치의 차이를 생산하는 '방식'의 발전이다. 근대적인 의미의 진보는 이 방식이 주축을 이룬다.

여기서 방식은 인간의 호불호好不好에 상관없이 자기운동으로 관철된다. 인간의 감정이 사상된 바로 이 메커니즘, 형식주의, 수학적일 만큼 엄밀하고 논리적인 방식; 이념 – 비판 – 대안 – 토론 – 계획 – 실천. 이것이 진보주의자가 가장 좋아하는 태도이자 철학이다. 이곳에서는 생명이 질식한다.

엘리트주의만 남은 진보

어느 술자리에서 있었던 일이다. 엘리트주의를 한참 성토하고 있는데, 옆 사람이 이렇게 묻는 것이었다. "누가 엘리트 되고 싶지 않은 사람 있나?" 갑자기 조용하다. 뭔가 찔린 듯 아무도 대꾸를 못한다. 다들 젊었을 때 민중을 외치며 엘리트주의를 혐오했던 운동권 출신인데 꿀 먹은 벙어리다. 아무리 둘러봐도 내 주위의 진보인사들 중에는 그 물음에 답할 만한 사람이 없다. 지금 모두 다 엘리트인 것이다. 학벌의 연대에 의해서.

　　이 글에서는 엘리트주의를 타파하는 데 앞장섰고 지금도 그 생각에 큰 변화가 없는 학생운동권 출신의 진보적 지식인들을 비판하려 한다. 이들이 현재 우리 사회에서 중추적인 역할을 맡고 있으며, 여전히 엘리트주의를 부정하는 건전한 정신을 지녔다는 점 때문에 매우 생산적인 비판이 되리라 기대한다.

　　학생운동은 한국 진보운동의 주력이었다. 운동권 학생은 사회가 선망하는 엘리트로, 대부분 가난한 농민이나 서민의 자녀들이었다. 한국사회에서는 일류대학을 나와야 엘리드가 된다. 엘리트는 이 땅에서 누구나 되고 싶어 하는 0순위다. 계급상승을 통해 돈과 명예를 함께 거머쥘 수 있기 때문이다.

　　운동권 학생들은 군사독재의 현실 앞에서 개인의 영달이 보장된 미래를 반납하고 민중과 사회를 택했다. 사회를 위해 자신의 이익을 포기한 것이다. 그런데 그 이익을 보장해주는 수단인 학벌에 대해서는 좀 더 철저하게 인식하지 못한 것이 문제였다. 사회를 계급의 체계로만 봤을 뿐, 계급사회를 자발적으로 추종하게 하는 힘이 자본 자체(형이상학이 배제된 자본)가 아니라 자본을 자본이게 하는, 즉 자본에 '인격과 품위를 부여하는 학력/지식'[1]이라는 점은 간과했다. 이들은 자본주의를 경멸해 출세도 거부하면서 자본과 싸웠지만 결과는 자본의 장기적 이익을 위한 것이 되었다. 천민형 자본주의를 부르주아형으로 고급화시켰는데, 대표적인 예로 절차적 민주주의의 쟁취, 노동 3권의 보장 따위를 들 수 있다.

직선제 개헌이 이루어진 뒤 이들은 길을 잃었다. 대부분의 사람들은 1989년 동유럽권의 사회주의가 무너졌기 때문에 그 충격으로 운동을 놓아버렸다고 말한다. 과연 이들은 사회주의의 붕괴로 어떤 충격을 받았을까? 어미 새를 따라가다 길 잃은 아기 새의 충격 같은 것? 잘은 모르겠지만 아마도 '건축의 근거'를 잃은 충격일 것이다. 진보 논리로 무장된 이들에게 '건축의 근거'는 곧 생명이다.

그러나 내가 볼 때, 사회주의권의 붕괴가 아무리 운동권에 큰 영향을 끼쳤다 해도 실제로는 그들이 거주하고 있던 '관념의 집'을 허물어버린 것 이상의 큰 의미는 없다. 그것은 어차피 허물어야 할 건축물이다. 그 집을 허물지 않고는 잃어버린 길을 실제의 현실 속에서 되찾을 수 없는 것이었다.

이것은 진보주의자들에게 가장 불가능한 일이었다. 왜? '관념의 집'을 허물려면 학력/지식만을 자본으로 갖고 있는 스스로가 자

---

1. 종교가 신학에 의해 뒷받침되듯이 자본도 교육/지식에 의해 뒷받침되지 않으면 안 된다. 거슬러 올라가면, 근대적 지식과 학문은 근대 초기에 부르주아지가 귀족에 대항하기 위한 무기였다. 이것이 교양의 연원이다.

신의 토대를 허물고 다시 태어나는, 죽음과 재생의 과정을 거쳐야 하기 때문이다. 그것이 얼마나 어려운 일인지는 두말할 필요가 없다.

진보주의자들은 한국사회가 부르주아형 자본주의로 진전해가는 데서 '학력/지식'이 지렛대 구실을 하는 점을 주목하고, 이에 대한 철저한 성찰과 대책을 마련할 필요가 있었다. 만약 그게 이루어졌다면, 지금처럼 우리 사회가 어디로 가야 할지 방향감각마저 잃은 미아가 되지 않았을 것이다.

부르주아형 자본주의사회(이에 대한 개념은 뒤에 규정하겠다)에서는 전문가가 여론을 지배하기 때문에 예진과 같은 운동권이 발언은 설자리가 없다. 관념적인 주장만 있고 구체성이 없기 때문이다. 그것은 이들이 거주했던 '관념의 집'이 군사독재(천민자본주의)와의 투쟁에서는 성공했으나 대의민주주의(부르주아형 자본주의)에서는 쓸모가 없다는 사실을 반증한다. 이제는 전문가집단이 사회적 발언을 독점하고 사회의 진로를 주도하는 시대가 된 것이다.

이것은 운동권 지식인이 애당초 바라던 사태가 아니었을 뿐 아니라 혁명으로써 타도해야 할 대상이기까지 했음에도 불구하고 그 심각성을 전혀 느끼지도 못한 것—느끼지 못한 까닭은 본래적이기 때문이 아닐까?—은 자신의 가치관이 부르주아형 자본주의적 가치관에 불과함을 뜻한다. 더욱이 이를 증명이라도 하듯, 운동권 지식인들은 자신들의 주장에 전문성과 학문적 근거가 희박함에 좌절하여 침묵하거나 공부하러 대학으로 돌아간다. '관념의 집'은 환영이었고 실체는 바로 그것, 부르주아형 자본주의적 가치관이었던 것이다.

옛날 운동권 학생들은 민중과 함께하기를 열망하면서 계급 타파의 이념 아래 엘리트주의를 혐오했다. 민중과 동일한 계급의식을 지니려는 의지는 자신의 엘리트주의적 기호·취미·감성마저 털어내고자 했다. 얼마나 훌륭한 청년인가. 그리고 얼마나 고결한가.

그러나 이 청년은 '네차예프적 요구'에 짓눌리고 있었다. 그 요구란 직업적 혁명가상像을 말한다. 도스토옙스키가 네차예프 사건을 보고 소설 『악령』을 썼을 만큼 이 사건은 어떤 상징성을 띠고 있다. 여기서 잠깐 네차예프(1847~1882)에 대해 알아보자.[2]

농노의 아들로 태어난 네차예프는 상트페테르부르크 대학 청강생으로 들어가고부터 학생운동에 가담했다(1868~1869). 1869년 경찰의 눈을 피해 스위스의 제네바로 건너간 스물두 살의 청년 네차예프는 자신의 활동 이력을 속여 러시아 망명가 사회를 휘젓고 다녔다. 당시 그는 자기가 파블롭스크 요새에 수감되었다가 탈출한 정치범이며

---

2. 필립 폼퍼, 『네차예프, 혁명가의 교리문답』, 윤길순 옮김, 교양인, 2006 참고·인용(한정숙의 「한국어판 머리말」 포함). 이후의 인용은 이 책에서 하였다.

'러시아 혁명위원회' 대표라고 소개했다. 물론 모두 사실이 아니다.

　　그러나 마치 마술에 걸린 듯 망명가 사회는 그를 극진히 환대했다. 저명한 아나키스트 혁명가 바쿠닌은 새로운 종류의 혁명가를 발견했다며 열광했고, 혁명가들의 후원자로 존경받는 오가료프도 그에게 휘둘렸다. 예순을 눈앞에 둔 두 사람은 네차예프의 제안에 응해 거금을 마련하고, 글을 쓰고, 여러 나라 혁명가들과 연결시켜주었다. 네차예프는 '세계혁명동맹'이라는 가상의 단체를 만들어냈고, 바쿠닌은 그가 '러시아 지부 비밀대표'임을 증명해주었다.

　　이제 네차예프는 저명한 바쿠닌의 후계자로서 국제저인 명성을 얻게 되었다. 바쿠닌과 함께 작성한 「혁명가의 교리문답」은 이 조직의 이름으로 유포되었는데, 전체 26개조로 구성된 내용은 혁명을 꿈꾸는 지식인들에게 직업적 혁명가상을 강력하게 심어주었다. 그중 몇 개 조항만 소개한다.

1. 혁명가는 불행한 운명에 갇힌 사람이다. 혁명가는 자기만의 관심사도 없고, 일도, 감정도, 애착도, 재산도 없다. 심지어 그에게는 이름도 없다. 혁명가의 관심을 사로잡는 것은 오직 하나, 모든 사고와 열정을 사로잡는 혁명뿐이다.

6. 자신에게 엄격한 혁명가는 다른 사람에게도 엄격해야 한다. 혁

명가는 혈육의 정, 우정, 사랑, 고마움, 심지어 존경심까지, 사람을 나약하게 만드는 모든 감정을 혁명의 대의를 향한 냉혹한 열정으로 제압해야 한다. (이하 생략)

7. (생략) 혁명에 대한 열정이 혁명가에게 항구적인 본성이 되면 이제 그 열정은 차가운 계산과 결합해야 한다. 언제 어디서나 그는 사적인 생각에 이끌리는 사람이 아니라 혁명이라는 보편적인 대의의 명령을 받는 사람이어야 한다.

10. 모든 동지는 자기가 처분할 수 있는 이류 또는 삼류 혁명가, 그러니까 아직 혁명에 완전히 투신하지 않은 사람을 자기 밑에 여럿 두어야 한다. 그는 그들을 전체 혁명자본 가운데 일부로 보아야 한다. 그는 자기 몫으로 배당된 이 자본을 경제적으로 써야 하며, 늘 그 자본에서 최대한의 유용성을 뽑아내려고 분투해야 한다. 혁명가는 자신도 혁명의 승리를 위해 쓰일 운명인 자본으로 보아야 하지만, 혁명에 완전히 투신한 사람들 전체의 동의 없이는 마음대로 처분할 수 없는 자본으로 보아야 한다.

13. 혁명가가 공적인 세계, 신분 질서의 세계, 그리고 이른바 교양 세계에 침투하는 것은 오로지 하루라도 그 세계를 더욱 완전하게 파괴할 목적 때문이다. 그런데 그 세계에 있는 어떤 것에라도 연민을 느낀다면, 그 안에 있는 모든 사람, 모든 것이 가증스러

워야 하는데 그 세계 안에 있는 지위나 관계 또는 어떤 사람을 제거하는 데 주저한다면, 그는 혁명가가 아니다. 그보다 더 나쁜 것은 그 안에 가족이나 친구, 사랑하는 사람이 있는 것이다. 그들이 그의 행동을 막을 수 있다면, 그는 혁명가가 아니다.

22. 혁명조직은 인민, 즉 노동하는 사람들의 완전한 해방과 행복 말고는 아무런 목적도 없다. 그러나 이런 해방과 이런 행복은 모든 것을 완전히 파괴하는 인민혁명을 통해서만 얻을 수 있다고 확신하기에, 우리는 인민이 더 참지 못하고 대중 반란을 일으키지 않을 수 없도록 모든 힘과 수난을 다해 인민의 고통과 아이 번성하도록 할 것이다.

1869년 그해, 네차예프는 암호로 된 이 문건을 들고 러시아로 잠입하여 모스크바에서 '인민의 복수'를 결성했고, 조직원들은 문건의 행동강령에 따를 것을 맹세했다. 그런데 11월 초, 네차예프를 '네차예프시나(=네차예프 만행)'라는 보통명사의 주인공으로 만들 뜻하지 않은 사건이 발생했다. 네차예프의 조직은 이듬해 농노해방과 토지개혁 9주년을 맞아 전국적인 민중봉기를 일으킨다는 목표를 세우고 활동하기로 했는데, 이바노프라는 한 조직원이 네차예프의 독재적이고 음모적인 방식에 회의를 품고 계획의 허술함과 비현실성을 제기하면서 조직을 탈퇴하자 그를 다른 조직원들과 함께 살해한 사건이다. 이 사건은 그 무렵 러시아 인텔리겐치아에게 엄청난 충격을 안겨주었으며, 역풍 또한 그 이상으로 불어닥쳤다. 이 사건은 혁명 반대세력이 혁명세력을 공격하기에 딱 안성맞춤인 소재였던 것이다.

사건 직후 네차예프는 또다시 스위스 제네바로 도피했다. 그러나 그의 만행이 알려지면서 망명가 사회는 그를 배척했고 바쿠닌도 그와 결별했다. 1872년 망명자 하나가 네차예프를 러시아 첩자에게 밀고했으며, 네차예프는 러시아 정부의 협조 요청을 받은 스위스 경찰에게 체포되어 러시아로 압송됐다. 그는 파블롭스크 요새에서 10년 동안 복역하면서 69명의 교도관과 병사들을 혁명의 동지로 포섭했다. 그리고 '인민의 의지'라는 지하혁명조직과 연락이 닿아 탈출 계획을 세웠으나 '인민의 의지'는 그의 비도덕성을 질책하며 도와주지 않았다. 결국 네차예프는 1882년 서른다섯의 나이로 감방에서 세상을 떠났다.

'네차예프시나'라는 단어는 낯설겠지만 아마도 그와 같은 이미지는 익숙할 것이다. 영화·만화·소설·게임 등에서 없어서는 안 흥행요소이기 때문이다. 영화로도 제작된 일본의 장편만화 『20세기 소년』은 네차예프시나와 같은 만행으로 시작한다. 픽션만이 아니다.

한국정치판에서는 '빨갱이'라는 것을 만들어 역사상 최대의 흥행실적을 올렸다. 한국현대사를 가위 누르고 있는 빨갱이의 이미지는 바로 네차예프시나라 해도 과언이 아니다.

'네차예프시나'는 반혁명세력이 흑색선전을 할 때 단골 메뉴로 사용해왔는데, 진실을 말하면 아마도 다들 까무러치게 놀랄 것이다. '네차예프시나'가 사실은 반혁명세력의 정신세계 바로 그것이요 기본전략이라는 것을!

그러면 좀 더 자세히 알아보겠다. 먼저 예수회와의 유사성을 알아보자. 제국주의를 가리켜 '한 손에는 총, 한 손에는 *성경*'이라는 말을 쓰는데, 이때 성경을 든 기독교인들이 예수회다.

러시아정교회의 철학자 니콜라이 베르댜예프는 1860년대 혁명가들이 정교회의 정신을 이어받았고, 네차예프주의는 '불쾌할 정도로 전도된 정교회의 금욕주의가 예수회주의와 뒤섞인 것'이라고 믿었다. 그런데 나중에 나온 여러 증거도 네차예프와 그의 동지들이 의식적으로 이런 광신적인 분파주의자들과 자신을 동일시했다는 사실을 말해주지만, 네차예프가 걸어간 길에 뿌리 깊은 무의식적 배경이 된 것은 그가 이바노보에서 보낸 불우한 어린 시절과 청소년기에 형성되었다.

예수회주의: 예수회는 1540년 로욜라가 창설한 로마 가톨릭의 수도회. 네차예프와 관련해 쓰이는 '예수회주의' 라는 말은 무조건적이고 전적인 자기 헌신과 복종을 미덕으로 삼는 예수회 수도사들의 자세, '목적이 수단을 신성하게 만든다' 는 선교 원칙을 가리킨다. 즉 네차예프가 조직에 대한 무조건적인 헌신과 복종을 중시하고, 혁명이라는 목적을 위해 수단과 방법을 가리지 않은 태도를 가리킨다.[3]

'네차예프시나'의 원조는 이처럼 마키아벨리즘과 예수회로, 절대왕정 이래 우파와 파시즘이 일상적으로 구사하고 있는 기본전략이다. 다큐멘터리 영화 「시대정신Zeitgeist」에는 세계자본주의를 쥐락펴락하는 보이지 않는 손이라 할 수 있는 '베일에 가린 사람'들이 꾸미는 네차예프적 계략과 음모의 전모가 폭로돼 있다. 좀 길지만, 일부를 인용한다.

(사진을 보여주면서 말한다.) 이 사람이 '아론 루소'입니다. 한때 정치인이었고 현재 영화감독입니다. 왼쪽은 록펠러가의 '니콜라스

---

3. 「네차예프, 혁명가의 교리문답」, 75쪽 참조.

록펠러'입니다. 아론은 니콜라스 록펠러의 절친한 친구였지만 록펠러 가문의 정체와 야망에 기겁하고 결국 절교합니다.

(지금부터 아론 루소의 육성) 어느 날 친분 있는 변호사가 전화해서 "록펠러가의 한 사람을 만나볼래요?" 그러기에 "네, 좋아요" 했죠. 우린 그렇게 친구가 됐는데, 그가 슬슬 비밀을 털어놓기 시작하데요.

어느 날 밤에 하는 말이, "이벤트가 하나 있을 거야. 그리고 그 이벤트 후에 아프가니스탄에 갈 거야. 그러면 카스피 해에서 파이프라인을 연결할 수 있지. 이라크에 가서 기름도 빼앗고, 중동에 기지도 건설하고, 그다음엔 베네수엘라로 가서 차베스를 없애고. 앞에 것 두 개는 했는데 차베스는 아직 안 됐어."

그러고는 하는 말이, "있지도 않은 테러범들을 동굴에서 찾는 걸 보게 될 거야."

그는 낄낄거리면서 '테러와의 전쟁' 얘기도 했어요. 거기엔 실제로는 적敵이 없다면서요. 이길 수 없는 전쟁을, 영원한 전쟁을 일으켜서, 그래야 사람들의 자유를 뺏어갈 수 있고 …… 그런 얘기를 했어요.

나(아론): 전쟁이 진짜라는 걸 어떻게 사람들한테 확신시키지?

그(록펠러): 언론 …… 언론은 모든 사람이 전쟁이 진짜라고 믿게 할 수 있어. 똑같은 얘기를 계속 반복해봐. 그러면 사람들은 결국 믿게 되어 있지. 1913년 연방준비 시스템도 거짓말로 만든 거고, 9·11도 거짓말이고, 9·11을 핑계로 테러와의 전쟁을 일으키고, 또 갑자기 이라크로 쳐들어가고, 이라크전도 사기지. 이젠 이란으로 갈 거야. 하나가 계속 꼬리에 꼬리를 물고 하는 식으로……

나 : 왜 이런 짓을 하니? 목적이 뭐야? 넌 돈도 갖고 싶은 만큼 있고 권력도 다 있으면서 왜 사람들을 다치게 하니? 좋은 일이 아니야.

그 : 다른 사람을 왜 신경 쓰니? 너하고 네 가족이나 신경 써.

나 : 그래서 궁극적인 목적이 뭔데?

그 : 최종 목적은 세상의 모든 사람들에게 RFID칩을 박는 거지. 돈을 칩에다 넣고, 모두 다 넣을 거야. 그러면 딴죽 걸거나 우리 법을 어기는 놈들은 칩을 꺼버리면 돼.

'네차예프시나'가 이처럼 우파와 파시즘이 일상적으로 구사하는 기본전략인데도 반혁명세력의 흑색선전용으로 무소불위의 자리를 차지할 수 있게 된 것을 어떻게 이해해야 할까?

앞의 글 「우파의 가면을 쓴 모리배」에서 보았듯이 가장 큰 이유는 반혁명세력이 '언어의 조작질'에 성공했기 때문이다. 그런데 이 언어의 조작질은 혁명세력에게 '증명의 의무'를 부과함으로써 가능했다. 좀 난해하게 들릴지 모르겠지만, 아래 설명을 들으면 쉽게 이해가 될 것이다.

혁명세력은 기득권 세력의 부정부패와 타락을 공격하기 때문에 자연히 도덕성을 갖지 않을 수 없다. 그러나 실제로 도덕은 기득권자의 무기다. 니체에 따르면, 도덕의 기원은 채권자와 채무자의 계약관계에서 비롯되었다. 피해가 발생한 데 대한 분노로 가해자에게 형벌을 가하는 것이다(니체, 『도덕의 계보』). 분노는 손해에 대한 등가물을 찾는다. 즉 고통을 주는 것이다. 손해와 고통(형벌)이 등가라는 사상은 보복의 심리를 보상해준다. 니체가 말한 채권자와 채무자의 계약관계는 보복 심리의 물질적 기초인 것이다.

이에 대해 가라타니 고진은 "니체의 사유를 보면 죄의식은 채무감이고 증오는 그것의 부정이다"라는 해석을 끌어냈다. 돈을 빌리고 갚지 않은 사람이 적반하장으로 빌려준 사람을 미워하는 경우처럼, 채무자가 채무의식을 부정하기 위해 증오의 감정으로 손해를 조작해내고 채권자를 형벌하는데—최근의 예가 용산참사다—, 이때 손해를 이데올로기적으로 조작해내는 것, 이것이 도덕이다. "부모가 아이를 엄하게 꾸짖는 일은 흉포한 분노에서 비롯되지만 부모는 그것을 가르침이나 교육을 위해서라고 말한다."4

이러한 적반하장은 '네차예프시나'의 악용에서 가장 모범적으로 드러난다. 반혁명세력은 치명적인 자신의 치부(악마/ '네차예프시나')를 원래부터 적의 것인 양 흑색선전하면서 분노하고 증오한다. 겉보기에 악을 향한 분노는 정의로운 자의 모습 아닌가? 이렇게 하여 위치가 바뀌고 가해자(악마/ '네차예프시나')가 된 피해자는 자신의 결백을 증명해야 한다. 이때 증명은 도덕적인 형태를 띠어야 하기 때문에(왜냐하면 형벌이란 반드시 도덕적 태도를 취하니까), 불행하게도 피해자는 악마가 아니라는 것을 증명하기 위해, 동시에 상대방이 악마라는 것을 증명하기 위해 본래 사태에서 벗어나 선악논쟁에 휘말리게 된다. 사회의 악덕을 몰아내기 위해 '도덕의 틀'을 깨야 할 자들이 외려 '도덕의 모범생'으로 대중 앞에 서는 것이다.

여기서 잠깐. 왜 혁명세력은 '도덕의 틀'을 깨야 하는가라고 묻는다면 이렇게 반문하겠다. "당신은 당신의 추악한 치부를 부정하려할 때 도덕이 아닌 무엇으로 부정할 수 있는가? 하물며 절대권력을 차지한 사회세력이야 어떻겠는가?" 당신은 다시 "그렇다면 사회에 도덕이 없어져야 하는가?"라고 물을 텐데, 그런 소모적인 생각은 하지 않기를 바란다. 인간사회에서 도덕은 없어지지 않는다. 우리가 직

---

4. 가라타니 고진, 『마르크스 그 가능성의 중심』, 김경원 옮김, 이산, 1999, 43쪽.

시해야 할 문제는 도덕으로 어떤 치부를 감추는가, 부정하는가다. 혁명세력이 도덕의 모범생이 되지 않을 수 없게 된 순간, 즉 반혁명세력과 치부 드러내기 전쟁에 들어가는 순간, 혁명세력은 한 치 앞을 내다볼 수 없는 짙은 파멸의 암운에 휩싸이게 된다.

혁명세력이 도덕적이지 않으면 혁명세력일 수 있는 조건을 상실하게 된다. 기득권을 쥔 반혁명세력은 도덕적이지 않아도 되지만, 혁명세력은 도덕적이어야만 한다(그 이유 중 하나는 기득권은 상대에게 증명을 요구할 수 있지만 그 역은 가능하지 않다는 점이다). 그러나 절대로 도덕이 자본의 운동을 파괴할 수도, 올바르게 할 수도 없다. 혁명세력은 자본의 운동이 만들어내는 사회적·문화적 부도덕성을 결코 피할 수 없다. 여기서 게임은 끝난다. 대중에게 부도덕한 혁명세력은 부도덕한 반혁명세력보다 훨씬 혐오의 대상이 되는 것이다. 대중은 그들 부도덕한 혁명세력을 향해 분노와 증오를 폭발시킴으로써 자신이 이익을 좇는 대가로 부도덕하게 살고 있다는 채무감을 강력하게 보상받을 수 있기 때문이다.

이 글의 주제가 다소 산만해질 우려가 있으므로, 이제 우리의 담론이 진행될 경로를 간략히 언급하고 넘어가겠다. 먼저, 운동권 지식인의 엘리트 의식이 지금까지 살펴본 '네차예프 현상'을 더 지나 뿌

계급사회를 자발적으로 추종하게 하는 힘이 자본에
인격과 품위를 부여하는 학력/지식.

리로 들어가보면 근대학문 안에 아로새겨진 '엘리트주의·도덕성·헌신성'과 만난다는 사실에 대해 살펴볼 것이다. 그런 다음, 지식/학문에 기초한 운동권 지식인의 비판적 사유가 결국 도덕성의 시비를 초래하고, 그렇게 될 때 그것이 어떻게 해서 파멸로 가는 지름길인지를 밝힐 것이다. 마지막으로, 파멸을 피하고 엘리트주의를 넘어설 수 있는 자리가 증명체계의 바깥이자 학문과 지식의 바깥인 세속성이라는 점을 피력할 것이다.

이야기를 계속하겠다. 다시 우리 운동권 시식인의 문제로 돌아오자. 민중과 동일한 계급의식을 지니려는 의지에서 학벌과 엘리트주의적 기호·취미·감성마저 털어내고자 했던 1970~80년대 한국의 운동권 지식청년들은 러시아의 인텔리겐치아 못지않게 혁명의 대의에 헌신했다. 그러나 앞서 살펴본 바와 같이 헌신은 엘리트주의의 한 표현일 수 있다는 사실에 주의해야 한다. 헌신이 위험할 수 있는 이유는 사태를 도덕적으로 보게 하는 데 있다. 자아의 연장으로서의 헌신이기 때문이다.

만약 소크라테스가 독배를 들이켜지 않았다면 플라톤주의가 오늘날처럼 근대학문의 근간을 이루지 못했을 것이다. 플라톤주의야말로 예수회 못지않은 엘리트주의의 화신이다. 플라톤주의의 연장선상에 있는 근대학문[5]은 네차예프처럼 불우한 배경의 청년들이 출세할 수 있는 '부르주아 지식'이었다. 운동권 지식인은 근대학문의 가장 큰 수혜자라 할 수 있다. 이들이 당파성을 가지고 근대학문을 부르주아 학문과 사회주의 학문으로 나누어 전자를 비판한다고 해서 엘리트주의를 벗어날 수 있는 것은 아니다. 그런 오해는 근대학문의 토대에 대한 성찰이 부족한 탓이다.

일차적으로는 사회환경 때문이지만 주로 학습을 통해 이들은 의식화되었으며, 이때의 학습은 그 내용이 어떠한 것이었든 간에 전적으로 근대학문에 속한다. 만약 이를 부정한다면 사회주의 학문이 근대학문이 아니라는 것과 같다. 민중운동에 대한 이들의 헌신은 '엘리트주의·도덕성·헌신성'이 깊이 아로새겨진, 플라톤주의를 유전자로 물려받은 근대학문과 무관할 수 없다. 그렇기 때문에 앞서 말한 대로 전문가집단이 사회적 발언을 독점하고 사회의 진로를 주도하는 시대가 왔는데도 그 심각성을 전혀 느끼지 못한 것이다. 그렇기 때문에 사적인 자리에서는 학력/지식을 우선시하고 출신 학교별로 연대

---

5. "원래 플라톤이나 그리스도교는 존재하지도 않는 공허한 가치를 날조하였던 것이다. 그렇게 보면 유럽의 역사는 무無 위에 세워진 것이 된다. 결국, 잠재적으로는 처음부터 니힐리즘이 충만해 있었다. 그러나 근대에 들어서면서 이러한 플라톤이나 그리스도교적 가치의 실체가, 아니, 실체의 부재가 확실해진다. 그것은 근대의 학문에 의해서 밝혀지고 있었다. 플라톤주의의 연장선상에 있는 근대의 학문이 자신의 기반인 모든 가치의 실체를 폭로했던 것이다." 平井俊彦·德永恂 편, 「사회사상사」, 고영대 옮김, 사계절, 1985, 194쪽.

를 분명히 해온 것도 사실이다.

　　운동권 학생은 대체로 우등생이자 모범생으로 입시 경쟁에서 발군의 실력을 보여준 청년들이다. 입시는 원래 비판적 사유를 배제하고 규칙 안에서만 사고할 것을 요구한다. 규칙은 한마디로 체제를 유지하기 위한 규칙이다. 이들은 대학에 들어와 전에 자신들이 받은 교육이 얼마나 주입식이었는지 그리고 얼마나 체제 옹호적이었는지를 통탄하며 의식화를 통해 비판적 사유를 하게 됐지만, 이 비판적 사유 또한 '증명'에 토대를 두고 있기 때문에 규칙 밖에서 규칙을 상대화할 수 없다.

　　심하게 말하면 증명은 규칙을 위해 존재하는 일종의 알리바이라고 할 수 있다. 규칙과 증명의 관계는 앞의 여러 글에서 웬만큼 설명이 됐다고 보고, 여기에서는 결론만 말한다. 이들의 비판적 사유가 '증명'을 토대로 하는 한, 그것은 규칙을 위한 것이다. 규칙은 게임의 규칙에서 볼 수 있듯이 '방식/형식'의 모습을 띤다. 사태를 '방식/형식'으로 취급하는 것은 전문가의 특권으로 엘리트주의의 양식이 된다. 증명은 '방식/형식' 이외의 것으로는 표현될 수 없기 때문에 '실제/내용'은 명분으로 전락한다. 즉 '방식'을 통해 '본래의 목적'이 제거돼버리는 것이다. 반혁명세력이 적반하장으로 부과하는 '증명의 의무'는 '방식/형식 〈 잘 well 〈 도덕성'으로, 혁명세력은 이

도대체 누가 학력 · 지식 · 문자 따위에
그런 권력을 주었는가!

것을 거부할 '자리'가 없다. 그 '자리'는 유일하게 증명체계의 바깥이자 학문과 지식의 바깥인 세속성이다.

세속성이야말로 진정한 진보의 핵심이다. 비판적 사유가 세속성에서 나올 때에야 부르주아형 자본주의를 극복할 수 있다. 부르주아형 자본주의는 우리가 경험한 천민자본주의, 즉 군사독재에 의한 개발형 자본주의에서 진일보한 개념으로 '합리성'을 특징으로 하며, 그런 의미에서 합리적 자본주의라고도 할 수 있다. 이는 정치형태로 대의민주제를 취하는데, 이 대의성代議性이 자신의 존립근거로서 요청하는 것이 전문성이다. 사람들[民]의 뜻을 무엇이 대표한다고 했을 때 그것에 전문성이 없다면 대표성 자체에 의문이 제기되기 때문이다.

전문성은 지식/학문을 통해 습득된다. 따라서 이에 대한 비판은 대의민주제와 부르주아형 자본주의에 대한 비판의 핵심을 이룬다. 세속성에 몸을 담그지 않으면 할 수 없는 일이다. 세속성은 문자가 아닌 말의 세계다. 문자가 증명과 관련을 맺는다면, 말은 저잣거리 또는 광장과 관련을 맺는다. 지식인이 세속성 속에서 활동할 때, 그는 증명이 아니라 '저잣거리 또는 광장에서의 소통'을 통해 진실에 도달한다. 바로 이 활동을 세속화라고 한다. 세속화는 대의민주제가 아닌, 저잣거리 또는 광장의 정치인 직접민주제를 지향한다.

세속화는 쉽게 말해서 광대정신이다. 광대는 풍자와 익살과 해학 등을 통해 관중에게 웃음을 선사한다. 풍자 등 광대의 행위는 기존질서와 가치에 대한 격하格下이고 그 결과는 민중의 웃음이다. '증명의 의무'를 거부할 수 있는 자리가 바로 이 자리인 것이다. 거리와 광장에 모인 100만의 촛불은 바로 이것을 원했던 것이다. 그런데 운동권 지식인이 그 자리에서 한 것은 '증명의 의무'였고, 그 결과 촛불은 흩어졌다.

도덕에 의한 도덕적 성토, 부당함을 입증하기 위한 이론적 토론, 그리고 대의代議 기관인 언론에 의존한 활동 등은 부르주아형 자본주의에 알맞은 활동이다. 이러한 활동은 광대의 활동인 격하 또는 농락 행위와 정반대로 격상의 행위다. 진보적인 활동가들과 그들의 단체는 활동을 통해 격상된다. 격상되어갈수록 '도덕적 권위'를 가질 수밖에 없다. 그런데 대중은 모범생이나 도덕 교사를 좋아하지 않는다. 이것은 파멸로 가는 지름길이다.

이 글 첫머리에서 나는 운동권 지식인이 "사회를 계급의 체계로만 봤을 뿐, 계급사회를 자발적으로 추종하게 하는 힘이 자본 자체(형이상학이 배제된 자본)가 아니라 자본을 자본이게 하는, 즉 자본에 '인격과 품위를 부여하는 학력/지식'이라는 점은 간과했다"고 말했다.

원래 지식/근대학문은 부르주아지의 교양이다. 학력/지식을 격하시키지 않고는, 욕심 사납고 천박한 '부르주아지의 교양'을 비웃지 않고는, 부르주아형 자본주의를 넘어설 수 없다. 부르주아형 자본주의가 진행되고 있는 오늘날, '학력/지식'으로 무장한 채 '증명의 의무'를 지고 자본주의와 싸우겠다는 것은 마치 자책골을 넣으려고 싸우는 선수와 같다. 그럴수록 부르주아형 자본주의와 대의민주제는 풍성해진다.

일상을 통해서 볼 때, 오늘날 진보적 지식인에게는 엘리트주의만 남아 있다. 정치공학, 마케팅, 사설학원, 학문과 교육, 문화예술, 언론 분야 등에서 '학력/지식'을 수단으로 뛰어난 능력을 발휘하는 이들은 모두 그 학력/지식 안에 안주하고 있다. 내가 진보주의자에게서 볼 수 있는 엘리트주의라 함은 '학력/지식'을 수단으로 자신의 인격적·사회적 지위를 격상시키는 현상을 말한다. 사전적인 의미로는 '①소수의 엘리트가 사회나 국가를 지배하고 이끌어야 한다고 믿는 태도나 입장과 ②어떤 사람이 엘리트로서의 자부심이나 우월감을 가지는 태도 중에서 ②를 뜻한다. 그러나 ①과 ②의 경계는 아주 넘나들기 쉬운 야트막한 경계석 같은 것이다.

이 글을 끝내면서 엘리트주의가 인간을 뿌리부터 얼마나 파괴하는지를 잘 보여주는 소설 『더 리더, 책 읽어주는 남자 *The Reader*』[6]를 소개하겠다. 소설은 15세 소년 미하엘 베르크와 36세의 여인 한나 슈미츠의 사랑 이야기로 시작한다.

미하엘은 고등학생이고 한나는 전차 차장이다. 여자는 사랑을 나누기 전에 책 읽어주기를 원하고, 그것은 곧 둘 사이의 의식儀式이 된다. 이 의식은 독자들에게 왜 그런 의식을 치를까 하는 의구심을 불러일으키면서 작품 전체를 관통한다. 둘의 관계는 얼마 못 가서 끝난다. 한나가 "이제 네 친구들한테로 가봐" 하고는 훌쩍 떠나버렸기 때문이다. 그렇게 1부가 끝난다.

이어지는 2부에서 한나가 나치 전범으로 재판정에 서고, 한나가 사랑하는 소년을 버린 이유를 비롯해 그 뒤로도 정상적인 사회생활을 할 수 없었던 이유가 문맹 때문임이 적나라하게 드러난다. 옮긴이의 말을 인용하겠다.

한나가 떠난 뒤 대학에 들어가 법학을 전공하던 미하엘 베르크(주인공)는 우연한 기회에 그녀를 다시 만나게 된다. 그것은 법학 세미나 때문에 일주일에 한 번씩 방문하게 된 법정에서였다. 이 소설

---

6. 베른하르트 슐링크, 『더 리더, 책 읽어주는 남자』, 김재혁 옮김, 이레, 2004. 이하 인용은 이 책에서 하였다.

의 제2부는 한나 슈미츠의 과거에 대한 이야기이다. 이때부터 한 꺼 풀씩 그녀의 과거가 벗겨지기 시작한다. 그녀는 나치수용소의 감시 원이었던 것이다. (중략) 이 소설의 핵심을 이루는 것은 지멘스 회사 에서 보장된 승진도 마다하고 나치 친위대로 들어가 수용소에서 감 시원이 된 한나의 행동과 또 전차 회사에서 운전수로 정식 채용하겠 다는 보장도 거절하고 다른 곳으로 도망친 한나의 이해할 수 없는 행동이다(바로 이때 사랑하는 소년 미하엘과 헤어진다 – 필자). 그러나 미하엘에게는 그녀의 잔혹함보다는 본원적인 약점이 문제가 된다. 그녀의 약점은 글을 읽지도 쓰지도 못하는 문맹이라는 것이있다. 이 떤 이유에서 글을 배우지 못했는지 모르지만 그녀는 자신이 글을 읽 지도 쓰지도 못한다는 데 대해서 걷잡을 수 없는 수치심을 느낀다. 한나는 법정에서 기소된 다른 여자 감시원들이 그녀가 보고서를 작 성했다고 모든 책임을 뒤집어씌울 때에도 자신이 문맹이라는 것이 노출되는 것이 두려워 필적 감정을 거부하고 보고서 작성을 자 신이 했다고 시인하고 모든 벌을 자신이 떠맡는다.

3부에서는 한나가 감옥에 있은 지 8년째 되던 해부터 미하엘이 책을 낭독해 녹음한 카세트테이프를 보낸다. 중년의 미하엘은 사랑 의 기억과 부채의식에 시달리다가 방황의 종착지가 한나라는 것을 깨닫고 다시 한나를 찾은 것이다. 자신의 방황처럼 오디세우스는 머물기 위해서가 아니라 다시 출발하기 위해 귀향하는 것이라고 여기면서 미하엘은 『오디세이』부터 녹음해 보낸다. 한나는 도서관에서 책을 빌려와 카세트테이프에서 흘러나오는 소리를 따라 손가락으로 한 자 한 자 맞춰가며 글을 배운 끝에 드디어 문맹에서 벗어나게 된다. 미하엘도 그 사실을 알고 말할 수 없이 기뻐한다.

그러던 어느 날, 한나는 18년을 복역하고 사면된다. 교도소장의 요청으로 미하엘은 석방을 앞둔 한나를 만난다. 한나는 여전히 미하엘을 사랑하고 있지만, 미하엘은 부채의식 속에서 과거 속에 묶어놓은 한나를 사랑할 뿐이다. 출소 당일 미하엘이 한나를 데리러 갔는데, 그녀는 그날 새벽 스스로 목매달아 죽는다. 교도소장이 미하엘에게 묻는다.

그녀는 당신이 편지를 써주기를 정말로 고대했어요. 그녀에게 우편물을 보내는 사람은 오직 당신뿐이었죠. 우편물을 나누어줄 때면, 그녀는 '편지는 없어요?'라고 물었지요. 카세트테이프가 들어 있는 소포 이야기를 하는 게 아니었어요. 당신은 왜 한 번도 편지를 쓰지 않았나요?

　왜 그랬을까? 인정하지 않은 것이다. 미하엘은 한나가 '진정으로 원하는 게 무엇인지'는 관심 밖이다. 글을 읽을 줄 알고 쓸 줄 아는 한나임에도 여전히 문맹의 한나로 대한다. 그는 한나가 글을 깨친 사실에 놀라 환호성을 질렀던 사람이다. 그런데도 그는 소설이 끝날 때까지 한나가 왜 자살했는지조차 모른다. 오직 자신의 방황, 자신의 양심, 자신의 선의, 자신의 채무감, 자신의 빚 갚는 행동, 자신의 만족 따위에만 갇혀 있다. 그렇게 선하고, 자신을 책망하고, 시대의 아픔을 함께하고, 상대를 생각하고, 교양 있는 엘리트건만.

　나는 문자만큼 소통을 방해하는 것이 없다고 생각한다. 앎, 지식 따위만큼이나. 사람들이 가장 듣기 싫은 소리가 "저런 무식한 놈!"일 것이다. 학력·지식으로 계급 정도가 아닌 인격(사람 가격)의 줄을 세우는 계서화階序化는, 물에 빠지면 지푸라기라도 움켜쥐어야 하는데 그것마저 앗아가버려 아무 데도 기댈 곳 없게 만드는 가장 무서운 학대다. 그런데 도대체 누가 학력·지식·문자 따위에 그런 권력을 주었는가!

유토피아야말로 지옥이다

우리에게 유토피아라는 말을
선사한 르네상스기의 대표적인 사상가 토머스 모어(1477~1535)는 그
무렵 발견된 아메리카 신대륙을 유토피아로 그리고 있다. 신대륙을
발견한 뒤로 유럽인은 그곳에 유토피아를 건설할 욕망에 불타 있었
다. 토머스 모어의 『유토피아』는 그러한 시대적 배경에 잘 부응하고
있다. '한 손에 총, 한 손에 성경'을 든 이들 청교도 유럽인들은 유토

피아를 건설하기 위해 무려 1억 명 안팎의 아메리카 원주민을 살육했다. 그것이 신의 뜻이고 진리였기 때문에 유럽인들은 정당했다.

'한 손에 총, 한 손에 성경'이라는 문구에서 성경을 평화로 읽으면 팍스로마나(로마제국의 평화)·팍스브리태니커(대영제국의 평화)·팍스아메리카나(미국의 평화) 등의 의미를 가장 잘 이해할 수 있다. 여기서 '팍스'는 당시 제국이 무력으로 가장 넓은 식민지를 점령한 상태에서 분란 없이 평화를 유지해 번영을 구가했다는 뜻이다. 언어가 원래 그렇듯이 '평화'라는 단어도 어떤 목적으로 쓰느냐에 따라 이처럼 달라진다.

토머스 모어의 『유토피아』는 크게 대외와 대내 두 부분으로 나뉘는데, 제국주의적 평화인 '팍스'의 의미와 관련해 먼저 대외관계부터 알아보자.

　　8. 주변국을 독재정치에서 해방시키는 강한 미덕의 나라

　　9. 적을 이성의 힘으로 굴복시키는 평화의 나라

　　　단, 전쟁이 불가피할 경우는 암살과 내분을 일으키고 자국민의 피해를 최소화하기 위해 용병이나 우방국의 군대를 동원한다.[1]

　　(위의 번호는 번역자 정순미가 책의 이해를 돕기 위해 달아놓은 소제

목의 번호다. 인용도 이 책에서 하였다.—필자)

이 항목을 보면서 여러분은 무엇이 떠올랐을지 궁금하다. 『유토피아』에 나오는 다음 내용을 보자.

유토피아인은 오래전부터 주변의 대다수 국가들을 독재 정치에서 해방시켰다. 정부 관리를 보내 나라가 잘 통치되도록 하는데, 이는 해당국가가 원하는 일이다. 한 국가의 복지는 전적으로 통치자의 자질에 달려 있고, 유토피아인들은 분명히 이런 일에 이상적인 사람들이기 때문이다.

유토피아는 대외관계에서 관리를 파견한 나라를 동맹국이라 하며, 다른 방법으로 도와주는 국가를 우방국이라 한다.

외국과의 조약은 체결한 적이 없는데, 유럽과는 달리 유토피아 근처의 세계에서 조약은 전혀 신뢰할 수 없기 때문이다. 하지만 내세우는 명분은 이렇다. 조약이 무슨 필요가 있는가? 모든 인간은 태어나면서부터 자연적으로 결합되어 있지 않은가? 자연이 맺어준 근본적인 결합을 중요시하지 않는 인간이라면, 그가 어찌 조약이라

---

1. 토머스 모어, 『유토피아』, 정순미 옮김, 풀빛, 2006 참조.

는 한마디 문구에 지나지 않는 것을 중요하게 여기겠는가? 인간은 계약에 의해서보다는 애정에 의해서, 말에 의해서보다는 정신에 의해서 더욱 효과적으로 결합될 수 있다.

유토피아인들은 전쟁이 명예스럽지 않다고 생각하는 이 세상의 유일한 민족이다. 아주 불가피할 경우에만 전쟁을 하는데, 유토피아가 침략받는 경우, 우방국(동맹국과 우방국)의 영토를 침략자로부터 지키는 경우, 독재정권의 희생자들을 해방시키는 경우다. 그들은 방위 전쟁뿐 아니라 침략행위에 대한 보복 전쟁에서도 우방국에 원병을 제공한다. 또한 전쟁의 정당한 이유에는 무력적인 이유 말고도 외국에서 상인들이 불공평한 법 때문에, 또는 법은 공평하지만 고의적인 편견 때문에 불공평한 법적 조치를 받을 경우에는 상인의 권리를 보호하기 위해서라는 이유도 포함된다.

유토피아는 자국민에 대한 보호를 위해 전쟁도 불사한다. 단한 명의 유토피아인이라도 외국정부나 외국인에 의해서 불구자가 되었거나 살해당했을 경우 외교사절을 파견해 진상을 조사한 후 범인 인도를 요구해 사형이나 노예에 처한다. 만일 요구를 거절할 경우 전쟁을 선포한다.

유토피아가 전쟁을 하는 순서는 다음과 같다.

1. 적을 이성의 힘(지혜)에 의해 굴복시킨다.

2. 1의 평화적인 방법이 실패했을 경우, 적국에 비밀첩자를 보낸다. 첩자는 적국의 왕과 고위관리들을 죽이거나 생포해온 자에게 막대한 상금을 준다는 선전문을 눈에 띄는 곳마다 대량으로 붙인다. 선전문에는 고위관료들 중에서 동료를 배반하고 귀순한 자에 대해서도 같은 상금을 준다는 내용이 들어 있다. 돈으로 매수하는 선전전이다. 다른 나라 사람들은 이런 매수 작전에 대해 비난하지만 유토피아 사람들은 실제 전투 없이 큰 전쟁을 끝내는 것이므로 가장 현명하며 가장 인도적인 행위라고 믿는다.

3. 2의 방법이 실패했을 경우, 적국 왕의 형제나 다른 귀족이 왕의 자리를 탐내도록 선동하여 적국 내에 불화의 씨를 뿌리고 이 씨를 기른다. 만일 적국에서 내분이 가라앉는 기색이 보이면, 옛날의 영토 소유권을 들먹이면서 적국의 이웃 국가가 적대감을 갖게 만든다. 이 이웃 국가가 전쟁을 수행한다면 후원할 것을 약속하며, 약속은 많은 돈을 제공하되 아주 적은 병력을 파견하는 방식으로 지킨다.

4. 직접 전쟁을 치러야 할 경우에는 용병을 고용한다. 용병은 목숨을 빼앗는 것을 생계수단으로 하는 야만인들이므로 얼

마나 많이 전사하든 상관하지 않는다. 이러한 비도덕적이고 사악한 사람들을 지구상에서 완전히 제거해버리는 것은 인류를 위해 유익한 일이라고 생각하기 때문이다.

5. 병력이 더 필요할 경우, 먼저 자신들이 싸워준 나라의 병력을 이용하며, 다음으로 우방국들이 파견하는 원군을, 마지막으로 유토피아 시민들을 보낸다. 유토피아군 가운데서 연합군의 사령관을 임명한다. 한편, 유토피아인들은 전쟁무기를 발명·제조해내는 일에 뛰어나며 이 무기를 실전에 사용하기 전까지는 극비에 부친다. 패전국에 대해서는 시출된 전쟁 경비뿐 아니라 영토 중 쓸모 있는 땅의 소유권을 요구해 많은 외국으로부터 획득한 재산이 어마어마하다. 또 패전국에 세금 징수원을 파견해 거두어들인 세금 중 쓰고 남은 돈을 그 나라에 다시 빌려준다.

이쯤 되면 몇백 년 뒤를 내다본, 미국의 국가 건설 마스터플랜으로서 조금도 손색이 없지 않은가. 이 마스터플랜은 현대 미국의 대외 정책일 뿐 아니라 과거 백인들의 인디언 침략사이기도 하다. '미국 인디언 멸망사'라는 부제가 붙은 『나를 운디드니에 묻어주오』라는 책을 보면 전율할 것이다.

이제 유토피아국의 내부에 대해 알아볼 차례다.

1. 사유재산이 없는 작은 나라

2. 노동이 즐겁고 6시간만 일해도 풍족하게 사는 사회

3. 적절한 인구, 공평한 분배 위에서 이루어지는 복지사회

4. 황금을 돌같이 보는 사회

5. 행복을 위해 정신적 쾌락을 추구하는 사회

6. 배우기를 좋아하고 탐구한 것을 개발하는 사회

7. 최소한의 법률로 유지되는 도덕적 사회

10. 종교의 자유가 보장된 사회

11. 공동의 이익을 추구하는 계급 없는 민주사회

이 내용을 보면 사회주의라 할 수 있다. 그런데 실제로 미국의 비전과 정체성이 바로 이 유토피아 사상에 나오는 '사회주의적 모럴'에 기반하고 있다는 것을 알아야 한다. 그러나 어디까지나 기독교 사회주의 같은 청교도적 도덕성 이상은 아니다. 역설적이긴 하지만 이 '사회주의적 모럴'이야말로 자본주의의 정신이다. 미국사회의 황금만능주의는 황금을 돌같이 보는 사회와 같은 청교도의 금욕주의가 배태한 결실이다. 막스 베버의 『프로테스탄티즘의 윤리와 자본주의

정신』은 자본주의가 탐욕이 아니라 세속적 금욕을 통해 발전해왔음을 놀라운 통찰력으로 구명한다.

프로테스탄트 윤리의 최고선은 다음과 같은 것이다. 즉 돈을 벌고 더욱더 많은 돈을 버는 것이다. 게다가 모든 향락을 엄격히 피하면서. 그것은 모든 행복과 쾌락에서 전적으로 벗어나 돈 버는 것을 자기 목적으로 여기므로, 개인의 행복과 효용에 대립되어 매우 비합리적인 것으로 보일 정도다. 이 윤리는 인간이 돈벌이를 자신의 물질적 욕구를 만족시키기 위한 수단으로 여기는 것이 아니라 삶의 목적 자체로 여기는 것이다. 나아가 이 세속적 금욕주의는 기업가 정신일 뿐 아니라 노동자들도 공유하는 가치관이다. 경제사의 모든 시대에 볼 수 있는 무모하고 파렴치한 투기업자나 경제적 모험가나 단순히 부호가 아니라, 엄격한 시민적 관점과 원칙을 갖고, 냉정한 인생의 학교에서 자라나 신중하고도 과감하게, 특히 공정하고 성실하게 일에 몰두하는 사람들의 보편적 생활 원리다.[2]

지금도 미국인들은 17세기 청교도 사회를 이상적인 세계로 간

---

2. 노명우, 『프로테스탄트 윤리와 자본주의 정신─노동의 이유를 묻다』, 사계절, 2008에서 재인용.

유토피아 사상에 나오는 ‘사회주의적 모럴’이야말로
자본주의의 정신이다.

주하며 물질주의와 세속주의가 극도로 치달을 때마다 그 사회로 돌아갈 것을 주장한다.[3] 미국의 17세기 청교도 사회는 토머스 모어의 유토피아를 모델로 삼았다고 해도 과언이 아니다.

토머스 모어의 『유토피아』는 플라톤의 이상국가를 시대의 조류에 맞게 청교도적으로 각색한 작품이다. 여기서 플라톤의 이상국가를 소상히 소개할 수는 없으므로, 그것이 '르네상스기期의 유토피아'를 거쳐 현대에 이르러서는 세상 속에서 어떤 모습으로 활동하는지만 간략히 알아보겠다.

플라톤은 '본paradeigma'을 실현한 국가를 이상적인 나라로 제시한다. '본'은 이데아와 같은 것으로, 이데아의 모방은 언제나 이데아일 수는 없기 때문에 끝없는 개선과 발전이 요구된다. 그래서 이상적인 국가에 근접할 수는 있지만 그것이 실현될 수는 없다.

놀랍게도 플라톤의 『국가』는 대부분 근대사회가 추구하는 가치들로 이루어져 있다. 전문화, 자기 일에 충실하고 남의 일에 참견하지 않는 태도, 인식과 여론의 차이, 즉 인식은 이데아를 알아가니까 훌륭하고 의견은 무지한 여론을 형성한다는 것(시미즈 기타로의 『유언비어의 사회학』을 떠올려보라), 그리고 진실은 사실대로 생각하는 것이

---

3. http://cafe.naver.com/yhyoo2005/346의 '청교도주의' 참고.

고, 양육과 교육은 올바름의 근원이자 백년지대계라는 것이다. '본'
을 아는 철학자들이 나라를 훌륭하게 다스리며, 피치자는 치자의 바
른 판단에 따라 화합하고, 각 계급은 저마다의 일에 충실하며, 훌륭
한 법질서를 파괴하는 변혁은 죄악이다. 실천보다 말(로고스/이성)을
더 진실한 본성으로 보며, 이상적으로 세운 국가가 욕심으로 인해 타
락하지 않도록 사유재산을 폐지하는데, 이 모든 것은 시민 전체의 행
복을 위해서다.

플라톤은 수천 년의 시간을 뛰어넘어 근대국가의 가치를 아주
정확하게 지적하고 있다. 사유재산의 폐지만 빼면, 그의 이상국가는
자본주의건 사회주의건 사회의 룰로서 손색이 없다. 여기서 내가 강
조하고자 하는 바는 유토피아가 '이룰 수 없는 미래의 공상'이 아니
라 '현재를 박탈하기 위해 현재에 구체적으로 작용하는 힘'이라는
사실이다. 이를테면 돈과 같은 것이다. 돈(빚/신용)은 현재 돌고 있지
만, 사람들이 빚을 갚기 위해 현재를 살 수 없게 한다.

그렇다면 플라톤의 이상국가는 어떤 방식으로 이루어지는가?
즉 '본'을 실현하는 방식은 어떠해야 하는가? 플라톤은 '생성과 소
멸의 방식'에 대립되는 '불변의 방식'이어야 한다고 주장한다.

지혜를 사랑하는 사람들(철학자들)은 생성과 소멸에 의해 헤매

게 되는 일이 없는 저 존재(본질)를 자신들에게 드러내 보여주는 배움을 언제나 사랑하는 데 대해서 우리가 합의한 걸로 해두세나.[4]

이 구절을 보면 플라톤에게는 이상국가가 미래의 문제가 아니라 현재의 실천적인 문제라는 사실을 확인할 수 있다. 왜냐하면 본질을 자신들에게 드러내 보여주는 배움은 현재의 실천적인 문제이기 때문이다.

이제 플라톤이 주장한, '생성과 소멸의 방식'에 대립되는 '불변의 방식'이 현대에 이르러서는 세상 속에서 어떤 모습으로 활동하는지 조금만 살펴보도록 하자. 플라톤에 따르면 '본'을 실현하기 위해서는 본의 모형을 설계하고 제작해야 한다. 그런데 '본'은 자연물 속에는 없으므로 '이성'을 통해 정신 속에서 발견해야 한다. 이 발견이 앎(지식)인데, 설계와 제작은 이 앎에 근거하여 이루어진다. 바로 이것이 '생성과 소멸의 방식'에 대립되는 '불변의 방식'이다.

따라서 플라톤의 '불변의 방식'은 '사유적 지식 – 설계 – 제작'의 과정이다. 여기서 '사유적 지식'을 '계획 또는 아이디어(이 말의 어원이 이데아다)'로 바꾸면 위의 과정은 바로 현대의 '방식'이 된다. 오늘

---

4. 플라톤, 『국가 · 政體』, 박종현 옮김, 서광사, 2005(개정증보판), 485b에서 인용.

날 한국사회의 국가균형발전이라든가 지역발전 5개년계획, 도시재개발사업 그리고 신도시 건설 등은 모두 플라톤의 '불변의 방식'으로 추진되고 있다. 그런데도 우리의 생활이 유토피아와 관계없다고 할 것인가! 유토피아는 현대인의 일상에서 관철되고 있고 현대인의 일상을 지배하고 있다.

유토피아(천국/성부)와 이성(성령)과 세계자본주의(성자)는 삼위일체를 이룬다. 이 종교의 최고지도자는 제국주의다. 제국주의자가 일으키는 전쟁은 언제나 평화를 명분으로 진행된다. 이때 평화는 토머스 모어의 책에도 나오듯이 유토피아를 위한 평화다. 오늘날 세계 평화는 열강들의 유토피아 정책의 일환이다. 약소국가들은 제국주의 사이의 힘의 균형 속에서 불안하게 평화를 맛보고 있다. 한편으로, 세계자본주의를 이끌어가는 힘도 유토피아다. 시민들은 유토피아의 형이상학이 아로새겨진 돈(빚/신용)의 위력 속에서 하루하루 노예처럼 살아가고 있다. 이처럼 유토피아는 거대담론의 대상이자 일상의 문제다.

우리가 이 같은 유토피아에서 벗어나려면 어떻게 해야 할까? 유토피아에 박탈당한 현재를 되찾는 것이 가장 긴요하다. 거듭 강조하지만, 유토피아는 미래의 천국을 빌미로 현재를 박탈하기 위해 현재에 구체적으로 작용하는 힘이다. 이것은 바로 오늘날 종교가 번성하는 토양이기도 하다.

　새로운 전망을 제시하는 과학적인 진보운동도 유토피아를 팔기는 마찬가지다. 이윤을 목적으로 하지 않고 에너지·교통수단·노동·자동화 등에 접근할 경우 전혀 새로운 세상이 된다는 것을 부정하지는 않겠다. 그러나 이성과 설계에 따른 방식, 즉 플라톤의 '불변의 방식'으로는 결코 이윤을 배제한 세상을 만들 수 없으며, 설령 내 우려를 뒤집고 그것이 가능하다 해도 인간의 심장과 모든 감각, 생명 에너지의 파장이 그런 '이성적인 조화와 질서'(유토피아)를 견딜 수 없는 것이 사실이다.

　인간이 동물이라는 절대적 전제를 망각해서는 안 된다. 인간은 단맛·쓴맛·짠맛·매운맛·신맛을 느끼는 동물이다. 포도는 시고 달콤한 맛을 제공하며, 인간은 그 맛을 생생하게 느낀다. 나는 그 점이 가장 놀랍다. 자연과의 만남과 교환은 한마디로 기적이다. 모든 생물—무생물은 잘못된 개념이다. 만물은 다 생명이다—은 현재를 산다. 우리는 현재를 통해 다른 생명과 소통하고 우주적 에너지가 충만한 삶으로 다시 접어들어야 한다. 그것은 전혀 새로운 것이 아니라 문명 시대보다 몇천 배나 더 긴 세월 동안 인류가 살아온 삶이었다.

　페루에서 원주민의 전통약재와 샤머니즘의 관계를 조사한 인류학자 제레미 나비의 이야기로 이 글을 끝맺겠다.[5] 그는 스탠퍼드 대학에서 박사학위를 따기 위해 1985년 초부터 2년 동안 현지 조사에 참여했다. 그 무렵 국제개발단체는 페루의 아마존 정글을 목초지로 바꿀 계획으로 수백만 달러를 퍼붓는가 하면, 전문가들은 인디언이 땅을 합리적으로 이용할 줄 모른다면서 식민화와 삼림 프로젝트를 합리화하고 있었다. 나비는 개발자와 전문가들의 견해에 반대하며 원주민이 자원을 합리적으로 사용하고 있다는 사실을 보여주고자 다방면의 분석을 시도했다.

제레미 나비는 샤먼의 권유로 '아야우아스까'라는 환각식물을 먹고 정령精靈의 세계를 체험한 뒤, 원주민들이 현미경보다도 정확하게 약재를 변별해 이용하는 능력이 식물의 가르침에서 나온다는 사실을 알게 되었다.

'식물이 의사이고, 식물이 말하고 가르친다.' 이것은 아마존 원주민들의 확고부동한 믿음이요 실제였다.

그는 몇 차례의 체험과 조사를 통해 환각으로 경험한 정령의 세계가 '환영'이 아니라 '실제'라는 사실을 받아들였다. 과학자로서 환각제에 대한 불신 때문에 가혹할 정도로 자기검열을 거친 것은 두말할 나위도 없다. 그는 환각식물이 식물과의 소통에 필수적이며, 원

---

5. 제레미 나비, 『우주뱀＝DNA : 샤머니즘과 분자생물학의 만남』, 김지현 옮김, 들녘, 2002.

주민의 생태학 지식이 여기에서 나온다는 사실을 확인했다. 나아가, 원주민들의 이 같은 지식 없이는 지구상에 퍼져 있는 대략 250만 종의 식물에 대한 의학적 검증이 불가능해진다는 점을 들어 환각식물에 대한 기존의 관념을 뒤집었다.

나비는 "원주민들은 환각식물이 숲 속의 텔레비전이라고 말한다. 환각식물이 중계하는 영상들이 이들에게는 우리가 지각하는 실제 이상으로 실제적이다"라면서 페루 아마존의 샤머니즘 연구로 탁월한 루나라는 학자를 소개한다.

나비가 소개한 바에 따르면, 루나는 자신의 책에서 합리적인 녹자를 위해 합리적인 언어로 서술하고는 있지만, 특정 식물이 의사소통을 할 수 있는 지적 존재라는 그의 주장은 합리적이지 않기 때문에 독자와 원활한 소통이 이루어질 수 없어서 결국 다음과 같은 결론을 내렸다고 한다.

"식물들이 스스로 자신의 성질을 계시한다고 말할 때, 독자들이 그게 무슨 말인지를 이해하게 될 때까지 아무것도 말할 수 없다."

현대는 타자와의 소통이 불가능한 시대다. 식물이 자신을 이용해 어떻게 약을 조제하라고 가르친다는 사실을 우리는 정상적인 정신상태로는 받아들일 수 없다. 그러나 제레미 나비라는 학자는 체험을 통해 토착민들의 말이 맞다는 사실을 알아냈다. '합리적 지식'이

가로막고 있을 뿐, 그것은 '실재하는 세계'였다. 이 세계야말로 타자와 소통이 원활히 이루어지는 정상적인 세계다. 이 '실재하는 낙원'을 미신이라 해서 퇴치하고, 존재하지도 않는 유토피아를 향해 스스로 노예가 되려고 혈안이 되어 있는 세상을 어찌 지옥이라 하지 않을 수 있을까.

역사 속으로
동시에
역사 밖으로

'간디스토마 아기 코만도' 이야기로 글을 시작했다. 현대문명 속에서 이 유충의 정체가 무엇인지 그리고 어떻게 벗어날 수 있는지 탐색해봄으로써, 언어를 이용한 상징조작이 인간이 부릴 수 있는 농간 중에 가장 무서운 것임을 알 수 있었다. 자본주의도 이 농간을 통해 눈부신 발전을 이루었다.

사회는 인간이 자연에 살면서 엮어놓은 가상의 이야기다. 사회는 이야기-시나리오에 입각한 가상의 놀이이자 다른 한편으로 그 놀이에 의해 만들어지는 이야기-시나리오다. '위계의 피라미드' 위로 올라갈수록 사회가 가상의 '놀이'라는 것이 실감되고, 아래로 내려갈수록 고정된 '실체'라는 것을 절감한다.

소시민인 대중은 질서의식으로 무장되어 사회를 가상으로 대할 엄두를 내지 못한다. 이러한 대중에게서 자유의지를 기대하는 것은 무모한 일이다. 극소수 지배자들은 세계를 가지고 노는 그들만의 유희를 대중이 눈치채지 못하도록 자연축제를 말살하고 그것을 상업적인 엔터테인먼트로 대체해버렸다. 자연축제야말로 사회가 고정체가 아니라 가상이라는 사실을 환기시키는 가장 중요한 민중의 매체였다.

자연축제가 사라진 현대에 자유분방한 언어는 고정체 언어에 억압돼 시끄러운 소음에 지나지 않게 되었다. 그 결과, 이른바 '언론의 자유'는 이런 구도 위에서 세계를 가지고 노는 극소수 지배자가 언론 장악을 위해 고안한 교묘한 표어로 전락하고 말았다. 그 밖에도 전쟁, 국가 부도사태, 살벌한 교육경쟁 등을 통해서 그들은 공포와 불안에 사로잡힌 소시민들이 그들만의 유희를 알아차리지 못하게 만들고 있다.

현대사회에서 대중은 점점 이기심을 가지고 살 수밖에 없게 내

몰리고 있다. 이것은 극소수 지배자가 만들어낸 최고의 성과물이다. 대중의 이기심을 이용하지 않고는 대중을 이처럼 자발적인 노예로 만들 수 없기 때문이다. 현대문명은 전방위로 대중의 이기심을 극대화하는 데 초점이 맞춰져 있다.

만연한 대량 실업사태를 맞은 20대 청년들은 구직에 매달려 세상일을 도외시하기 때문에, 세대별로 볼 때 가장 높은 교육을 받았으면서도 가장 무기력하고 나약하다. 극소수 지배자들이 사회를 유도한 대로 결실을 본 훌륭한 본보기다. 이 추세는 탄력을 받아 가속도를 내고 있다.

현실 속에서 눈코 뜰 새 없이 열심히 살려고 할수록 소시민들은 자신들의 이기심 때문에 자유를 상실하고 노예화한다. '지금 그리고 여기서' 이것을 막지 않으면 시대의 책임을 방기한 것이 된다. 나만 잘살면 된다는 이기심이 태어날 후손의 삶을 돌이킬 수 없을 정도로 파괴하고 있다. 현대인은 인류 역사상 전무하게 자식을 가장 보호하고 애지중지하건만 도리어 자식을 절망의 구렁텅이에 빠뜨리고 있는 것이다.

나는 후대를 걱정하지 않을 수 없는 나이가 되었다. 젊어 보인다는 소리를 들으려고 자기 관리만 하는 중·노년층을 보는 것은 참을 수 없는 고역이다. 나잇값을 하는 것이 젊어 보이는 것보다 훨씬 중요한데도, 이른바 '웰빙 시대'라는 것을 맞아 모두들 젊어 보이는 데만 혈안이 되어 있다.

세대의 책임감이 중요한 이유는 사회가 종과 횡으로 연대를 이루어야 하기 때문이다. 종은 시간의 축, 횡은 공간의 축으로, 이 십자형 연대는 우주 생물의 기본적인 삶이다. 아직 이를 위반한 생명체는 알려지지 않았다. 인류 중에서도 오직 현대의 인류만이 이 연대를 파괴하고 있다. 재앙은 이미 시작되었다. 우리의 삶 자체가 재앙의 현장이라는 사실조차 의식하지 못한 채.

'역사 속으로 그리고 역사 밖으로into history and out of history'는 재앙의 현장에서 인간이 취할 수 있는 유일한 해결책이다. 세상의 모든 문제는 역사 속에서 일어나지만 문제의 근원적이고 우주적인 해결은 역사 밖에 있다. 이것이 인간의 조건이다. 예컨대 4대강 사업은 인간의 계획이므로 역사 안의 일이지만, 4대강의 자연과 함께 살아온 토착민의 삶은 그 중심이 역사 밖에 있다.

십자형 연대와 관련해서 보면 토착민들은 '자연사의 삶'을 종축으로, '자연마을의 삶'을 횡축으로 살아왔다. 도시인의 '문명사의 삶' '인공도시의 삶'과는 완전히 대비된다. 예컨대 도시인의 삶을 건축가에 비유한다면 토착민의 삶은 거미에 비유할 수 있다. 건축가는 설계도를 가지고 집을 짓지만 거미는 본능적으로 집을 짓는다. 거미의 집은 어느 건축가가 지은 집보다도 아름답고 완벽하다. 건축가의 설계도가 인과관계 속에 있는 팩트라고 한다면 거미의 본능은 예술 속에 있는 꿈이다.

4대강 사업을 하겠다는 것은 꿈을 깨는 것으로, 토착민들을 팩트로 돌아오게 한다. 팩트는 인과관계가 작용하는 역사 속에 위치하므로 토착민들은 투쟁이라는 역사적 대응을 피할 수 없다. 오직 그것만이 꿈을 되찾는 유일한 길이기 때문이다. 그러나 꿈을 되찾기 위해서가 아니라면, 즉 유토피아를 위해서라면 사업자 쪽과 닮은꼴이 될 수밖에 없다. 이것이 역사 속에서만 행하는 투쟁의 결과다. 4대강 사업을 반대하는 것은 궁극적으로, 유토피아와는 정반대인 '꿈'을 위해서다. 꿈속에만 우주의 십자형 연대가 고스란히 살아나므로.

꿈은 강에, 숲에 그리고 사건들 개개에 들어 있는 것이지 그 개개가 없는 추상적 본질 속에 있는 것이 아니다. 꿈은 개개에 들어 있는 정령精靈이라고 할 수 있다. 4대강 사업 반대운동 속에도 꿈이 정령으로 살아 있어야 한다. 지식인은 몰라도 토착민들은 당연히 그렇다. 주민들의 목소리는 돈도 싫고, 더 좋은 땅도 싫고, 개발의 혜택도 싫고, 자기들의 보금자리에서 살던 그대로 내버려두라는 것이다. 성경의 나봇처럼, 파우스트의 노부부처럼. 십자형 연대 속에서 살아가는 아름다운 삶의 터전을 떠나고 싶지 않다는 꿈의 목소리, 정령의 목소리다.

물병자리가 하늘의 별들에게 물을 떠주기 시작했다.

어떠한 역사적 운동도 역사 밖의 꿈을 위한 것이 아니라면, 결국은 자본주의의 메커니즘으로 들어가게 된다. '역사 속으로'라는 한 방향만으로 갈 때 맞이하는 피할 수 없는 파국이다. 따라서 코만도 유충의 조종에서 벗어날 수가 없다. 가장 큰 피해는 결국 후손에게 전가된다. 너무나 끔찍한 일이다.

다른 이유도 많지만, 후손들에 대한 책임의식이 지금으로서는 내가 십자형 연대를 주장하는 최우선의 이유다. 그런 나이가 된 모양이다. 천체의 별자리가 바뀌어 물병자리시대를 맞고 있다. 새로운 세상Aeon(시대)이 오고 있는 것을 느낀다. 밤하늘의 뭇별은 전에 없던 에너지를 보내고 있다. 신들의 새벽이 다가오고 있는 증거다.

물병자리가 하늘의 별들에게 물을 떠주기 시작했다. 가뭄에 단비를 맞듯 살아난 별들이 신들을 깨운 것이다. 별들의 진동이 바뀌고, 만물이 수신주파수를 바꾸고 있다. 인간만이 그렇게 바뀐 진동을 알아차리지 못한 채 별들의 정복을 외치고 있다. 이름 하여 '우주개발'. 여기에는 지구를 하나의 별로 영토화해서 지구에 단일한 지배체계를 구축하겠다는 의도가 숨겨져 있다. 하나의 세계정부를 만들려는 거대한 음모이자 프로젝트인 것이다.

이 프로젝트와 함께 세계 인류는 머지않아 다음의 세 가지로 압축되는 현실을 맞게 될 것이다.

- 지구촌의 운명. 전 세계가 인디언 보호구역화한다. 디 브라운의 『나를 운디드니에 묻어주오』의 현실이 지구촌 전체에 걸쳐 실현된다.
- 사회의 운명. 지구촌의 사회는 조지 오웰의 『1984년』에 나온 감시체제로 운영된다.
- 개인의 운명. 개인은 카프카의 『변신』에 나오는 벌레의 삶을 살게 된다.

이 세 가지는 인류를 진보로 나아가게 하는 '유토피아'가 조만간 보여줄 실제 모습이다. 인류는 근대 이후 불철주야로 개발해온 그들만의 유토피아에 곧 착륙하게 될 것이다.

이제 인류에게는 단 한 번의 기회, 단 한 번의 선택만이 남아 있을 뿐이다. 별자리가 바뀌어 우주는 새로운 시대를 맞이하는 이 시점에서, 인류가 여기에 적응하느냐 마느냐 하는 선택이다. 지금이 왜 유일한 기회냐 하면, 극소수의 세계지배자들도 바로 지금 마지막 공정만을 남겨두고 있기 때문이다. 이 기회를 놓치면 마침내 유토피아는 도래한다. 그것이 곧 종말이다.

너희들의
유토피아

2010년 11월 5일 1판 1쇄

지은이 | 김영종

편집 | 김미경
표지 · 본문 디자인 | 박선향
제작 | 박흥기
마케팅 | 이병규 · 최영미 · 양현범

출력 | 한국커뮤니케이션
인쇄 | 천일문화사
제책 | 경문제책

펴낸이 | 강맑실
펴낸곳 | (주)사계절출판사
등록 | 제 406-2003-034호
주소 | (우)413-756 경기도 파주시 교하읍 문발리 파주출판문화정보산업단지 513-3
전화 | 031) 955-8588, 8558
전송 | 마케팅부 031) 955-8595 편집부 031) 955-8596
홈페이지 | www.sakyejul.co.kr **전자우편** | skj@sakyejul.co.kr
독자카페 | 사계절 책 향기가 나는 집 http://cafe.naver.com/sakyejul

ⓒ 김영종, 2010

값은 뒤표지에 적혀 있습니다.
잘못 만든 책은 구입하신 서점에서 바꾸어 드립니다.

사계절출판사는 성장의 의미를 생각합니다.
사계절출판사는 독자 여러분의 의견에 늘 귀기울이고 있습니다.

ISBN 978-89-5828-511-3 03300